증보

3·1 운동사

윤병석 著

국학자료원

국립중앙도서관 출판시도서목록(CIP)

(증보)3.1 운동사 / 윤병석 著. -- 서울 : 국학자료원, 2004
 p. ;   cm

ISBN 89-541-0164-X 93900 : ₩22000

911.065-KDC4
951.903-DDC21   CIP2004000040

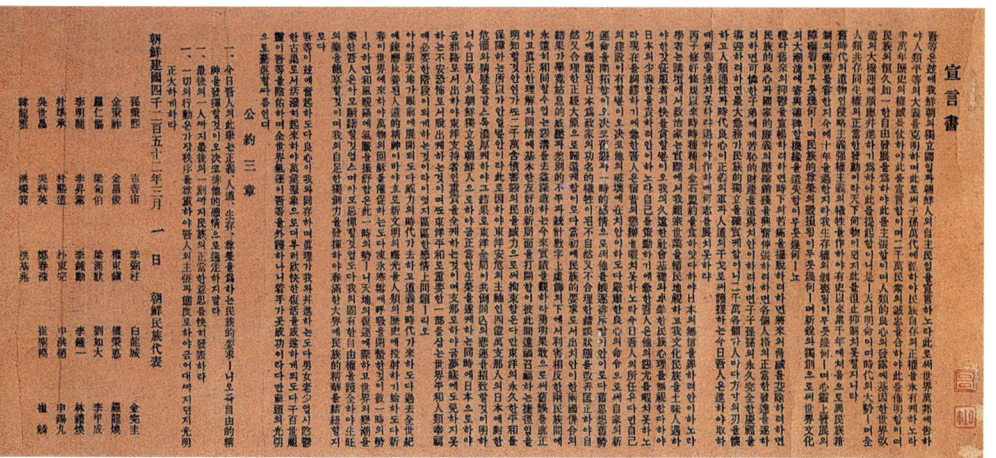

민족 대표 33인 서명의 독립선언서.

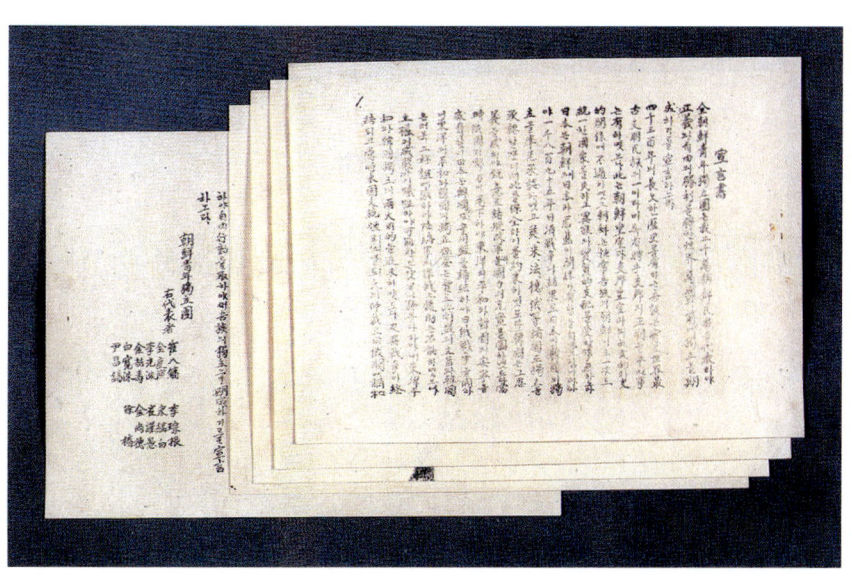

2·8독립선언서. 1919년 2월 8일 재일 유학생이 조선기독교 청년회관에서 조선청년독립단 명의로 발표, 3·1운동의 봉화를 올렸다.

대한국민의회의 독립선언서. 1919년 3월 17일 러시아 연해주 신한촌에서 선포한 독립선언서로 한문으로 된 초고는 박은식이 작성하였다.

대한독립선언서. 혈전을 강조한 이 선언서는 중국 길림에서 작성되고 김교헌을 서두로 김규식, 이승만, 신규식, 이동휘, 박용만 등 국외에서 활동하던 39인의 저명한 민족운동자가 연명된 최초의 독립선언서로 전래된다. 연기도 4242(1919)년 2월 일로 기록되었으나 선언절차가 없이 국내외에 유포되었다. 조소앙이 초한 것으로 전한다.

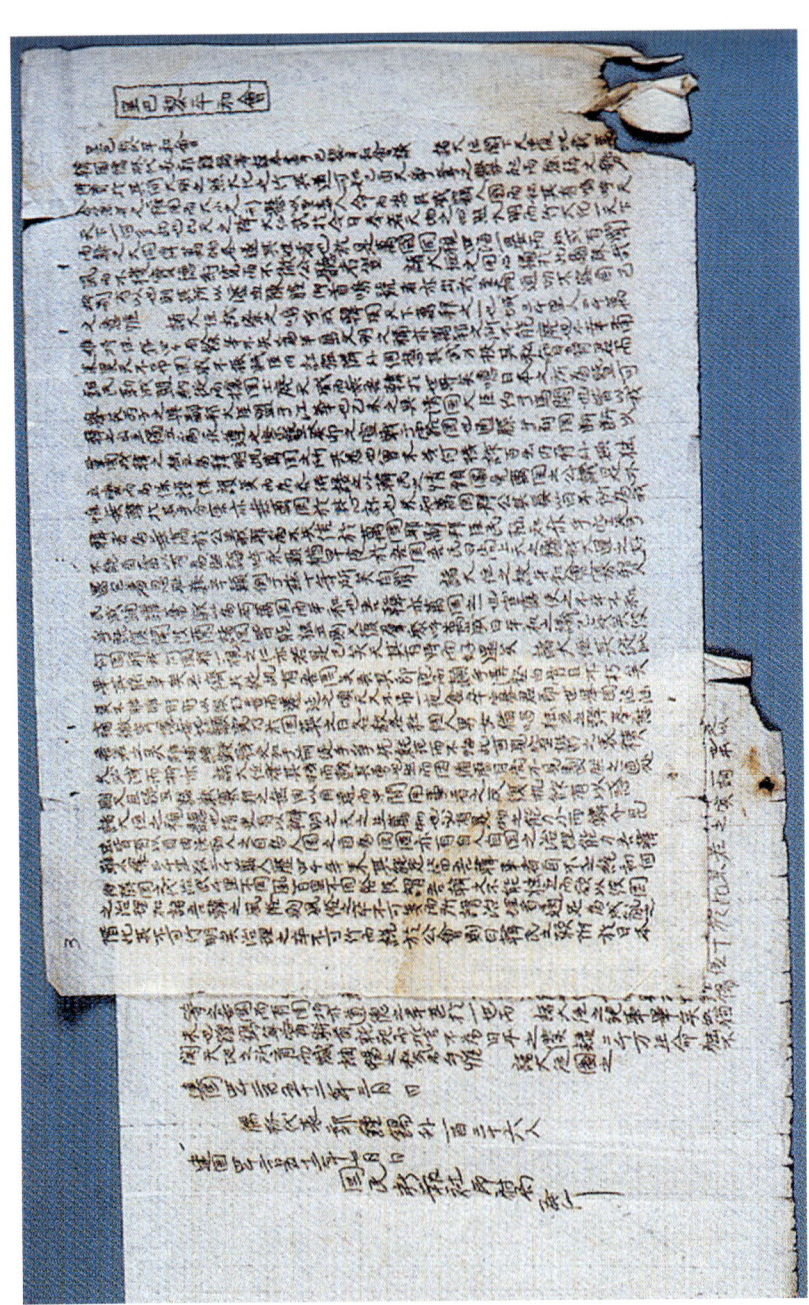

파리장서. 곽종석을 서두로 장석영, 김창숙, 김황 등 137인의 유림이 연명된 이 장서는 김창숙이 상해로 가지고 가 그곳에서 영역하여 파리강화회의에 우송되었다.

The Proclamation of Korean Independence.

"We herewith proclaim the independence of Korea and the liberty of the Korean people. We tell it to the world in witness of the equality of all nations and we pass it on to our posterity as their inherent right.

"We make this proclamation, having back of us 5,000 years of history, and 20,000,000 of a united loyal people. We take this step to insure to our children for all time to come, personal liberty in accord with the awakening consciousness of this new era. This is the clear leading of God, the moving principle of the present age, the whole human race's just claim. It is something that cannot be stamped out, or stifled, or gagged, or suppressed by any means.

"Victims of an older age, when brute force and the spirit of plunder ruled, we have come after these long thousands of years to experience the agony of ten years of foreign oppression, with every loss to the right to live, every restriction of the freedom of thought, every damage done to the dignity of life, every opportunity lost for a share in the intelligent advance of the age in which we live.

"Assuredly, if the defects of the past are to be rectified, if the agony of the present is to be unloosed, if the future oppression is to be avoided, if thought is to be set free, if right of action is to be given a place, if we are to attain to any way of progress, if we are to deliver our children from the painful, shameful heritage, if we are to leave blessing and happiness intact for those who succeed us, the first of all necessary things is the clear-cut independence of our people. What cannot our twenty millions do, every man with sword in heart, in this day when human nature and conscience are making a stand for truth and right? What barrier can we not break, what purpose can we not accomplish?

"We have no desire to accuse Japan of breaking many solemn treaties since 1636, nor to single out specially the teachers in the schools or government officials who treat the heritage of our ancestors as a colony of their own, and our people and their civilization as a nation of savages, finding delight only in beating us down and bringing us under their heel.

"We have no wish to find special fault with Japan's lack of fairness or her contempt of our civilization and the principles on which her state rests; we, who have greater cause to reprimand ourselves, need not spend precious time in finding fault with others; neither need we, who require so urgently to build for the future, spend useless hours over what is past and gone. Our urgent need today is the settling up of this house of ours and not a discussion of who has broken it down, or what has caused its ruin. Our work is to clear the future of defects in accord with the earnest dictates of conscience. Let us not be filled with bitterness or resentment over past agonies or past occasions for anger.

"Our part is to influence the Japanese government, dominated as it is by the old idea of brute force which thinks to run counter to reason and universal law, so that it will change, act honestly and in accord with the principles of right and truth.

"The result of annexation, brought about without any conference with the Korean people, is that the Japanese, indifferent to us, use every kind of partiality for their own, and by a false set of figures show a profit and loss account between us two peoples most untrue, digging a trench of everlasting resentment ever deeper and deeper the farther they go.

"Ought not the way of enlightened courage to be to correct the evils of the past by ways that are sincere, and by true sympathy and friendly feeling make a new world in which the two peoples will be equally blessed?

"To bind by force twenty millions of resentful Koreans will mean not only loss of peace forever for this part of the Far East, but also will increase the ever-growing suspicion of four hundred millions of Chinese—upon whom depends the danger or safety of the Far East—besides strengthening the hatred of Japan. From this all the rest of the East will suffer. Today Korean independence will mean not only daily life and happiness for us, but also it would mean Japan's departure from an evil way and exaltation to the place of true protector of the East, so that China, too, even in her dreams, would put all fear of Japan aside. This thought comes from no minor resentment, but from a large hope for the future welfare and blessing of mankind.

"A new era wakes before our eyes, the old world of force is gone, and the new world of righteousness and truth is here. Out of the experience and travail of the old world arises this light on life's affairs. The insects stifled by the foe and snow of winter awake at this same time with the breezes of spring and the soft light of the sun upon them.

"It is the day of the restoration of all things on the full tide of which we set forth, without delay or fear. We desire a full measure of satisfaction in the way of liberty and the pursuit of happiness, and an opportunity to develop what is in us for the glory of our people.

"We awake now from the old world with its darkened conditions in full determination and one heart and one mind, with right on our side, along with the forces of nature, to a new life. May all the ancestors to the thousands and ten thousand generations aid us from within and all the force of the world aid us from without, and let the day we take hold be the day of our attainment. In this hope we go forward.

THREE ITEMS OF AGREEMENT

"1. This work of ours is in behalf of truth, religion and life, undertaken at the request of our people, in order to make known their desire for liberty. Let no violence be done to anyone.

"2. Let those who follow us, every man, all the time, every hour, show forth with gladness this same mind.

"3. Let all things be done decently and in order, so that our behaviour to the very end may be honorable and upright."

The 4252nd year of the Kingdom of Korea 3d Month

Representatives of the people

The signatures attached to the document are:
Son Byung Hi, Kil Sun Chu, Yi Pil Chu, Paik Long Sung, Kim Won Kyu, Kim Pyung Cho, Kim Chang Choon, Kwon Dong Chin, Kwon Byung Duk, Na Long Whan, Na In Hup, Yang Chun Paik, Yang Han Mook, Lew Yer Dai, Yi Kop Sung, Yi Mung Yong, Yi Seung Hoon, Yi Chong Hoon, Yi Chong Il, Lim Yei Whan, Pak Choon Seung, Pak Hi Do, Pak Tong Wan, Sin Hong Sik, Sin Suk Ku, Oh Sei Chang, Oh Wha Young, Chung Choon Su, Choi Sung Mo, Choi In, Han Yong Woon, Hong Byung Ki, Hong Ki Cho.

영문 독립선언서. 33인의 독립선언서를 영문으로 번역 구미각국에 송부하였다.

1919년 파리강화회의에 파견된 대한민국임시정부 대표단과 임원. 김규식(전열 우측) 대표가 강화회의에 독립공고서를 작성 제출하였다.

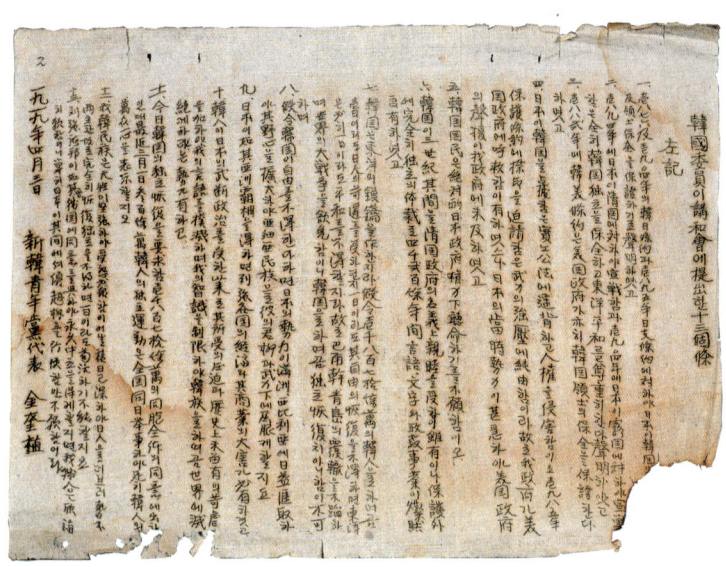

신한청년단 대표 김규식이 파리강화회의에 제출하기 위하여 작성한 「한국위원이 강화회의에 제출한 13개조」.

1919년 10월 상해 대한민국임시정부 국무원 임원. 앞줄 중앙이 안창호 국무총리대리.

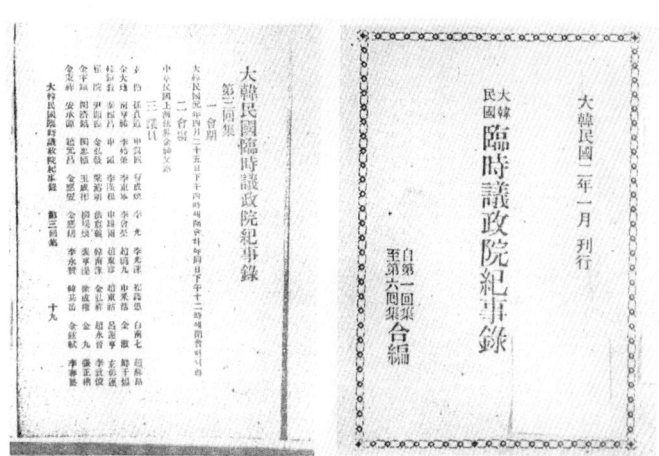

대한민국 임시의정원의 『대한민국 원년(1919)도 기사록』. 3·1운동 중 국내외 민족운동자들이 상해에 회집, 임시의정원을 개원하고 국호와 헌장을 제정하며 임시정부를 건립하였다. 임시정부 건립전말과 1919년도 활동이 정리 기록되었다. 한국연구원에 1질이 전래되고 있으며 임시정부창립과정을 가장 소상히 기록하고 있다.

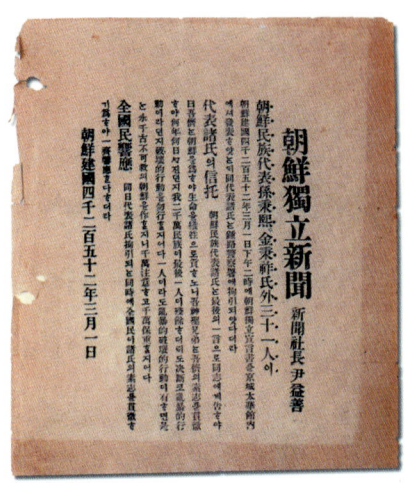

『조선독립신문』 창간호(1919. 3.1). 독립선언서를 인쇄한 보성사에서 2월 28일 인쇄하여 배부되었다.

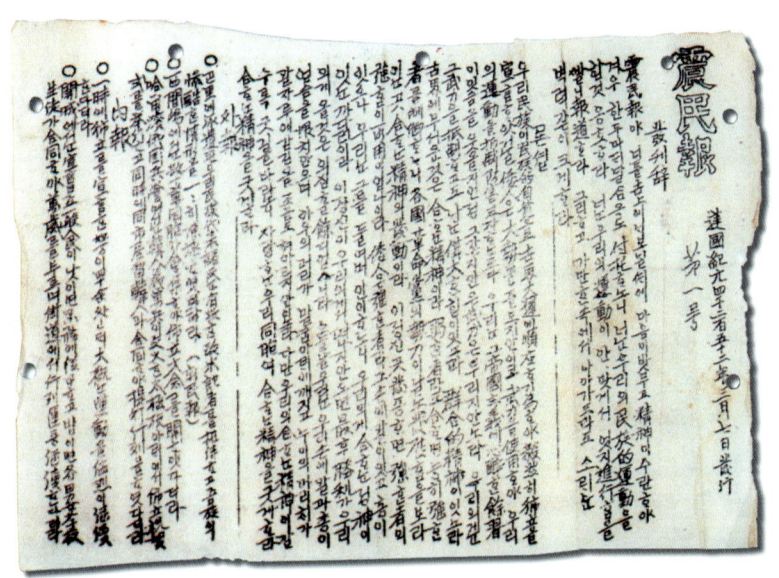

『진민보』 제1호 (1919.3.7)

『자유신종보』 제16호 (1919.11.2)

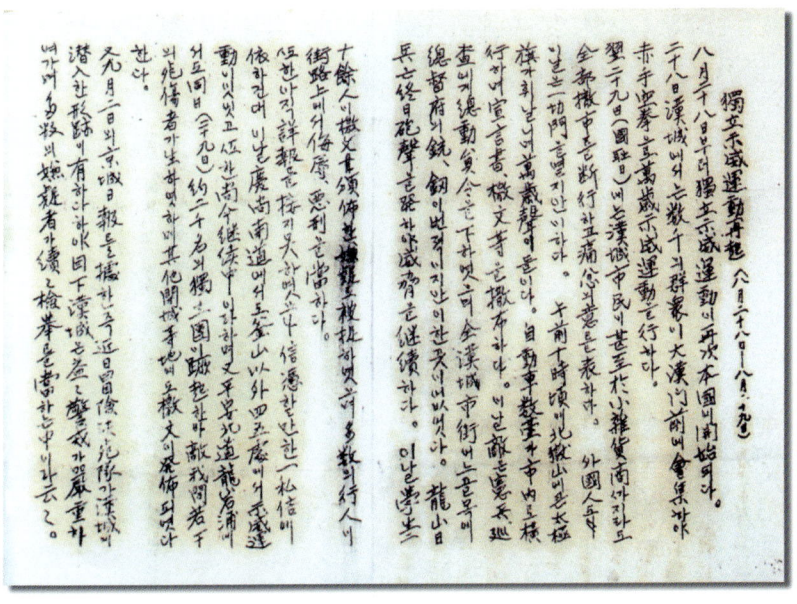

독립신문 초록 「독립시위운동기」 (1919. 8. 28-29)

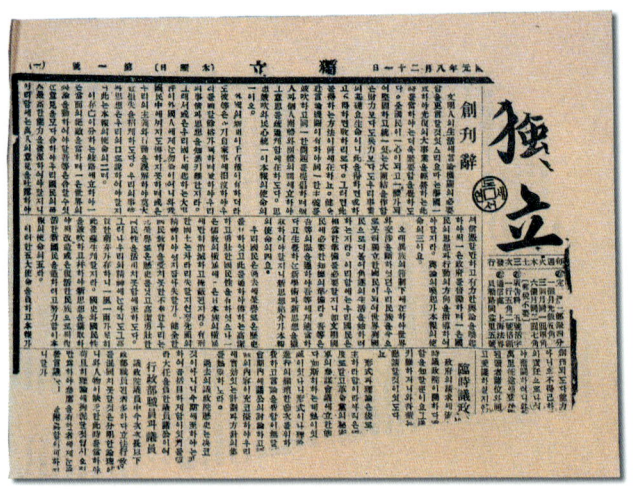

대한민국임시정부의 기관지 『독립』(후의 『독립신문』)의 창간호 (1919. 8. 21).

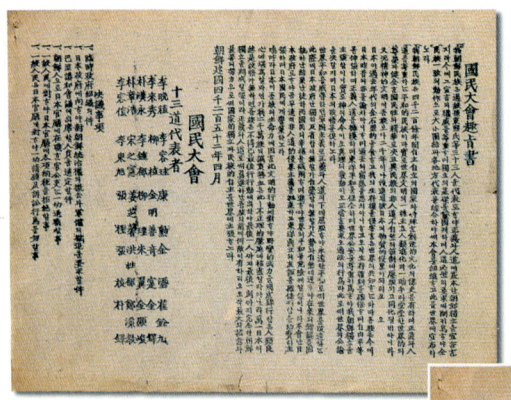

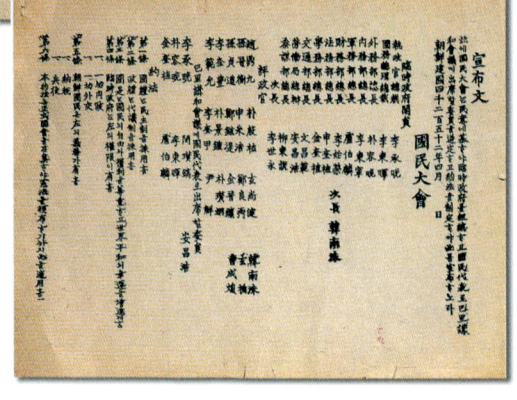

국내 한성(서울)에서 임시정부 건립을 위하여 13도 대표가 모여 개최한 국민대회의 취지서와 선언서.

1919년 3월 1일 덕수궁 앞에서의 만세운동

1919년 3월 1일 미국영사관 앞을 행진하는 만세운동의 행렬.

1919년 3월 13일 북간도 용정 서전대야에서 개최된 조선독립 축하회. 국내 3·1운동에 호응, 북간도 전역에서 회집한 1만여명의 조선동포가 「조선독립포고문」을 발표하는 축하회를 개최하고 이어 만세시위를 감행하였다.

러시아 블라디보스톡 신한촌에서의 1920년 3·1절 기념식

1919년 4월 12일 하와이에서 조국독립선언식을 거행하였다.

1919년 4월 14~16일 미국 필라델피아 독립관에서 미주 각지에서 회집한 한인이 조국독립을 위하여 한인대회를 개최하고 시가행진을 전개하였다.

중국 상해에서 대한민국 임시정부가 주관하여 거행한 1920년 3·1절 기념식.

서문

『3·1운동사』에 수록한 글은 필자가 1964년부터 1969년 사이 국사편찬위원회에서 『한국독립운동사』를 편찬하는 틈틈이 논문집 또는 신문·잡지 등에 쓴 3·1운동 관계의 글을 모은 것이다. 처음부터 한 권의 책으로 간행할 생각에서 시작한 것이 아니며, 또한 학술적 내용으로만 썼던 것도 아니었다. 그러므로 미진하고 서툰 곳이 한두 곳이 아니다. 더구나 1969년 3·1운동 50주년을 계기로 학계나 일반에서 3·1운동을 비롯한 일제하 민족 독립 운동에 대한 관심이 높아져 3·1운동만 하더라도 여러 학자들에 의하여 좋은 글이 나오기 시작하였다.

그러나 필자가 이 글들을 쓸 때는 아직 3·1운동관계의 글은 경험자들의 회고기 등이 성행할 뿐 학문적인 연구 업적이 희소하였다. 있다 하여도 부분적인 관찰이나 제한된 문제가 논의되는 것이었다. 이런 처지에서 필자가 처음 생각하였던 것은 우선 우리 나라 근대민족 독립운동사의 흐름 속에서 운동의 전모를 사실대로 밝혀놓고, 그 토대 위에 3·1운동의 성격, 평가라든지 또는 그 의의 등을 설명하는 것이었다. 그리하여 처음 방대한 국내외 자료를 조사·수집하면서 3·1운동의 범위와 그 역사적 전개를 있는 그대로 기술하려고 하였다.

　이런 점이 지금 와서 생각하여도 한 권의 책으로 내기에는 아무래도 부끄러운 작품으로 생각되나, 필자로서는 한편 애착이 남는 것이다. 그래도 자위할 수 있는 점이 있다면 이 책의 글 내용이 지면 관계로 원글보다 요약된 곳이 많기는 하나 3·1운동의 역사적 배경에서 발발·전개·영향 등 3·1운동 전후를 모두 망라하였으며, 국내의 운동뿐만 아니라 쉽게 거론되지 않는 해외에서의 활동과 국제적 반향까지 포함되었다는 점이다. 거기다 3·1운동에 대한 식민지 본국인 일본의 정책에도 언급하여, 우선 일단은 이것으로 3·1운동의 모든 사실과 문제를 모은 것으로 생각해 볼 수 있는 것이다.

　말미에 필자로서도 노다공소하다고 생각되는 「3·1운동 관계일지」와 「3·1운동 관계 문헌 목록」, 「3·1운동 관계 주요 사적」을 부록으로 첨부하여 미흡한 문책의 일단이나마 면하고 싶다.

1975년　8월 일

저 자

차례

화보
서문

제1장 3·1 運動의 背景 ·· 7
  1. 3·1 운동의 성격과 의의 ··· 7
  2. 일제 침략과 식민지 정책 ·· 10
  3. 의병 항전 후의 독립 운동 ·· 14

제2장 3·1 運動의 胎動 ·· 23
  1. 국외 운동과 민족 자결론 ·· 23
  2. 3·1 운동의 계기 ··· 26
  3. 3·1 운동의 추진 계획 ··· 28

제3장 3·1 運動의 勃發 ·· 35
  1. 2·8 조선 청년 독립단 선언 ·· 35
  2. 3·1 독립 선언과 거족적인 호응 ······································· 38

제4장 3·1 運動의 發展 ·· 45
  1. 전국 운동의 개황 ·· 45
  2. 서울의 운동 상황 ·· 48
  3. 경기도 일원의 운동 상황 ·· 49
  4. 충청 북도의 운동 상황 ·· 52

5. 충청 남도의 운동 상황 ·· 54
　　6. 강원도의 운동 상황 ··· 57
　　7. 경상 북도의 운동 상황 ·· 59
　　8. 경상 남도의 운동 상황 ·· 61
　　9. 전라 북도의 운동 상황 ·· 64
　　10. 전라 남도의 운동 상황 ··· 66
　　11. 황해도의 운동 상황 ·· 68
　　12. 평안 남도의 운동 상황 ··· 70
　　13. 평안 북도의 운동 상황 ··· 72
　　14. 함경 남도의 운동 상황 ··· 75
　　15. 함경 북도의 운동 상황 ··· 77

제5장　국외에서의 獨立運動 ··· 79
　　1. 동삼성 지역에서의 독립 운동 ·· 79
　　2. 미주에서의 독립 운동 ··· 85
　　3. 러시아 연해주에서의 독립 운동 ·· 88

제6장　3·1 運動의 彈壓 ·· 91
　　1. 무력 탄압 ·· 91
　　2. 수원군 제암리에서의 만행 ··· 92
　　3. 평남 성천에서의 탄압 ··· 93
　　4. 평남 사천에서의 탄압 ··· 93
　　5. 황해도 수안에서의 만행 ··· 94
　　6. 피해통계 ·· 95

제7장　臨時政府의 活動 ·· 97
　　1. 임시 정부의 건립 ··· 97
　　2. 외교 활동 ·· 101
　　3. 독립 전쟁의 준비 ·· 106
　　4. 선전 활동 ·· 108

제8장 獨立軍의 抗戰 ··· 111
　1. 독립군의 편성 ··· 111
　2. 독립군의 항전 ··· 118

제9장 民族主義의 成長 ·· 123
　1. '문화정치'의 시행 ··· 127
　2. 항일 단체의 활동 ··· 126
　3. 민족 실력 향상 운동 ··· 130

제10장 3·1 운동에 대한 일본정부의 대책 ··························· 135
　1. 운동탄압에 대한 두가지 대책 ··································· 135
　2. 탄압정책의 결정과정 ··· 140
　3. 일본군경에 의한 대량학살 ······································· 149
　4. 운동자의 체포와 고문 및 태형 ······························· 169
　5. '문화정치'의 선전 ··· 174

제11장 3·1 운동중의 '독립신문'류 ······································· 189

부 록
　1. 3·1운동 관계 日誌 ··· 215
　2. 3·1운동 관계 문헌목록 ··· 264
　3. 3·1운동 관계 주요사적 ··· 286
　4. 전국 각도군별 3·1운동 일람 ··································· 322

　저자후기 ··· 381

제1장
3·1 運動의 背景

1. 3·1 운동의 성격과 의의

　1919년 3월 1일에 발발한 3·1 운동은 일제하 최대의 항일 민족 항쟁이었다. 이 운동에는 직접적으로 일제의 식민지 치하에 살던 2천만 한민족은 물론, 서·북간도(西北間島)를 비롯한 중국령(中國領) 일대, 노령 시베리아·미주·하와이·일본 등지에 나라 잃고 유랑하여 사는 근 2백만의 국외 한민족도 함께 참여하였다. 기독교·천도교·불교 등의 종교인도 단합하였고, 남녀 노소가 다같이 항쟁하였다. '학생·신사·상인·농민, 아관박대(峨冠博帶)의 도유(道儒), 고모 양복(高帽洋服)의 호건(豪健)' 등 사회 각계 각층이 두루 참가하여 민족의 자유와 독립을 외쳤다. 이와 같이 거족적으로 참가한 3·1 운동에서 우리 민족은 주체 의식(主體意識)을 보다 굳혔고, 독립 정신을 고조시켜 우리 나라 민족주의를 크게 성장시켰다.
　3·1 운동에서 우리 민족은 민족의 자주역량을 보였고, 근대 민족 사회 발전의 기본 방향을 제시하였다. 이 같은 면을 바르게 인식하기 위하여는 3·1 운동의 배경과 그 운동의 전개 과정을 살필 필요가 있을 것 같다. 그러

3·1운동의 진원지 파고다공원 팔각정. 이곳에서 처음으로 독립선언서가 낭독되고 거족적 만세시위가 시작되었다.

나 종래 3·1 운동하면 비폭력주의(非暴力主義) 혹은 무저항주의(無抵抗主義)라고 설명되기 쉬운 '독립 선언'과 그를 이어 전개된 만세 시위만을 범주에 넣고 논의되는 경우가 많았다.

그러므로 여기서는 그 같은 한정을 피하고, ① 3·1 운동의 역사적인 배경에 이어 ② 3·1 운동의 계기와 ③ 3·1 운동의 발발 사정을 우리 민족 운동사적인 조류에서 구명하고 ④ 3·1 운동의 기본 양상인 만세 시위와 ⑤ 이와 호응한 임시 정부의 활동과 독립군의 항전 및 ⑥ 만세 시위에 계속하여 일어난 민족 실력 향상 운동 등을 총괄하여 3·1 운동을 개관하고자 한다. 이중에서 임시 정부의 활동과 독립군의 항일전 등을 중시하게 되는 이유는, 우선 운동 전개의 경과로 보더라도 임시정부의 건립이나 독립군의 활동은 국내외에서 만세 시위가 절정에 달한 같은 해 4월 초순부터 시작되고 있으며, 그 활동의 주체와 목적이 만세 시위 운동에서 주장한 그것과 동일한 것이기 때문에 떼어서 생각할 수 없는 것이다. 또한 언론·문화의

서울 남산 기슭에 세운 3·1운동 기념탑.
높이 19.19m

향상과 교육·산업 진흥 등의 민족 실력 향상 운동도 일제의 총격을 무릅 쓰고, 심지어 '시체를 넘고 넘어' 만세 행진을 벌여 항쟁하여도 민족 희생만 가중되고 목적의 독립 실현성은 희박하여지자, 굳은 독립 의지의 실천을 위한 운동의 다른 양상으로서 만세 시위를 바로 이어서 주장하는 한편, 그 실천이 국외에서의 임시 정부의 활동이나 독립군의 항일전에 맞추어 추진되었기 때문에 3·1 운동에 포함시켜 평론하는 것이다.

또한 3·1 운동에서 주목될 민족주의의 성장은 독립 전쟁을 주장하고 추진하는 임시정부와 독립군의 활동에서 보다 뚜렷이 성장되어 가는 면이 크기 때문에 3·1 운동의 중요면이라 아니 할 수 없다. 그리고 우리 나라 민주주의는 임시정부의 의정원(議政院)과 독립군의 모체인 항일 단체 내지는 항일군단(抗日軍團)의 운영과 활동에서 점차로 이식되어 가고 있었기 때문에, 3·1 운동의 성격과 영향을 이해하기 위해서는 간과될 수 없는 것이다.

3·1 운동에서 발휘된 민족 역량은 단순히 태극기를 들고 독립 만세를 외치며 거리를 누비고 다닌 데에만 있었던 것이 결코 아니다. 우리 민족 각계 각층의 모든 한민족이 혼연 일치하여 일제(日帝)의 군국적(軍國的)인 탄압·학살에도 굴하지 않고 모든 지혜와 능력과 방법을 다하여 피의 항전

을 전개한 굳은 민족의 주체 의식과 행동에서 그 의의를 찾을 수 있다. 그리하여 그 방향을 우리 나라 민족 사회의 향로(向路)를 민족주의와 민주주의라는 이념을 향하여 전진할 수 있도록 밝힌 데에 3·1 운동이 민족사의 한 전기를 이룩한 면임을 볼 수 있다.

2. 일제 침략과 식민지 정책

　1904, 5년의 러일전쟁 후 한국에서의 정치·군사·경제상의 특수 권익(特殊權益)을 독점하게 된 일제는 1905년 11월 무력적 위협하에 '한일협상조약(韓日協商條約)'이라고도 하는 을사조약(乙巳五條約)'을 강제하여 한국의 외교권을 박탈했으며, 이로써 한국은 주권 국가로서의 지위를 상실하게 되었다. 곧 이어 그들은 서울에 '통감부(統監府)'를 설치하고 궁극적인 한국 침략의 목표인 한국 병탄(韓國倂呑)을 위한 최후 공작에 착수했다.

　그들은 1907년 7월에는 만국 평화 회의(萬國平和會議)에 밀사 파견을 구실로 광무황제를 퇴위시키고 '한일신협약(韓日新協約)'이라고도 하는 정미7조약(丁未七條約)'을 체결함으로써 통감의 권한을 확대시켰으며, 같은 해 8월에는 한국의 마지막 보루(堡壘)인 군대마저 강제 해산시켰다.

　이처럼 한국 병탄(韓國倂呑)의 전초 작업(前哨作業)을 끝낸 일제는 통감부 통치하의 이른바 보호정치(保護政治)를 통해 점차 고조되어 가는 한국의 배일 운동(排日運動)을 탄압하는 무수한 악법(惡法)을 공포·시행했다. 보안법(保安法)·신문법(新聞法)·출판법(出版法)·사립학교령(私立學校

令) 및 재판소 구성법(裁判所構成法) 등이 그 대표적인 예에 속한다.

한편 경제적으로는 1906년에 전국 12개 도시에 농공 은행(農工銀行)을 설치하고, 다음해에는 각지에 금융 조합을 설립하여 농촌의 금융을 식민지 금융으로 요리하기 시작하였으며, 1908년에는 동양 척식 회사(東洋拓植會社)를 창립하여 근대적 토지 소유 관계를 조사·정리한다는 구실로 토지 점탈에 착수했다.

다른 한편 일제는 한국민의 치열한 항일 투쟁을 가혹한 무력 탄압으로 탄압하는 동시에 '일진회(一進會)'와 같은 매국 단체(賣國團體)를 조직·조종하여 그들의 한국 침략 행위를 외면상 합리화시키고자 노력하였다. '을사오조약(乙巳五條約)'을 늑결한 후 일제는 이상과 같은 방법으로써 한국 영유(韓國領有)는 언제 어떠한 명분을 내세워 병합을 단행하느냐가 남은 문제라고 생각했다.

그러나 일제의 강력한 탄압에도 불구하고 한국민의 대일 항거(對日抗拒)는 강인하게 계속되었다. 1908년의 경우만 보더라도 통감 치하의 삼엄한 경계 속에서 의병 활동을 중심한 각종 형태의 항일 투쟁은 거족적인 양상을 보이고 있었다. 이처럼 치열한 항일 투쟁에 직면한 일제는 러일전쟁에서 실전의 경험을 쌓은 2개 사단의 군대를 출동시켜 수만 내지 수십만에 달할지 모를 한국민을 살육하여 이를 탄압하는 한편 병합을 서둘렀다.

최종 한일 병합 단행안이 1909년 4월 초 그들 외무 대신 코무라(小村壽太郎)에 의해 수상 케이타로오(桂太郎)에게 제출되면서 표면화되었다. 1910년 5월 30일에 현직 육군대신 테라우치(寺內正毅)를 통감에 겸임 발령했다. 같은 해 6월 24일에 한국 정부의 경찰권(警察權)을 강제로 장악하여 강력한 헌병 경찰 제도(憲兵警察制度)를 확립했다.

통감 테라우치는 부임 후 한국 내의 정치 정세와 조야(朝野)의 대일 여론(對日輿論)을 면밀히 분석한 후 한국 내각원(韓國內閣員)의 무능력함에 착안하여 이를 회유하고, 그중 총리 대신 이 완용(李完用)과 일진회의 두령인 송 병준(宋秉畯) 사이의 정치적 불화를 한일 병합 추진에 이용했다. 그리하여 1910년 8월 22일에는 그들이 작성한 '한일합방조약(韓日合邦條約)'이 이 완용(李完用)·송 병준(宋秉畯) 등 일부 매국노의 손에 의해 한국 정부의 조인 절차를 밟고, 일제는 이같이 작성된 조약을 한국민과 국제 여론상 될수록 적기를 살피느라 1주일간 보류했다가 28일에 내외에 발표했다.

이로부터 일제는 소위 무단 정치(武斷政治)를 강행하여 식민지 한국을 통치했다. 우선 일제는 종래의 통감부를 총독부(總督府)로 개칭, '조선 총독부(朝鮮總督府)'를 설치하고, 육해군의 대장만이 임명될 수 있는 총독에게 일반 행정(行政)은 물론 입법·사법권과 군대 통수 지휘권까지 위임시켜 폭력에 의한 군부통치 권력을 주었다. 초대 조선 총독으로 임명된 테라우치는 이 같은 권력을 바탕으로 '무단통치(武斷統治)'라고 부르는 식민지 한국 통치에 임한 것이다. 조선 총독부는 한국의 전토를 그들의 방법대로 통치하기 위해 중앙 관제(中央官制)와 아울러 지방 관제를 공포하여 전국을 13개도(道)로 구획하고, 그 밑에 부(府)·군(郡)·면(面) 단위로 개편하여 지방 행정상에도 강력한 전제가 시행되는 체제를 갖추었다.

관리 임용에 있어서는 어느 기관을 막론하고 일본인으로 하여금 고등관(高等官)이나 판임관(判任官) 등의 중요 직책을 독점케 하였다. 간혹 구한국 관리(舊韓國官吏)로서 재등용된 자도 있었으나 그것은 전국적으로 겨우 287명에 불과했는데, 그도 대부분 한직(閑職)과 명예직 등을 차지했을 뿐이었다.

일제는 대외적으로 조선 총독부의 무단정치의 약점을 은폐하기 위해 총독 자문 기관(總督諮問機關)으로 한국인을 중심으로 구성되는 중추원(中樞院)을 설치했다. 그러나 중추원은 구성 이후 3·1 운동 발발 때까지 단 한번도 소집하지 않았다. 게다가 중추원은 그 구성도 의장(議長)은 정무총감(政務總監)이 겸하여 강한 통제를 하는 한편, 구성원도 거의 대부분이 부일 민족 반역자(附日民族反逆者)를 의원으로 위촉한 것이었다.

일제는 통감부 시절의 헌병 경찰 제도를 한층 더 강화하였다. 특히 고등 경찰의 정치 사찰(政治査察)과 사상범 취급은 추호의 인정이나 사정도 없는 가혹 그것뿐이었다.

일제는 헌병과 경찰의 불법 체포·구금·투옥 행위를 합법화시키기 위해 통감부 재판소령(統監府裁判所令)을 조선 총독부 재판소령(朝鮮總督府裁判所令)으로 바꾼 후, 1912년에는 종래의 3심 4계급제령(三審四階級制令)을 3심 2계급제(三審二階級制)로 만들었다. 그리고 조선 감옥령(朝鮮監獄令)을 공포하여 전국 24개소에 감옥을 설치하고 독립 운동자와 그 혐의자를 자의대로 투옥했다.

이상과 같이 이중 삼중으로 경계 태세를 갖춘 일제는 지배자로서의 권위를 보이고 무단적 위압감을 더 주기 위해 군국적인 복제(服制)를 제정·공포했다. 일반 문관(文官)은 물론 교원(敎員)까지도 금테의 제복·제모·패도를 착용케 했던 것이다.

일제의 무단적 행위는 이것으로 끝나지 않고 야만적인 고문을 계속하였으며, 병합 초기의 배일 운동자의 거주 제한령, 집회 결사의 금령, 태형령(笞刑令) 등을 공포하여 자유로운 거주 이전(居住移轉)과 집회 결사(集會結社)를 제재했다.

일제는 항상 반제·반봉건(反帝·反封建) 등으로 대중을 계몽하고, 그들의 학정(虐政)을 시비해 온 신문과 출판물을 신문지법(新聞紙法)과 출판법

(出版法)에 의해 없애 버렸다. 1910년 8월 29일에 일제가 『경성신문(京城新聞)』·『조선일보(朝鮮日報)』·『조선일일(朝鮮日日)』 등 10종의 한국어 신문을 모두 폐간한 일은 그 예이다.

또한 일제의 교육 정책은 식민지 정치·경제 정책과 부합되는 것으로서 일반 교육보다 우직하고 노예적인 교육으로 일인들에게 복종시키고, 식량 원료의 공급지로 만들기 위해 직업 교육에 치중하게 되었다. 반면 소위 '일제의 충량(忠良)한 신민(臣民)'을 창출해 내기 위해 민족혼(民族魂)을 고취하는 한국 역사·지리를 가르치지 못하게 하고, 그에 관한 수십만 권의 서적을 압수·소각했다. 뿐만 아니라 반일 운동의 배양지로 지목되던 애국 계몽운동자들이 건립한 사립 학교의 탄압을 강화했으므로 사립 학교는 점차 문을 닫게 되었다.

3. 의병 항전 후의 독립운동

국내에서는 '한일합방' 이후 3·1 운동에 이르기까지의 일제 무단정치하에서 독립 운동은 표면상 활발하게 전개될 수 있는 조건이 되지 못했다. 그럼에도 불구하고 이 시기에 한민족의 독립 운동은 을사오조약을 전후해 발전된 항일민중운동을 계승했고, 거족적 항일 독립 운동인 3·1 운동의 기반을 마련해 갔던 것이다.

1910년 8월 29일 한일합방조약이 발표되자, 망국의 치욕과 격분을 참지 못해 일제 치하에서의 생존을 거부하고 스스로 생명을 끊어 국민의 각성을 촉구하는 애국 열사가 속출했다. 금산 군수(錦山郡守) 홍 범식(洪範植), 판서(判書) 김 석진(金奭鎭), 진사(進士) 황 현(黃玹)·안 숙(安潚), 승지(承旨) 이 만도(李晩燾)·이 재윤(李載允)·송 종규(宋宗奎)·장 태수(張泰秀), 정언(正言) 정 재건(鄭在健), 의관(議官) 송 익면(宋益勉), 감역(監役) 김 지수(金智洙), 종정원경(宗正院卿) 이 면주(李冕宙), 유생(儒生) 박 병하(朴炳夏)·송 주면(宋宙勉)·권 용하(權龍河)·유 도발(柳道發)·이 현섭(李鉉燮)·김 근배(金根培)·박 능일(朴能一) 등이 잇달아 순국했다. 이 밖에도 국외에서 주러 공사(駐露公使) 이 범진(李範晋) 등 여러 사람을 들 수 있다.

한편 의병(義兵)의 항일 투쟁이 국외로 크게 확대 되면서 몇 년을 두고 지속되었다. 이 시기의 의병 활동은 종래의 그것에 비해 북쪽의 황해도를 위시한 평안도·함경도 및 강원도 지방에서 활발하게 전개되었던 것인데, 그 주된 이유는 북쪽의 의병은 소위 일본군의 '남한 폭도 대토벌(南韓暴徒大討伐)'을 전후하여 남한 의병이 받은 바와 같은 타격을 받지 않았고, 또한 의병 운동이 양반·유생 중심에서 평민층으로 옮아갔기 때문이기도 하다. '한일합방' 이후 일군경에 막대한 타격을 준 의병장으로서는 강 기동(姜基東 ; 경기·강원·함경 남도), 채 응언(蔡應彦 ; 평남·황해·강원·함경 남도), 이 석용(李錫庸 ; 전라도), 정 경태(鄭敬泰 ; 경기·강원·경상·충청도), 김 종태(金宗泰 ; 강원·경북·충청 북도) 등을 들 수 있다. 그들 중 강 기동과 채 응언 및 정 경태 등은 그 작전이 뛰어나 일군경에게 큰 타격을 준 작전을 되풀이하였다.

그러나 조선 총독부의 헌병 무단 통치가 점차 확립되어 감에 따라 의병 운동도 더욱 곤경에 빠지게 되었다. 따라서 국내에서 의병 운동을 계속하던 대부분의 의병장과 의병은 일군경에 체포되어 악형 끝에 총살 내지 교수형과 장기형으로 순국하였다. 한편 살아남은 의병은 두만·압록 양강을 넘어 국외 의병으로 합류, 그 의성을 견지 하였다. 이 시기의 의병 항전은 을미 의병 항쟁 이래의 항일 항전을 계승하고 그 독립 정신을 3·1 운동 발발 직후에 서·북간도와 노령 연해주 일대에서 편성된 독립군에 계승시켰다고도 하겠다.

이와 같이 의병 활동이 일제의 무단적 탄압으로 약화되자 독립 운동은 지하 운동화하게 되었는데, 그 운동 경향은 의병 활동을 계승한 무장 투쟁과 애국적 신문화 운동(新文化運動)을 통한 국권 회복 운동(國權恢復運動) 등 2개의 커다란 조류로 나눌 수 있다. 즉, 무장 투쟁은 지역별로 비밀 결사를 조직하고 만주 등 해외에서 독립군을 양성하여 국권을 회복할 것을 목표로 했다. 반면 애국적 신문화 운동은 비밀 정치 교육단체를 조직하고, 민족주의 교육을 통해 민족 정신을 앙양하고 민족의 산업을 진흥시켜 민족 실력을 양성시킴으로써 궁극적으로 국권을 회복하려는 운동이었다.

그 중에서도 의병 활동을 계승하여 무장 투쟁을 목적으로 조직된 항일 비밀 결사 중 대표적인 것으로는 독립의군부(獨立義軍府)·광복회(光復會)·조선 국권 회복단(朝鮮國權恢復團) 등을 들 수 있다.

을사오조약 후 의병을 일으켰다가 일군경에게 납치되어 쓰시마 섬(對馬島)에 유배되었던 의병장 임 병찬(林炳瓚)은 귀국 후 재거(再擧)의 기회를 노리고 있던 중 1912년 9월에 독립 의군부(獨立義軍府)를 조직하고 동지를 규합했다. 같은 해 12월 임 병찬은 전라도 의군부 순무대장(全羅道義軍府巡撫大將)이 되어 1913년 2월 임 태응(林泰應) 등과 함께 전라도의 조직을 완료했고, 1914년 2월에 서울에서 이 명삭(李明朔) 등과 상의, 독립 의군부의 조직을 전국적으로 확대하여 대한 독립 의군부(大韓獨立義軍府)를 성립시키고, 같은 해 3월 23일에는 각 도와 군 대표를 선정했다.

이 독립 의군부는 일본 내각 총리 대신(日本內閣總理大臣)·조선 총독 이하 대소 관헌 등 일제 관헌에게 '국권 반환 요구서(國權反還要求書)'를 제출하여, 한일합방의 부당성을 설명하고, 외국에 대해서 한국민이 일제 통치에 항거하고 있음을 밝히며, 국민에게 국권 회복의 의기를 일으켜 일제를 구축하려는 구체적 국권 회복 운동을 계획하였다. 그러나 독립 의군부의 조직이 일경찰에 발각됨으로써 임 병찬은 체포되어 1916년 5월 23일 거문도(巨文島)에 유배 중 순국하였다.

'광복단(光復團)'은 1913년 채 기중(蔡基中)·유 창순(庾昌淳)·유 장렬(柳璋烈)·한 훈(韓焄)·장 두환(張斗煥) 등 다수인이 풍기(豊基)에서 조국 광복을 목적으로 비밀 결사인 '대한 광복단(大韓光復團)'을 조직함으로써 시작되었다. 그 후 1915년에 박 상진(朴尙鎭)·우 재룡(禹在龍)·박 영만(朴寧萬) 등이 맹원(盟員)이 되어 '광복회'라 개칭하고 그 조직을 확대했으며, 다음해에는 노 백린(盧伯麟)·김 좌진(金佐鎭)·신 두현(申斗鉉) 등이 가담하여 다시 광복단이라 개칭했다.

광복단의 조직은 군대 조직으로 되어 있어 중앙에는 총사령(總司令)·부사령(副司令)·지휘장(指揮將)·재무부(財務部)·선전부(宣傳部)를 두고, 각 도(各道)에는 지부장(支部長)이 있으며, 만주 지방에는 별도의 조직이 있고 부회장(副會長)이 책임자가 되었다. 방략은 만주 지방에 무관 학교(武官學校)를 설립하고 의병·해산 군인(解散軍人) 및 만주 이주민 등 애국 청년을 훈련해서 군대를 편성한 후 무력으로 국권을 회복하려는 것이었다.

한편, 광복단은 군자금(軍資金) 모집과 함께 일제의 한인 밀정(韓人密偵)·친일파(親日派)와 독립 운동에 비협조적인 부호들을 응징·처단했다. 그 예로 박 상진(朴尙鎭) 등은 군자금 모집에 비협조적인 경상도 관찰사 장 승원(張承遠)과 아산군 도고면장(牙山郡道高面長) 박 용하(朴龍夏)를 사살했다. 그는 이 사건으로 단원과 함께 일경찰에 체포되었다. 박 상진(朴尙鎭)·채 기중(蔡基中)·장 두현(張斗鉉)·김 한종(金漢鍾) 등은 일제에 의해 사형되었고 많은 단원이 장기 복역형을 받게 되었다. 겨우 피체를 면한 단원들이 국외로 망명하거나 국내에 은신함으로써 광복단의 독립 운동은 겨우 명맥을 유지하였다.

'조선 국권 회복단(朝鮮國權恢復團)'은 윤 상태(尹相泰)·서 상일(徐相日) 등이 1915년 1월 15일 경북 달성군 수성면 안일암(安逸庵)에서 시회(詩會)로 위장, 동지들을 다수 모아 비밀 결사로 조직했다. 그 부서(部署) 및 책임자는 총령(總領)에 윤 상태, 외교 장관(外交長官)에 서 상일, 교통 부장(交通部長)에 이 시영(李始榮)·박 영모(朴永模), 기밀 부장(機密部長)에 홍 주일(洪宙一), 문화 부장(文化部長)에 이 영국(李永局)·서 병룡(徐丙龍), 권유 부장(勸誘部長)에 김 규(金圭), 유세 부장(遊說部長)에 정 순영(鄭舜永), 결사 대장(決死隊長)에 황 병기(黃炳基) 등이 선임되었으며, 마산(馬山)에는 지부를 두고 지부장에 안곽(安廓)을 임명했다. 국권 회복단은 그 운동을 해외로 넓혀 만주·노령 지방의 독립 운동과 연결을 맺고자 할 즈음 3·1 운동이 일어났다.

이 밖에도 중요 비밀 결사로는 국민회(國民會)가 조직되어 활동하였다. 국민회는 1917년 3월 평양에서 장 일환(張日煥)·배 민수(裵敏洙)·김 석환(金錫煥) 등이 주동이 되어 숭실 학교(崇實學校) 학생 및 기독교인을 중심으로 조직된 비밀결사로서, 해외 독립 운동과 연결하여 국권 회복을 위한 항일운동을 추진하였다. 조직 부서를 보면, 회장은 장 일환(張日煥), 통신 겸 서기는 배 민수(裵敏洙), 외국 통신은 백 세빈(白世彬) 등이 각기 맡아 보았다. 자금은 회비에 의존하기로 했으며, 재미 국민회(在美國民會) 및 여타의 해외 독립 운동 단체와 긴밀한 연락을 갖고 북쪽으로 간도 지방에까지 세력을 부식하려 했으나, 국민회의 조직이 일경찰에 발각되어 중요 회원이 검거되고 말았다.

또한 이상에 열거한 이외에도 선명당(鮮命黨)·자진회(自進會)·민단 조합(民團組合) 등과 대종교(大倧敎)·청림교(靑林敎)·흠치교 등 종교 단체를 중심으로 또는 사립 학교를 중심으로 하는 비밀 결사가 조직되기도 했던 것이다.

이같이 무력 투쟁을 통해 국권을 회복하려는 각종 항일 단체의 독립 운동이 전개되고 있었는가 하면, 다른 한편 애국적인 신문화 운동(新文化運動)에 의한 항일 독립 운동도 전개되고 있었다. 그중 두드러진 것이 신민회(新民會)였고 그밖에도 평안도와 황해도에서 기독교인을 중심으로 일어난 일련의 배일 문화 운동(排日文化運動)이 그런 부류에 속하였다.

황해도 안악(安岳)에는 일찍이 기독교 예배당이 설립되고 부속 학교가 있었다. 그 예배당과 학교는 신문화와 접촉할 수 있는 기관이었다. 또한 예배당과 학교는 민족 운동자들의 집회장소로도 이용될 수 있어서, 김 구(金九)는 을사오조약(乙巳五條約) 반대 연설을 이 교회당에서 한 일이 있다. 안악(安岳)을 중심으로 한 애국적 신문화 운동은 당시 가장 활발하여, 그 지역은 황해도의 문화 운동·민족 운동의 중심지로 주목의 대상이었다. 이에 국치 직후 일경찰은 안악 지방을 독립 운동의 근거지로 경계하여 그곳의 배일적 문화 운동을 발본색원(拔本塞源) 할 기회만 엿보고 있었다.

때마침 1910년 12월에 안 중근 의사(安重根義士)의 종제 안 명근(安明根)이 평양에서 일경찰에 체포되어 그의 의거 계획이 발각되었다. 황해도 지방의 배일 문화 운동을 말살하기 위해 기회만 노리고 있던 일경에게 같은 도(道) 신천인(信川人) 안 명근의 체포는 절호의 기회가 되었다. 이를 기화로 일제는 사건을 확대하여 황해도 일대의 지식층과 재산가 등 160여 명을 검거하고 잔인한 고문으로 허위 자백을 강요, 강도 및 강도 미수죄(未遂罪)·내란 미수죄·모살(謀殺) 미수죄 등의 죄명을 씌워 안 명근 이하 16

명을 재판에 회부했다. 그들이 받은 형량을 보면 안 명근 종신형, 김구(金九)·김 홍량(金鴻亮)·한 순직(韓淳稷)·배 경진(裵敬鎭)·이 승길(李承吉)·박 만준(朴萬俊)·원 행섭(元行燮) 등 15년형, 도 인권(都寅權) 10년형, 김 용제(金庸濟)·최 명식(崔明植)·양 성진(楊星鎭)·김 익연(金益淵) 등 7년, 최 익형(崔益馨)·고 봉수(高奉守)·박 형병(朴衡秉)·장 윤근(張倫根)·한 정교(韓貞敎)에 5년을 각각 언도하였다. 이 사건이 이른바 '안악 사건'인 것이다. 조선 총독부는 안 명근 사건을 계기로 황해도 일대의 명사(名士)를 체포함으로써 이 지방의 민족주의 사상과 신문화 운동을 말살하려 했고, 이를 곧 이어 1910년 12월에는 배일적 신민회의 국민 운동을 탄압하는 계획에 착수했다. 신민회는 안 창호(安昌浩)가 1907년 2월에 동지들과 조직한 민족 운동의 비밀 결사였다. 그 목적은 먼저 민족을 근대사조로 계몽하고 확고한 주체성 밑에 정치·경제·교육·문화 등을 육성·발달시켜 민족의 실력을 배양하려는 일대 국민 계몽 운동을 전개하고, 궁극적으로는 국권을 회복하려는 데 있었다.

이에 조선 총독부는 신민회와 평안도 배일 운동의 중심 인물을 투옥하려는 계획으로 1910년 12월에 압록강 철교 준공식에 참석차 여행하는 총독 테라우치 이하 총독부 요인들을 암살하려던 음모가 발각되었다고 발표하였다. 될수록 사건을 과장하여 민족운동자 탄압에 이용하였다. 다음해 1월 1일을 기해 경무 총통부는 윤 치호(尹致昊)·양 기탁(梁起鐸)·유 동열(柳東說)·이 승훈(李昇薰)·안 태국(安泰國) 등이 신민회를 조직하여 국권 회복을 밀모하면서 먼저 테라우치 암살을 계획했다고 신민회 간부와 기독교 지도급 인사 6백여 명을 체포·투옥했고, 갖은 악형으로 고문하여 사상 전환을 시키거나 혹은 불구자로 만들었다. 그러나 예심 중 국내외 여론이 무서워 122명으로 범위를 축소하고 그 나머지는 석방했다. 같은 해 8월

18일 경성 지방 법원에서 105명만이 유죄 언도를 받았는데, 이 사건을 '105인 사건'이라 한다. 그러나 외국 선교사들의 항의와 여론의 비등을 감퇴시키고자 1913년 7월 15일 대구 복심법원(大邱覆審法院)에서 윤 치호(尹致昊)·양 기탁(梁起鐸)·안 태국(安泰國)·이 승훈(李昇薰)·임 치정(林蚩正)·옥 관빈(玉觀彬) 등만이 4년 언도를 받고 나머지는 무죄 석방되기에 이르렀다.

제2장

3·1 運動의 胎動

1. 국외 운동과 민족 자결론

　1910년 한일합방을 전후해서 독립 운동자들은 일제의 힘이 다소 적게 미치고 있는 국외로 망명하여 독립 투쟁을 위한 기지(基地)를 닦았다. 러시아 연해주·만주(滿洲)·상해(上海)·일본(日本) 및 미주(美洲) 등지와 그 밖에 해당되는 지역으로서, 그 곳에는 이미 거의 1백만 명에 달한 한민족이 이주, '신천지'를 개척하여 생활의 터전을 만들면서 조국의 독립과 발전을 기원하고 있었다. 그 중 러시아 연해주(沿海州)에는 약 10 만 명 내외의 고려인이라고 부르는 한국 교포가 살고 있었으며, 그들은 신한촌(新韓村)을 세워 2세 교육을 통해 항일 사상을 고취하고, 청소년들에게 군사 훈련으로 후일의 무력 항쟁에 의한 독립 운동을 기획하고 있었다.

　또한 수십만의 이주 한민족이 거주하는 서·북간도(西北間島)를 비롯한 남북 만주에는 국내 의병 투쟁에서 역전의 전적(戰績)을 올렸던 의병장령들이 새로운 항일 투쟁 기지를 구축하게 되었다. 서간도에서 유 인석(柳麟

錫)은 보약사(保約社)를, 백 삼규(白三圭)·조 병준(趙秉準) 등은 농무계(農務契)와 향약계(鄕約契)라는 자치 단체를, 이 석룡(李錫龍)·조 맹선(趙孟善)·윤 세복(尹世復)·홍 범도(洪範圖) 등은 포수단(砲手團)을 조직하여 각각 교민 자치(僑民自治)와 독립 전사(獨立戰士) 양성에 힘썼다. 특히 1911년에는 신흥 무관 학교(新興武官學校)가 설립되어 국내에서 망명한 열혈 청년(熱血靑年)들에게 민족 교육과 군사 훈련이 실시되었다. 또한 북간도(北間島)에는 서 일(徐一)을 단장으로 하는 중광단(重光團)이 결성되어 단원의 민족 교육과 이주 한인 계몽에 힘썼다.

중국 상해에는 동제사(同濟社)가 조직되어 독립 운동의 국내외 연락의 중심 역할을 담당하고 있었다. 동제사는 1912년에 신 규식(申圭植)이 박 은식(朴殷植) 등 다수 동지들과 함께 조직한 단체인데, 국내와 구미(歐美) 각지에 분사(分社)까지 두고 있었다. 신 규식은 중국 혁명 지도층과 깊은 유대를 맺고자 신아 동제사(新亞同濟社)를 발기·설립했으며, 환구 중학생회(環球中學生會)에도 가입 활동하였다. 또 남사(南社)에 가입해서 중국 학자와 한국 역사를 공동 연구하여 한국 부흥 운동을 선전하기도 했다.

일본에는 조선 기독교 청년회가 조직되어 만국 기독교 총회·황성 기독교 청년회와 밀접한 관계를 가지고 항일 의식을 고취하는 데 힘썼다. 또한 유학생의 모임으로서 조선 유학생 학우회·조선 학회·조선 여자 친목회 등의 조직이 있었다. 그 목적이 다 회원간의 친목과 학술 연마는 물론, 조국 독립을 위한 애국 운동에 주력하고 있었다. 한편 미주(美洲) 본토와 하와이에서는 한국 이민단에 의해 신민회(新民會)·대한인 국민회(大韓人國民會) 등이 조직되어 조국 독립 운동의 중요 기관으로 성장하고 있었다. 이와 같이 해외 각지에서 항일 독립 운동이 활발하게 전개되고 있을 무렵인 1918년 1월에 미국의 윌슨 대통령이 '민족 자결론(民族自決論)'을 성명하고 이어 1918년 11월에 세계 제 1 차 대전이 종식되었다. 특히 월슨의 민족 자결론이 보도되자 기회가 오기만 기다리던 한국 독립 운동자들에게 비상한 충격을 주어, 이 기회에 독립을 쟁취코자 하는 일대 민족 운동을 전개할 기운이 촉성되었다. 이와 같은 기운은 미주에 있던 교포들이 먼저 느끼고 활동하게 되었다. 비교적 활동이 자유로왔던 그들은 먼저 이 승만(李承晚)·민 찬호(閔瓚鎬)·정 한경(鄭翰景) 등을 한국 민족 대표로 선출하여 파리 강화 회의에 파견하고자 하였으며, 샌프란시스코에 거류하는 교포들은 독립 운동 자금으로 30만원을 모집하는 등 자못 활발한 움직임을 보였다.

이러한 소식은 토오쿄오에서 발간되는 영자 신문 ≪재팬 애드버타이즈(1918.12. 1)≫와 토오쿄오의 ≪조일신문(朝日新聞 ; 1918.12.15)≫에 보도되어 재일본 조선 유학생 학우회에게도 큰 자극을 주었다. 그들은 재일본 동경 조선 독립 청년단의 독립 선언에까지 발전하게 되었던 것이다.

상해에서는 그 곳에서 발간되는 영자 신문에 보도된 파리 강화 회의의 개최와 민족 자결론을 보고 신한 청년단(新韓靑年團)에서 김 규식(金奎植)을 파리에 한민족 대표로 파견하는 한편, 장 덕수(張德秀)를 일본에, 여 운형(呂運亨)을 시베리아 연해주에, 김 철(金澈)·선우 혁(鮮于爀) 등을 국내에 각각 파견하여 종교계 및 각 사회 지도층과 접촉하고 거족적 독립 운동을 계획했다. 그리고 한국 독립에 관한 요망서를 작성하여 중국에 파견된 윌슨 대통령의 특사(特使) '크레인'에게 주어 파리 강화 회의와 윌슨 대통령에게 전달해 줄 것을 청탁했다. 한편, 동제사(同濟社)의 신 규식은 방 효성(方孝成)과 곽 경(郭儆) 등에게 밀함(密函) 수십 통을 써 주고 상해로부터 밀입국(密入國) 시켜 국내 지도층과 접촉, 민중 운동을 전개하여 일제 통치에 반대함으로써 독립 운동을 크게 확대시킬 분위기를 조성하게 하였다.

 한편, 풍찬노숙(風餐露宿)의 어려운 여건 속에서 기회가 오기만 기다리던 동삼성(東三省)일대의 독립 운동자들은 1919년 2월에 국내 독립 선언에 앞서 여 준(呂準)·김 교헌(金敎獻)·이 시영(李始榮) 등 재외 독립 운동 지도자를 망라한 39인 연명으로 최초의 독립 선언서라 할 '대한독립선언서'를 선포했다. 또한 러시아 연해주에서는 이 동휘(李東輝)·원 세훈(元世勳) 등이 거류 동포 수십만을 규합하여 대한국민 의회(大韓國民議會)를 조직하고 독립을 쟁취하기 위한 새로운 활동을 시작하였다.

2. 3·1 운동의 계기

 근대화에 뒤진 우리 민족은 일제의 우월한 무력을 앞세운 침략을 막아내지 못하고 나라를 잃었으나, 민족의 유구한 역사와 전통 문화에 바탕을 둔 한민족의 자주 의식은 기어이 근대적 자주 역량을 향상시켜 항일 독립을 기약하고 있었다. 그리하여 을사오조약을 전후하여 일어난 항일 운동은 근대적인 민족 독립 운동으로 발전하였고, 민족주의를 크게 성장시켜 가고 있었다.

 특히 1910년 이후 항일 구국 투쟁을 앞세운 민족 운동자들은 많이 중국·만주·러시아 연해주·미주(美洲)·하와이 등 일제의 지배에서 벗어날 수 있던 해외로 망명하여 활발한 독립 투쟁을 전개하고 있었다. 한편, 일부 인사는 국내에서 비밀리에 민중에게 독립 사상을 고취하며 큰 독립 운동을 일으킬 기회가 오기만을 기다리고 있었다.

　이처럼 내면에서 충일(充溢)하고 있던 우리 민족의 독립 사상은 윌슨 대통령의 민족 자결론이 하나의 표면화의 계기가 되었다. 해외의 운동자들은 먼저 민족 자결론의 내용을 알고 국내에 연락, 주의를 환기시키는 동시에 민족 대표자를 파리에 보낸 것이다. 이 같은 사실이 국내에 알려지자 각계 인사들은 모두 격동하게 되고, 심한 경우에는 민족 자결론에 의해 당연히 한국은 독립하게 되는 것으로 아는 사람까지 있게 되었다. 또한 이같이 긴장되고 격변하는 상황 아래서 광무황제가 돌연히 붕어(崩御)하게 되어 전국민은 더욱 비분하게 되었고, 마침내 운동 발발의 분위기가 조성되었던 것이다.

　1919년 1월 21일 덕수궁에서 나라를 잃고 유거(幽居)되어 있던 광무황제가 붕어한 것은 일반에게 의외의 일로서, 이것은 유교주의 이념과 양식을 고수(固守)하던 유생뿐만 아니라 전국민으로 하여금 비분강개(悲憤慷慨)하게 했다. 황제는 당시 68세로서 건강 상태는 비교적 양호한 편이었는데, 그 해 1월 21일에 중병(重病)이 급발하여 다음날에 붕어했다고 발표되었다. 더욱이 그 사인(死因)에 대해 의문을 일으키게 되었으며, 일제가 '적신(賊臣) 아무개를 시켜 독살했다'는 말이 전파되었다. 이 독살설(毒殺說)의 전파는 전국민에게 보다 큰 충격을 주었으며 황제와 황실에 대한 동정은 망국의 슬픔, 일제에 대한 적개심 등과 혼합되어 민심의 동요를 한층 더 격심해졌다. 독살의 소문이 파급되자 시민들은 철시(撤市)하고 가무 음곡(歌舞音曲)을 삼갔으며, 남녀 학생은 일제히 상장(喪章)을 달았다. 대한문(大漢門) 앞에서 통곡하는 국민이 있었고, 심지어 순사(殉死)하는 사람이 여러 명 있었다.

　강렬한 항일 독립 사상을 품고 있던 우리 민족은 민족 자결론의 소식을 듣고 동요하던 판국인데, 광무황제의 붕어로 슬픔과 분노가 함께 폭발하게 되니, 충분히 거족 독립 운동을 일으킬 분위기의 조성이 촉진되었던 것이다. 더구나 3월 3일로 정해진 광무황제의 인산(因山)에 참례하기 위해 많은 지방민들이 서울로 모여들게 된 것은 3·1 봉기를 위한 다시없는 기회가 되었다.

3. 3·1 운동의 추진 계획

천도교(天道敎)의 중진(重鎭)인 권 동진(權東鎭)과 오 세창(吳世昌)은 1918년 12월경부터 자주 만나 민족의 장례와 세계의 형세를 논하던 중, 민족 자결주의의 영향이 폴란드와 체코스로바키아 민족 등을 일깨워 구미에서는 민족 독립이 성히 창도되는데, 이들의 운동은 미국을 비롯한 열강의 원조와 용인에 의한 것이므로 목하 우리 나라의 독립을 기획함이 절호의 기회라 보고 항상 신문 통신에 유의해 왔다. 두 사람은 최 린(崔麟)과 회합하여 그 소견을 말하고 가부(可否)를 상의한 바 그도 이에 찬동하였다. 그들은 먼저 실행 방법으로서 일본 정부와 귀·중 양원(貴衆兩院), 정당 수령(政黨首領) 및 조선총독에 대해서 국권 반환 청구서(國權反還請求書)를 제출할 것과 미국 윌슨 대통령과 파리 강화 회의에 대해서는 국권 회복의 원조를 구하는 한편, 한국민의 여론 환기에 노력하여 열강으로 하여금 한민족의 독립 의지(獨立意志)를 인식케 할 것에 합의했다.

그들은 이와 같은 운동을 천도교 단독으로 하는 것이 불리할 뿐만 아니라, 외국과의 교섭 관계에 유력한 기독교와 협력하고, 또 귀족과 고로(古老)의 일부를 참가시켜서 대대적으로 운동을 개시하면 한국의 독립이 지난(至難)한 사업이 아닐 것이라고 믿었다. 또한 이 운동이 큰 성과를 거둘 수 없을지라도 한국 독립을 촉진함에는 큰 효과가 있을 것이라고 확신했다.

권 동진(權東鎭) 등 3인은 1919년 1월 15일경 천도교주 손 병희(孫秉熙)를 방문하고 그 계획을 말했다. 손 병희는 이미 신명을 다하여 조국 광복을 위해 바칠 것을 맹세하고 있던 터이다. 이로써 천도교의 방침이 정해졌을 뿐만 아니라, 국내에서의 운동 추진이 구체화되었다.

최 린은 기독교를 비롯한 각계와의 교섭 책임을 맡게 되었다. 최 린은 2월 상순경 최 남선(崔南善)과 송 진우(宋鎭禹)를 자택으로 불러 운동 진행 방법을 논의 했으며, 수일 후 다시 송 진우의 집에 모여서 협의한 결과, 손 병희 이하 천도교·기독교·불교 및 구한국 고관과 그 밖에 명사 중에 중요한 인물을 택해 조선 민족 대표로 정하고 그 명의로써 조선 독립을 선언하기로 하였다. 동시에 서명할 인물의 교섭을 각기 분담했다.

그러나 교섭 결과 귀족 고로(貴族古老)와 유림(儒林) 및 사회 명사는 태도가 모호하여 요령 부득이 아니면 소극적이었기 때문에 조속한 추진을 위해서는 그들의 포섭 공작을 포기하지 않을 수 없었다. 기독교와의 교섭은 정주(定州)에 있는 이승훈(李昇薰)을 통해서 착수되었다. 연락을 받고 상경한 이 승훈은 2월 12일경 계동(桂洞) 김 성수(金性洙)의 별장에서 송 진우(宋鎭禹)와 신 익희(申翼熙)를 통해 이 같은 계획을 듣고, 조국 독립을 희망하는 것은 교도 모두의 뜻이므로 기독교 각파의 대표자와 함께 참가하겠다고 선언하였다. 그는 바로 그날 밤 조속한 추진을 위해 선천(宣川)으로 내려가 준비를 서둘므로써 천도교와 기독교의 합동 운동의 길이 열리게 되었다.

서울에서 돌아온 이 승훈은 당시 사경회(査經會)에 참석 중인 이 명룡(李明龍)·김 병조(金秉祚)·유 여대(劉如大)·양 전백(梁甸伯) 등을 양 전백의 집에서 만나 서울서에의 회담 내용을 말하여 그들로부터 찬동을 얻고, 또한 평양으로 가서 길 선주(吉善宙)·신 홍식(申洪植)·손 정도(孫貞道) 등 3인과 회합, 역시 찬동을 얻었다. 그는 이 같은 협의를 마친 다음 2월 17일경 다시 상경하여 송 진우를 만났던 것이다. 그러나 송 진우의 열성이 전만 못한 것 같고, 또 교섭의 본인인 최 남선(崔南善)은 면회가 되지 않아 의심을 갖게 되었다. 그러던 중 20일 경에 수창동(需昌洞)에서 기독교 청년회 간사 박 희도(朴熙道)와 회합하여 운동 계획을 말하고 찬동할 것을 권유했다. 그러나 박 희도는 기독교 중심으로 청년 학생단을 조직하여 운동을 개시하기로 협의 결정했기 때문에 참동할 수 없다고 거절의사를 전했다.

이러던 중 2월 21일경 최 남선은 이 승훈을 내방하고, 그들은 함께 최 린(崔麟)을 방문하였다. 최 린은 이 운동이 조선 민족 전체에 관한 문제인즉, 기독교측에서만 거사(擧事)한다는 것은 불가하니 천도교측과 합작(合作)하자고 역설했다. 이에 이 승훈은 동지들과 협의한 후 결정하겠다 하고, 만일 기독교 목사 등 중요 직원이 서명하면 그 가족의 생활이 문제이므로 3천 원(圓)이 필요한데 그 변통 방법이 막연하다고 했다. 최 린은 이의 염출을 승낙하고 손 병희(孫秉熙)에게 말하여 5천원을 이 승훈에게 주었다.

이 승훈은 박 희도·오 기선(吳基善)·안 세환(安世桓)·오 하영(吳夏英)·신 홍식(申洪植)·함 태영(咸台永)·김 세환(金世煥)·현 순(玄楯) 등과 만나, 동일한 목적을 가진 운동을 개별적으로 각기 추진한다는 것은 마치 국민의 불통일을 외부에 표시하는 것과 같으므로 졸렬한 짓임을 지적하고 합동을 역설했다. 이에 부응, 박 희도는 이 문제를 청년 학생 대표인 연희 전문(延禧專門)의 김 원벽(金元璧)과 보성 전문(普成專門)의 강 기덕(康基德) 등과 의논하여 그들의 찬동을 얻었고, 2월 23일경 이 승훈에게 이 사실을 통고했다. 이 승훈과 함 태영(咸台永) 등은 24일에 다시 천도교와 기독교의 합동 운동을 최 린에게 정식으로 통고함으로써 양교(兩敎)의 제휴는 원만히 성립되었다.

이에 앞서 최 인은 2월 10일경 불교측의 한 용운(韓龍雲)에게 운동 계획을 설명하여 참가의 승낙을 얻고, 한 용운은 백 용성(白龍城)에게 말하여 불교측의 가입이 성취되었던 것이다.

이같이 천도교·기독교·불교 및 청년 학생측의 합동이 가능하게 되자, 다음은 독립 선언서에 서명할 민족 대표자의 선정을 서둘렀다. 천도교에서는 그 동안 대외적으로 이를 비밀에 붙여 오다가, 기독교측과 연결이 성립되자 손 병희 이하 동교 수뇌(首腦)는 2월 25일경 재경(在京) 최고 간부와 당시 서울에 와 있던 지방 간부인 이 종일(李鍾一)·권 병덕(權秉悳)·양 한묵(梁漢默)·김 완규(金完圭)·홍 기조(洪基兆)·홍 병기(洪秉箕)·나 용환(羅龍煥)·박 준승(朴準承)·나 인협(羅仁協)·임 예환(林禮煥)·이 종훈(李鍾勳) 등 11명에게 이 뜻을 알려 찬동을 얻었다. 그리하여 손 병희·권 동진·오 세창·최 린과 함께 모두 15명이 서명자로 선임되었다.

기독교측에서는 이 승훈·양 전백·오 화영·신 홍식·길 선주·이 필주(李弼柱)·김 병조·김 창준(金昌俊)·유 여대·이 명룡(李明龍)·박 동환(朴東完)·정 춘수(鄭春洙)·신 석구(申錫九)·최 성모(崔聖模)·이 갑성(李甲成)·박 희도 등 16명이 직접 서명 또는 인장을 맡겨 서명하기로 했다. 불교측에서는 한 용운·백 용성 등 2명이 서명하기로 하여 민족 대표는 33인으로 결정되었다.

민족 대표의 선임과 함께 또 하나의 중요한 일은 독립 선언서의 기초 문제였다. 최 린·최 남선·현 상윤이 협의하는 자리에서 최 남선은 자기는

서울 종로구 옛 보성사터에 세운 3·1운동 기념조형물. 이곳에서 1919년 2월말 「독립선언서」와 「조선독립신문」제1호가 인쇄되었다.

학자 생활로 일생을 지낼 생각이고, 독립 운동의 표면에는 나서고 싶지 않으나 선언문만은 자기가 짓겠다고 제의했다. 최 린의 찬성으로 곧 최남선은 민족 대표에서는 빠졌으나 독립 선언문을 작성하게 되었다.

독립 선언서의 인쇄는 2월 27일 오후 6시경부터 천도교 경영의 보성사(普成社)에서 했다. 2만 1천 매를 인쇄하여 당시 신축 중이던 경운동 88번지 천도교당으로 옮겨 서울을 비롯한 13도에 밤을 이용하여 배포하였다. 인쇄 책임자는 보성사 사장 이종일(李鍾一)과 공장 감독 김 홍규(金弘奎)였다.

독립 선언서 서명자 중 서울에 있는 인사 20여 명은 2월 28일 밤에 재동(齋洞) 손 병희의 집에서 최종 회합을 가졌다. 그 회합에서 민족 대표들은 3월 1일 오후 2시를 기해 태화관(泰和館)에서 독립 선언 식전을 갖기로 하는 한편, 학생과 시민들로 시위 운동(示威運動)을 펴기로 했다. 이날 밤 강 기덕(康基德)·김 원벽(金元璧)·한 위건(韓偉健) 등 학생 대표들은 승동교회(勝洞敎會)에 모여 이 갑성(李甲成)이 김 성국(金成國)을 시켜 보내온

선언서 1천 5백 장을 학생들에게 나누어 주었다. 이의 배포 구역 분담은 종로 이북은 불교 학생, 이남은 기독교 학생, 남대문 밖은 천도교 학생이 맡기로 배정되었다. 그리고 집합하여 시위 운동에 앞장설 것도 아울러 논의되었다. 이와 같은 3·1 거사 준비는 모든 일이 극 비밀리에 진행되어 거사 당일까지 일본 관헌이 전혀 눈치채지 못하고 있었던 것이다.

제3장
3·1 運動의 勃發

1. 2·8 조선 청년 독립단 선언

    국내에서 3·1 운동이 발발하기 직전 재일본 한국 유학생들이 먼저 거족 운동의 봉화를 올렸다.

    1919년 2월 8일 오후 2시 유학생들은 토오쿄오의 칸다 구(神田區) 고이시가와(小石川)에 있던 조선 기독 청년 회관에 회합하여 '조선 청년 독립단(朝鮮靑年獨立團)'의 명의로 '독립 선언서'를 발표했다. 조선 유학생 학우회는 1912년 10월 27일에 조직된 토오쿄오에 재류하는 유학생을 회원으로 하는 항일 독립 사상이 충일한 단체였다. 유학생 학우회는 동회의 전신인 대한 흥학회(大韓興學會) 시절부터 애국 청년들의 모임으로서 정기 총회 이외의 웅변회·졸업 축하회 등 집회를 열 때마다 항일 사상의 선전·고취에 힘썼고, 기관 잡지 『학지광(學之光)』은 항상 항일 기사를 게재하여 발매·반포 금지 처분을 받은 일이 많았다.

    1919년 1월 6일 조선 기독교 회관에서 열린 유학생 학우회 주최의 웅변

대회에서는 윤 창석(尹昌錫)·서 춘(徐椿)·이 종근(李琮根)·박 정식(朴正植)·전 영택(田榮澤) 등 연사가 번갈아 일어나서 '세계 사조에 따라 한민족은 자주 독립해야 하는데, 젊은 학생이 앞장서서 싸워야 한다' 하며 독립 쟁취를 절규하자 회중(會衆)은 이를 열광적으로 찬성하였다. 최 팔용(崔八鏞)·전 영택·서 춘·김 도연(金度演)·백 관수(白寬洙)·윤 창석·이 종근(李琮根)·송 계백(宋繼白)·김

일본 도쿄 재일 한국기독교청년회관에 세운 조선독립선언비.

상덕(金尙德)·최 근우(崔謹愚) 등 10인의 실행 위원이 운동 추진 방법을 강구한 결과 독립 선언서를 일본 정부, 각국 대사관, 귀·중 양원 의원(貴衆兩院議員)에게 송달키로 했다. 또한 상해 및 미주에서 파리 강화 회의에 파견하는 대표를 공식 대표로 승인하기도 했다. 최 팔용·나 용균(羅容均) 등은 운동 자금을 수집하고, 독립 선언서는 백 관수가 담당하여 이 광수(李光洙)로 하여금 기초하게 했다. 한편 송 계백을 국내에 파견하여 3·1운동의 선도적 역할을 담당했던 최 린·송 진우·최 남선·현 상윤 등에게 그간의 경위를 보고하고 국내에서도 운동을 일으킬 것을 청하게 했다.

이 무렵 전 영택의 신병 은퇴로 9명이 되었던 실행 위원 진용에 이 광수·김 철수(金喆壽) 등이 추가되어 실행 위원은 모두 11명이 되었다. 이들은 일 경찰의 감시를 피해 가며 비밀리에 준비를 서둘러 '조선 청년 독립단'을 조직하여 민족 대회 소집 청원서와 독립 선언서 및 결의문을 국문·일문·영문으로 작성했다. 1919년 2월 7일 최 팔용은 청원서 1천 매, 선언서 및

결의서 6백 매를 만들었다.

이같이 준비를 마친 조선 독립 청년단은 마침내 2월 8일 오전 10시에 준비된 민족 대회 소집 청원서·독립 선언서 및 결의문을 일본 주재 각국 대·공사(大公使), 일제의 각 대신, 귀·중 양원의원, 조선 총독부, 각지 신문 잡지사와 저명 학자들에게 우송하여 한국 독립의 대의를 천명하였다. 그리고 같은 날 오후 2시에 다시 조선 기독교 청년 회관에서 학우회 회원 선거를 명목으로 독립선언을 위한 유학생 대회를 개최했다. 회집 인원이 약 4백 여 명으로 유학생 거의 전원이 참석했다. 윤 창석의 사회로 시작된 이 대회는 대회 명칭을 '조선독립청년단'의 독립선언 대회로 바꾸고, 조선 독립 청년단의 이름으로 11명의 대표가 서명한 독립 선언서를 백 관수가 낭독하니, 장내는 대한 독립 만세의 소리와 환호성으로 가득 찼다. 이어 김 도연의 결의문 낭독이 있자 회중은 흥분한 나머지 통곡까지 했다. 독립 선언이 끝나고 시위 행진에 들어갈 무렵 토오쿄오 경시청에서 급파된 경찰대가 대회장을 포위하자, 유학생은 맨주먹으로 그들과 정면 충돌하여 일대 수라장이 되었다. 이 때가 1919년 2월 8일 오후 3시 50분이었다.

이 광수를 제외한 10명의 대표, 즉 실행 위원과 20명의 회원은 일제에 검거되어 니시칸다(西神田) 경찰서에 수감되었다가 경시청으로 이감되어, 소위 출판법 제 26조 위반이라 하여 2월 15일 1심 판결과 6월 26일 상고 기각으로 재판은 일단락되었다. 그들의 형량(刑量)은 최 팔용·서 춘·김 도연·김 철수·백 관수·윤 창석 등은 금고(禁錮) 9월, 송 계백·김상덕·이 종근 등은 금고 7월 15일형을 언도받았다.

2·8 선언 뒤에 유학생은 2월 12일 일본 의회에 독립 청원 및 후임 위원의 선임을 이유로 1백여 명이 히비야(日比谷) 공원에 집합하여 이 달(李達)을 회장으로 선임하고 독립 쟁취를 부르짖다가 이 달 등 13명이 히비야

경찰서에 검속되었다. 변 희용(卞熙鎔)·최 재우(崔在宇)·강 종찬(姜宗燦)·
최 승만(崔承萬)·장 인환(張仁煥) 등은 독립 선언서 및 민족 대회 소집 청
원서를 일본 의회에 송달했음에도 하등의 조치가 없음을 부당하다 하여
2월 23일에 조선 독립 청년단 민족 대회 촉진부 취행서(促進部趣行書)를
인쇄하여 히비야 공원에서 시위코자 했으나, 신주쿠(新宿) 경찰서에 연행
됨으로써 뜻을 이루지 못했다. 그러나 이날 오후 2시경에 회원 약 150명이
히비야 공원에 집합하는 등 끊임 없는 항쟁이 계속되었다.

이상과 같은 조선 독립 청년단의 2·8 선언은 한국의 젊은 역군들이 일본
토오쿄오의 한복판에서 대한 독립 만세를 고창하고 독립을 선언하였다는
데 의의가 클 뿐만 아니라, 국내 3·1운동 발발에 앞서 조국의 독립선언을
천명하여 거족 3·1운동의 선구적 역할을 수행한 데 보다 큰 역사적 의
의를 가졌다.

2. 3·1 독립 선언과 거족적인 호응

1876년 개항 이래 일본 제국주의자들의 침략에 의해 크게 왜곡된 방향
을 지향하고 있던 한국 역사의 방향을 근본적으로 시정하려는 거족적인
3·1 운동은 예정한 대로 1919년 3월 1일 정오를 넘기면서 시작되었다.

48인을 중심한 3·1 운동 지도자들의 대담하고 치밀한 사전 계획은 민족
애에 의해 그 비밀이 유지되었다. 독립 선언서에 서명한 천도교·기독교·불
교 대표 29명(길 선주·김 병조·유 여대·정 춘수 등은 지방에 있었음)은 인

사동(仁寺洞) 명월관(明月館) 지점인 태화관(泰和館)에서 모여 독립 선언서를 탁상에 놓고 역사적인 오후 2시가 되기를 기다렸다. 그 동안 2통의 선언서는 운동 연락원에 의해 하세가와(長谷川) 총독과 종로 경찰서장에게 전달되었다.

같은 무렵에 종로 파고다 공원에는 시내 중학 이상의 학생과 인산(因山)차 상경한 민중이 회집(會集)하여 엄숙한 독립 선언의 식전을 기다리고 있었다. 그들 중 학생들은 전날에 연락되었던 지시대로 오전 수업을 마치자 학교 단위로 달려온 거족적 운동의 전위대들이었던 것이다. 경성 의학 전문 학교 학생들의 경우는 만약을 위하여 당일 아침부터 전원 결석하고 약속한 시각에 모이기로 했다.

오후 2시경이 되자 팔각정 위의 군중속에서 한 청년이 선언서를 들고 단상에 올라가 식전은 지체없이 진행되었다. 그의 선언서 낭독이 끝날 무렵 대한 독립 만세 소리가 군중 속에서 터져나왔고, 학생들의 모자는 일제히 공중으로 날았다.

한편 태화관에서도 예정대로 파고다 공원에서의 활동 시각을 전후해서 독립 선언식이 간소하게 진행되었다. 먼저 한 용운(韓龍雲)이 일어나 독립 선언을 알리는 식사(式辭)를 하였고, 이어서 그의 선창으로 대한 독립 만세를 제창했다.

이후 공원에서 선언서를 낭독하고 만세를 고창한 학생들과 민중은 곧 공원 문을 쏟아져 나와 우람찬 시위 행진을 벌였다. 민족 대표들이 예상했던 대로 인산(因山)으로 인하여 전국에서 상경한 수십만 군중이 거리로 뛰쳐나와 만세 행렬에 참여했다.

공원 문에서 시작한 만세 시위는 그날 저물도록 계속되었던 것인데, 그 인파는 2열 종대로 질서 정연하게 종로에서 광교(廣橋)·시청 앞·남대문 등

파고다공원에 건립한 3·1운동기념 조형물. 중앙에 33인 민족대표 연명의 독립선언서를 음각하였다.

지를 거쳐 남대문 정거장을 돌아 의주통(義州通)으로 꺾이어 프랑스 공사관으로 행진했다. 다른 일파는 종로를 지나 덕수궁 대한문 앞에 이르러 머무르며 만세를 고창했다. 그 일부는 일경의 제지를 물리치고 대한문 빈전(殯殿)을 향해 조례(弔禮)를 행하고 나왔다. 여기서 시위 군중은 여러 파로 갈려 미국 영사관·창덕궁·조선 보병 사령부 및 총독부 등 각 방면을 향해 행진했다. 해질 무렵부터는 시가지에서 교외 방면으로 번져 오후 8시경에는 마포 전차 종점에서 시위를 벌였고, 연희 전문 학교 부근에서는 오후 11시경까지 해산하지 않고 있었다.

이처럼 만세 시위는 그날 해가 저물도록 서울 거리를 휩쓸었다. 그러나 '공약 3장'에 밝힌 바와 같이 질서는 유지되어 적어도 몇만의 군중이 활동하였는데도 어느 곳에서나 폭동은 1건도 발생치 않았다. 평화적이며 비폭력적인 방법으로 우리 민족의 지상 명제(至上命題)인 독립 의지를 표시했던 것이다. 그러나 총독부는 군국주의의 특색인 무력으로 진압하려고 군경 이외에도 용산 주둔의 일군 보병 3개 중대와 기병 1개 소대를 시위 군중

서울 관훈동 옛 태화관터에 세운 3·1독립선언 유적지. 1919년 3월 1일 손병희를 비롯한 한용운, 이승훈 등 민족대표가 이곳에 모여 조선독립을 선언하였다.

해산을 위해 투입했고, 29명의 민족 대표를 비롯하여 중요지도자 134명이 일제에 인치(引致)되었다.

한편, 3·1 운동에 앞서 토오쿄오에 간 밀사는 일본 정부와 의회에 독립 선언서와 이유서를 송치하고, 상해로 향한 사자 현순(玄楯)은 파리 강화회의에 참석한 각국 위원과 윌슨 대통령에게 세계 개조와 동양 평화 유지를 위해 조선 독립의 필요를 진정한 진정서를 송신하고, 3월 1일에 제문서의 부본 1부를 조선 총독부에 보냈다.

3월 1일에 만세 시위가 일어난 곳은 서울뿐만은 아니었다. 평안 남북도·황해도·함경 남북도 등 이북 5도의 중요 도시에서도 서울과 거의 같은 날 같은 시각에 전개되었다. 평양(平壤)과 의주(義州)를 비롯하여 정주(定州)·해주(海州)·옹진(甕津)·사리원(沙里院)·황주(黃州)·서흥(瑞興)·연백(延白)·수안(遂安)·원산(元山)·영흥(永興) 등 제도시가 이에 해당한다. 이들 제도시가 서울에서의 만세 시위와 보조를 맞추게 된 까닭은 경의(京義)·경원선(京元線) 등 철로변에 위치하고 있어 연락이 용이하다는 점, 3·1 운동을 처음 기획했던 민족 대표 중 기독교 대표들의 다수가 그 지방 출신인 까닭에 교회 관계인이 거사에 주동이 될 수 있었다는 점, 평안 남북도 지방 중요 도시는 기독교 세력이 성행했을 뿐만 아니라, 3·1 운동에 큰 역할을 했던 천도교의 기반도 컸다는 점들에 이유가 있는 것이다. 이날의 시위 운동을 도시별로 개관하면 다음과 같다.

평양에서는 3월 1일 서울보다 1시간 앞선 오후 1시에 감리교 소속 남산현(南山峴) 교회와 장로교 소속의 장대현(將臺峴) 교회에 약 1천 8천여 명이 고종 황제의 봉도회(奉悼會) 개최를 구실로 회집하여 독립 선언식을 거행하고 시가 행진으로 돌입하였다. 일경의 제지도 무릅쓰고 태극기를 들고 대한 독립 만세를 고창하면서 남문통(南門通)·대화정(大和町)·부청(府廳)·도청(道廳)·경무부(警務部) 등을 거치는 행진을 강행했다. 시위에 당황한 평양 시내의 일본 헌병은 주둔군 1개 중대의 응원을 받아 50여 명의 시위 주동자를 인치(引致)했다.

진남포(鎭南浦)에서는 3월 1일 오후 2시에 평양에서와 마찬가지로 처음에는 기독교 교회당에서부터 시위가 시작되었다. 또 시위가 신도와 사립 감리 학교 생도 120명이 주동이 되어 선두에 '조선 독립 만세'라고 쓴 커다란 깃발을 앞세우고 군중에 선언서를 살포하면서 만세 행진을 전개하여 다음날 대시위의 선구가 되었다.

안주(安州)의 만세 시위는 3월 1일 오후 5시경부터 시작되었는데, 3, 4백 명이 독립 연설회를 개최했다. 이날 운동 계획은 기독교 집사 김 화식(金化湜)이 평양에서 선언서를 가지고 와서 안주면(安州面)의 박 의송(朴義松) 등 10여 명과 함께 선언서를 인쇄하는 등 준비를 갖추는 데서 비롯되었다.

의주(義州)에서의 만세 시위는 3월 1일 오후 2시 도청에 선언서를 투입하는 것으로부터 시작되었다. 뒤를 이어 교회당에 처음에는 3백 명 내외의 군중이 모여 시위를 들어갔는데, 시간이 지날수록 인원이 증가되어 오후 8시경에는 2, 3천 명으로 불어났다. 당시 일반 군중에게는 독립 선언서와 그 곳에서 작성된 선언서가 동시에 배포되었다.

선천(宣川)에서는 오후 3시 20분경 사립 신성 학교(信聖學校)에서 동교의 직원·학생 수백 명이 '조선 독립단'이라 쓴 큰 깃발을 앞세우고 태극기를 들고 만세 시위에 들어갔던 것이나, 나중에는 3천 명을 넘게 시위군중이 확대 되었다. 시위 군중을 해산하기 위해 당지의 일인 수비대는 즉시 출동, 평화적인 시위 군중에게 총탄을 퍼부어 12명의 살상자를 냈다.

정주(定州)에서의 시위는 평양에서의 그것과 같이 고종 황제의 봉도회(奉悼會) 개최를 기회삼아 운동을 개시하려 하였다. 그러나 사전에 일경이 기미를 알고 봉도회를 강제 해산하고 주동자를 다수 구속했기 때문에 시위에까지 이르지 못하고 말았다. 일제는 정주를 3·1 운동 계획의 주동 인물로 활약한 이 승훈의 출신지라 하여 선천과 함께 서울 다음가는 독립 운동의 책원지(策源地)로 간주하고 있었다.

원산(元山)에서의 만세 시위는 33인 중 한 사람인 기독교 목사 정 춘수(鄭春洙)와 전도사 곽 명리(郭明理) 등이 2월 말에 서울에서 선언서를 가지고 와서 교회 계통을 중심으로 하여 거사 계획을 세운 데서 발단되었다. 3월 1일이 원산 장날이기 때문에 만세 시위는 장촌동(場村洞) 시장에서부터 시작되었다. 오후 4시경에는 약 5백 명의 시위 군중이 악대(樂隊)를 앞세우고 일인 거류 시가를 누비며 다녔다. 한편 한국인 시가에서는 약 2천 명이 집결하여 독립 연설 대회를 개최하여 성황을 이루었다.

이상에 열거한 여러 도시 이외의 만세 시위 발생 지역인 영흥(永興)·개성(開城)·해주(海州) 등 7, 8개 도시에서는 서울에서부터 독립 선언서 도착의 지연, 준비의 미비, 일군경의 사전 탐지 등으로 큰 시위로까지 발전하지 못하고 말았다. 그러나 일반인에게 선언서를 배부하고, 혹은 시위를 위해 집결하고, 혹은 소수이지만 독립 연설회를 여는 등 독립 운동을 개시하였던 것이다.

1919년 3월 5일 서울역 광장에서 시작된 서울의 제2차 만세시위 광경.
이금연 화백 작, 227.3×181.8cm. water color.

제4장
3·1 運動의 發展

1. 전국 운동의 개황

　3월 1일에 일어난 서울을 비롯한 각 도시에서의 독립 선언과 이에 이은 만세 시위는 거대한 3·1 운동의 봉화를 올린 모습을 보였다. 3월 1일에 뒤이은 2일에는 이미 발발했던 대부분의 도시에서는 더 많은 군중이 만세 시위를 계속했음은 물론, 그 밖에도 중화(中和)·강서(江西)·대동(大同)·함흥(咸興) 등지에서 새로이 만세 시위가 발발했다. 또한 3월 3일에는 개성(開城)·수안(遂安)·사리원(沙里院)·겸이포(兼二浦)·곡산(谷山)·대동군 길평리(大洞郡吉平里)·통천(通川) 등지로, 4일에는 성천(成川)·양덕(陽德)·대동(大同)·용천(龍川) 등지로 급속히 확대되어 갔다. 3월 1일에 불붙은 3·1 독립 운동은 2일, 3일, 4일, 5일, 6일……로 일자가 지나감에 따라 요원(燎原)의 불길과도 같이 전국 각지로 파급되어 일제 식민 지배하 최대의 거족적 민족 운동이 전개되었던 것이다.
　이를 도별로 보면, 앞에서 논급한 바 있듯이 3월 1일에 북부 지방인 평안 남북도와 황해도 및 함경 남도의 중요 도시와 서울에서 일어난 운동은 곧 해당 도의 군읍면(郡邑面) 소재지와 이동(里洞) 등지로 파급되었다. 그 밖에 도에는 남부 지방의 전라·경상의 4개 도의 경우 5일에 군산(群山), 8일에 대구(大邱), 10일에 광주(光州), 11일에 부산진(釜山鎭)에서 발발하였다. 또한 중부 지방의 강원도·충청도에서는 10일에 철원(鐵原)·강경(江景), 19일에 괴산(槐山), 함경 북도에서는 10일에 성진(城津)에서 각각 만세 시위를 벌였다. 전국 13도는 이와 같이 어느 도를 막론하고 3월 상순에 모두 운동이 파급되었던 것이다.

전국에 걸친 운동의 발생 경향은 대체로 평안 남북도의 북쪽에서 전라 남도·경상 남도의 남쪽 지방으로, 서해안에서 동해안 방면으로 향하는 양상을 보이고 있었다. 한편, 철로 연변의 대도시에서 산간의 군읍으로 혹은 대도시에서 중소 도시 읍면으로 운동이 확대되어 나가는 경향을 볼 수 있다.

각지의 운동 발생 일시는 그 지방의 장날과 합치하는 경우가 대부분이었는데, 이것은 인원 집결을 시장가는 사람으로 가장(假裝)시키려는 의도에 기인된 현상으로서, 일제의 사전 적발을 최대한 막고 아울러 보다 많은 인원이 운동에 참여하려는 의도이었다. 그리고 각지의 운동은 한번 발생하면 보통 십 수일간 계속되었던 것이다. 특히 5일 혹은 10일 간격을 두고 시위 운동이 되풀이된 경우도 적지 않았는데, 그것은 시장 개설일마다 운동을 전개한 때문이었다.

3·1 운동의 대표적 운동 형태인 만세 시위가 집중적으로 발발한 3월 1일 이후 4월 말까지의 2개월간의 운동 전개 과정을 살펴보면 각 지역마다 특수성이 약간씩 있기는 하나, 전국적으로 보아 3월 초순은 운동이 요원의 불길처럼 확대해 나가는 기간이었고, 3월 중순 이후 4월 상순까지는 전국

에 걸쳐 거족적인 운동이 절정에 이르러 작열·혈전하는 양상을 보이는 기간이 된다. 그리고 4월 하순에 이르면 증강된 일군(日軍)의 시위와 대량 학살·검거로 말미암아 운동은 지하 운동으로 변질하는 한편, 일제와 세계 여론을 관망하는 양상을 띠게 된다. 그러나 이 기간의 민족 감정은 최고조로 격앙되어 일제에 대한 적개심과 독립의 갈망은 더한층 고조되어 있었다. 따라서 일제는 표면상으로는 시위 운동을 감소시킬 수 있었으나, 일군의 강압만이 운동 진압의 근본책이 되지 못함을 알고 정치적으로 한국 통치책을 재검토하기 시작했다. 이에 일제는 후술할 '문화 정치(文化政治)'라는 것을 시행한다고 선전하기에 이르렀던 것이다.

3, 4월간 시위 운동의 추세는 줄잡았다고 생각되는 일제측 통계에 의하여도 일일 발생지 통계가 3월 초·중순의 초기에 있어서의 평균은 12, 3개처(處)이었고, 3월 하순 내지 4월 초순의 운동 절정기에 이르면 평균 25개처 내외로 증가하여 초기에 비해 배증(倍增)하는 강세를 보이고 있다. 그리고 시위 운동 중 가장 절정기를 이루는 것은 3월 31일에 27개처, 4월 1일에 52개처, 4월 2일에 37개처, 4월 3일에는 43개처, 4월 4일에는 34개처로 보이는 바와 같이 3월 말에서 4월 초에 이르는 며칠간이 그에 해당된다. 이와 같은 현상은 비단 발생지에 관한 통계에서만 볼 수 있는 것이 아니고, 시위 군중수 또는 살상 희생자수 등 각종 통계에서도 비슷한 경향을 보이고 있다.

3월 1일 이후 전개된 서울을 비롯한 각도에서의 운동은 어떠한 양상을 띠고 전개되었는가, 다음에 전국 각지에서 전개된 시위 운동을 개관한다.

2. 서울의 운동 상황

서울은 전국적인 3·1 운동의 진원지(震源地)였던 만큼 3월 1일의 몇만으로 추산되는 인원의 대시위에 뒤이어 2일 이후에도 크고 작은 만세 시위가 4월 초까지 연일 계속되다시피 했다. 2일 이후에 전개된 서울에서의 만세 시위에 대해 일제측 기록에서나마 다음과 같은 주목할 만한 것을 적기하여 보겠다.

3월 2일에는 서울의 중요 시가마다 전일과 같이 인산 배관차(因山拜觀次) 상경하여 만세를 불렀던 인파로 뒤덮였으며, 종로 거리에서 학생들과 노동자가 중심이 된 약 4백 명이 만세를 부르다가 일경에 의해 강제 해산되고, 주동자 20명이 현장에서 피체되었다.

3월 5일에는 서울역에서 남대문에 이르는 거리에서 시내 각급 학교 학생이 평양에서 상경한 1백 명의 학생을 맞고, 그에 일반민이 가세하여 수만의 큰 시위가 벌어졌다. 이들은 일군경의 저지를 뚫고 대한문 앞과 종로 등지로 행진했다. 일경찰측의 기록에 의해도 군중수가 약 1만 명에 달했다고 한다.

특히 이날에는 보통 학교 학생까지도 만세 시위에 가담하기 시작했다고 한다. 이날의 이 시위 운동은 3월 1일 전에 학생 대표자들에 의해 면밀히 계획·추진되어 3월 1일을 계승하는 2차 운동이었다. 또한 8일부터는 각종 공장 직공이 파업에 들어갔으며, 9일부터는 상인들도 일제히 동맹 철시(同盟撤市)로써 저항하기에 이르렀다.

일반 만세 시위는 3월 12일 이후 20일경까지는 다수 일군의 경계 시위로 좀 멈추어지는 듯하다가 3월 22일부터 다시 활발하여졌다. 오전 9시에 봉래동(蓬萊洞) 방면에서 일반인 수백 명이 시작한 것이 발단이 되어 서울은 다시 시위 운동으로 휩쓸렸다. 그 후 연일 계속된 서울의 시위 운동은 비록 서울 시내 이곳 저곳에서 산발적 형태로 전개되었으나 27일까지 계속되었고, 일단락을 지은 것은 4월 1일경인 것 같다. 27일의 만세 시위에는 만철 경성 관리국(滿鐵京城管理局) 직공 8백 명이 단체로 가세하기도 했다.

  3월 하순에 이르러 이상과 같이 작열하던 서울의 만세 시위는 4월에 접어들면서 일본 본국에서 증강된 일군경이 다수 출동·제지하고, 또한 이들의 무자비한 발포 때문에 진정될 수밖에 없었다. 그러나 23일은 '한성 정부(漢城政府)'를 선포하기 위한 국민 대회가 보신각(普信閣)을 중심으로 소집되어 시위를 전개했다. 이후에는 표면적 시위 운동은 현저하게 줄어들고, 반면 비밀 결사가 더욱 심해져 운동은 다른 양상을 띠고 발전해 갔다.

  박 은식(朴殷植)은 『한국독립운동지혈사(韓國獨立運動之血史)』에 서울의 시위 횟수를 57회, 동원 인원은 57만 명, 시위 중 피살자(被殺者)는 5명, 피상자(被傷者)는 692명, 피수자(被囚者)는 1만 2천 명에 달했다고 기록하고 있다. 그러나 3월 1일의 시위 군중이 10만 명을 넘었다고 한 것을 보면 시위 군중수는 박 은식이 기록한 57만 명을 훨씬 넘었을 것이라고 볼 수도 있다.

3. 경기도 일원의 운동 상황

  경기도 내에서 가장 먼저 운동을 일으킨 지방은 개성(開城)이었다. 3월 1일 오후에 이미 서울의 시위 소식을 듣고 운동을 일으킬 준비를 서둘러

3일부터 근 1주일간을 두고 만세 시위를 반복하여 서울의 그것을 방불케 했다. 개성에 뒤이어 3일에는 고양군 동막(東幕)에서, 9일에는 인천에서, 10일에는 문호(汶湖)에서, 11일에는 평택(平澤)과 안성(安城)에서 시위가 일어나 도내 각 군으로 확대되어 갔다.

이와 같이 확대된 경기도 내의 운동은 20여 개 군 어느 곳에서나 일어나지 않은 곳이 없이 보편화되었으나, 3월 1일 이전에 서울의 운동 계획과 사전 연락이 있었던 곳은 드물다. 또한 도내 각 군에서는 그 나름대로 최대의 시위 운동을 했고, 그에 따라서 희생자도 많이 내었기 때문에 어느 군(郡)이 더 심했다고 지적하기는 어렵다. 그러나 일군의 제암리(堤岩里) 교회당에서의 대학살로 유명한 수원군(水原郡)이 그 중 두드러진 운동을 전개한 감이 있고, 안성군(安城郡)·이천군(利川郡)·양평군(楊平郡)이 그 다음이 될 것 같다.

수원군 내의 만세 시위는 3월 중순경까지는 표면적 운동은 전개되지 않는 듯하더니, 23일에 7백 명이 집합한 서호(西湖)에서의 시위를 비롯해서 4월 4일경까지 군내 22개면 중 수개면만을 제외하고는 매일 만세 시위와 아울러 면사무소·주재소를 습격, 일군경과 항쟁하는 등 전국에서도 손꼽히는 열띤 운동을 전개하였다. 그리고 이에 대한 일군경의 무차별 사격 탄압으로 많은 살상자를 내게 되었다.

안성군 내의 운동은 3월 11일 읍내에서의 만세 시위를 발단으로 해서 전개되었다. 읍내에서의 만세 시위에 뒤이어 화성(華城)·화산(華山)·죽산(竹山) 등지에서 만세 시위는 계속 전개되었다. 일군의 총격으로 4월 2일 밤에 벌어진 화산에서의 만세 시위에서만도 5명의 희생자를 냈다. 이천군(利川郡) 내에서는 3월 30일부터 4월 5일에 걸치는 1주일 동안 격렬한 운동이 전개되었다. 특히 동군(同郡)의 마장면 오천리(麻長面午川里)에서 3

월 30일부터 4월 10일까지 전개된 만세 시위가 대표적인 것으로서 약 1천 명의 군중이 일군 및 당지 헌병과 충돌하여 총검에 부상한 사람이 20여 명에 달했는 기록을 남겼다.

이상은 몇 개의 대표적인 예를 든 것으로, 격렬한 만세 시위는 도내 각 군에서 계속 일어나고 있었다. 경기도 내의 운동은 다른 도와 비교하면 평안도에서와 같이 단기간에 아주 강렬하게 전개되었거나 경상도와 같이 늦게 운동을 시작한 것도 아니다. 처음부터 황해도의 경우와 비슷하게 3개월간 끈기 있게 전개하는 한편, 전국 각 도 중에서도 황해도와 함께 비교적 심한 운동을 전개했다고 할 수 있다.

그리고 경기도 내의 운동 경향은 대체로 전국적인 운동 추세와 발맞추는 듯 3월 초순부터 4월 하순까지 계속되는데 그 절정기는 3월 하순부터 4월 상순까지였다. 그 동안은 매일같이 어느 군에서나 시위 운동이 전개되었고, 아울러 그 운동 양상도 격렬하여 도처에서 충돌, 살상자를 무수히 냈

경기도 강화의 3·1독립운동 기념비.

다. 『한국독립운동지혈사(韓國獨立運動之血史)』에 의하면, 3월 1일부터 5월 말까지 경기도 내에서 만세 시위가 일어난 곳은 25개처, 집회 횟수가 303회, 참가 인원은 6만 8천 1백명, 사망자는 1,469명, 부상자는 2,677명, 체포된 자는 4,220명에 달했다.

4. 충청 북도의 운동 상황

3월 19일 괴산(槐山)에서 군중 약 6백 명 이상이 모여 큰 시위를 벌이고 당지 경찰서를 3회나 습격·항쟁함으로써 발단되어, 4월 중순경까지 일제 측 기록에 의해도 전후 58회 이상을 각 군·면에서 전개했다. 주동자로 피검(被檢)된 자의 수만도 268명에 이르고 있다.

그 중 중요 운동지는 괴산읍을 비롯해 청주(淸州)·미원(米院)·부강(芙江)·문의(文義)·학산(鶴山)·영동(永同)·청산(靑山)·이원(伊院)·오동(梧洞)·청안(淸安)·광덕(光德)·장호원(長湖院)·음성읍(陰城邑)과 대소면(大所面)·한천(寒泉)·광혜원(廣惠院)·제천(堤川)·장양(長楊)·천평(泉坪)·보은(報恩) 등지를 손꼽을 수 있는데, 일제의 총검에 의해 많은 살상자를 낸 곳으로는 영동·청산·청주·제천·한천·광혜원 등지를 들 수 있다. 이처럼 충청 북도에서도 계속하여 운동이 전개되었으나, 3월 1일 이전 서울의 거사 계획과는 관련 없이 서울 및 북부 지방에서 운동이 전개된 후 그에 호응하여 궐기하였던 것이다. 또한 충청 북도는 각지의 운동 경우와는 달리 거의 천도교와 기독교 계통에 의해 주도되지 않았다는 것이 특색이다. 충청 북도에서 비교적 운동이 심하게 전개되었던 곳의 대표적인 예로서 괴산·영동에서의 운동 상황은 다음과 같다.

(1) 괴산읍의 시위 운동

3월 19일에 벌어진 만세 시위는 처음부터 격렬한 양상을 띠고 전개되었다. 이날의 만세 시위의 주동자는 괴산면에 거주하는 홍 명희(洪命熹)였는데, 그는 국장 배관(國葬拜觀)차 상경했다가 서울에서의 운동을 목격하고 귀향하여 스스로 독립 선언서와 격문을 짓고 동지를 규합하여 만세 시위를 주도하기에 이르렀던 것이다. 이 때 동원된 시위 군중은 6백여 명에 달했다. 운동이 일어날 것을 미리 탐지한 일경은 주모자 3명을 검속(檢束)한 뒤를 이어 17명의 주동자를 체포하였으며, 시위 군중은 강제로 해산되었다. 3월 19일에 이어 24일·29일·4월 1일에도 계속 일어났으며, 29일의 3차 운동 때에는 1천 5백 명 이상의 군중이 모였으며, 24일의 2차 운동 때에는 경찰서·군청·우편소 등을 습격하는 등 기세를 올렸다. 이 같은 운동은 괴산읍 내에서만 일어났던 것이 아니고, 군내 각 면으로 번져 갔다.

(2) 영동군의 시위 운동

3월 25일과 28일에 학산(鶴山)에서 2차에 걸쳐 시위를 벌인 것을 발단으로 4월 2일에는 매곡(梅谷)에서, 3일에는 괴목(槐木)과 학산(鶴山)에서, 4일에는 영등읍과 다시 매곡(梅谷)에서 각각 큰 만세 시위가 전개되었다.

충북 영동의 3·1독립운동 기념비.

그중, 절정은 4월 4일 영동에서 일어난 것으로서, 일제측 기록에 의해도 3천 명 이상의 농민이 운동을 벌였으며 일군과 충돌하여 즉사 6명, 중상 8명 등 희생자를 내는 시위 운동을 전개했던 것이다.

5. 충청 남도의 운동 상황

충청 남도의 만세 시위 운동은 3월 3일에 예산군에서 발단되었다. 이날 예산군(禮山郡) 예산리에 거주하는 윤 칠영(尹七榮) 등 5명은 서울 등지에서 일어난 독립 운동에 관한 이야기를 하다가 만세 시위를 벌이기로 결의하고, 밤 11시 반경 부근 동산(東山) 위에 올라가 대한 독립 만세를 연거푸 불렀다. 그 후 각지마다 만세 시위를 계획하던 중 3월 10일에 강경(江景)에서 약 5백 명이 집결하여 시장을 중심으로 만세 시위를 벌여 본격화하였다.

이와 같이 시작한 충청 남도에서의 운동은 보령군(保寧郡)을 제외하고는 4월 초순까지 각 군·면에서 전개되었는데, 특히 3월 말부터 4월 5, 6일에 이르는 동안이 절정기로서 각 군·면이 동시에 연속적으로 만세 시위를 전개했다. 또한 이 시기에 일군경의 총격으로 많은 사상자를 냈다. 이 밖에 전도내 각 군·면 부락은 야간에 산상(山上)에서 봉화를 올리고 만세를 고창하여 타도(他道)보다 특이한 방식의 운동이 성행되었다.

충청 남도의 중요한 운동지로서는 3월 10일에 일어난 강경(江景)을 비롯하여, 온양(溫陽)·대흥(大興)·대천(大川)·유구(維鳩)·공주(公州)·아산(牙山)·유성(儒城)·입장(笠場)·양대(良垈)·연기군 예양리(燕崎郡禮養里)·가

수원(佳水院)·조치원(鳥致院)·천안(天安)·서천군 신장리(舒川郡新場里)·아산군 온정리(牙山郡溫井里)·공주군 광정(公州郡廣井)·논산군 두계(論山郡豆溪)·신례원(新禮院)·예산(禮山)·청양군 안심리(靑陽郡安心里)·홍성군 장곡(洪城郡長谷)·서산(瑞山) 등지를 들 수 있다. 그 중에 병천·입장·서산·강경·대전·광정 등지에서는 많은 희생자를 내었다. 군별로 보아 심한 만세 시위를 벌였던 곳은 천안·공주·대덕군 등으로 볼 수 있다.

(1) 천안군의 시위 운동

3월 14일 목천(木川)에서 시위가 시작되어 3월 하순에는 양대(良垈)·입장(笠場)·풍서(豊西)와 천안읍 등지에서 시위를 계속하였고, 4월 1일에는 병천 시장에서 큰 운동으로 발전하였다. 3월 29일 천안읍에서는 3천 명 이상이 모여 시위를 벌였고, 병천에서는 4월 1일 오후 1시 시장에서 3천 명 이상의 군중이 모여 독립 선언식을 마친 후 당지 헌병 주재소로 쇄도

충남 천안 병천에 세운 유관순열사 봉화탑.

하여 그들과 충돌, 즉사 14명 이상을 냈고 부상자는 몇십 명인지 당시 그 정확한 통계조차 낼 수 없는 희생을 내었다.

(2) 공주군의 시위 운동

제 1차는 공주 장날인 3월 11일에 시장에서 시작하여 14일 유구(維鳩)에서, 15일 읍내에서 계속적으로 일어났으며, 각각 3백 명 이상의 군중이 모여 항쟁하였다.

제 2차 운동은 4월 1일 공주읍·도계(道溪) 및 광정(廣井) 등 3개처에서 큰 시위가 벌어짐을 발단으로 2일에는 쌍신리(雙新里)에서, 3일에는 탄천(灘川)에서 일제측 기록에 의해도 1천 5백 명 이상의 군중이 모여 일군경과 투쟁하였다. 특히 광정에서의 운동은 유림측이 주동이 되었다는 점에서 주목을 끌 뿐만 아니라, 그 운동이 치열하게 전개되어 적지 않은 희생자를 내었던 것이다.

(3) 대덕군의 시위 운동

3월 12일 천도교도가 중심이 되어 읍내에서 시위를 전개함으로써 발단되었다. 3월 27일과 4월 1일의 만세 시위에서는 일군경과 충돌·항쟁하여 10명 이상의 살상자를 내었고 일경찰도 3명이 부상했다고 한다. 이 밖에 대덕(大德) 군내의 유성(儒城)·가수원(佳水院) 및 치마(馳馬) 등지에서도 큰 운동이 일어났던 것이다.

6. 강원도의 운동 상황

강원도에서의 운동은 3월 10일 철원(鐵原)에서 비교적 큰 규모의 만세 시위를 전개함으로써 발단되었다. 이 시위는 당지의 기독교와 기독교 계통의 전정의숙(專精義塾)·보통학교(普通學校)·농업학교(農業學校) 학생들이 중심이 되었던 것이다. 이와 같이 시작된 강원도의 운동은 철원에서 연 3일간을 계속하고 이어 3월 23일에는 화천(華川)으로, 27일에는 횡성(橫城)·원주군(原州郡)으로 번졌다. 28일과 29일에는 금북(金北)·화천(華川)에서 열렬한 운동을 일으켰다. 때문에 이 곳에서부터는 일군과 충돌, 살상자가 적지 않게 발생하기 시작했다. 이로부터 4월 중순까지는 홍천(洪川)·울진(蔚珍)·강릉(江陵)·양양(襄陽)·통천(通川)·김화(金化)·평강(平康)·철원(鐵原)·이천(伊川)·양구(陽口) 등 각 군·면은 거의 매일 시위를 계속하고, 그 때마다 곳에 따라서는 한 곳에서 즉사 희생자가 10명에 달하는 경우까지 있었다. 강원도 내 각 군중에서 비교적 그 운동이 격렬했고 일군경에 의해 많은 희생자를 냈던 곳은 양양(襄陽)·횡성(橫城)·홍천(洪川) 등을 들 수 있다.

(1) 양양군의 시위 운동

도내에서 가장 격렬한 운동을 오래 벌였던 지방으로서 4월 4일부터 9일까지 연 6일간에 걸쳐 살상 희생자가 속출하는 시위 운동이 동 군내에서 전개되었다. 일제측의 줄잡은 통계 기록에 의해도 양양군 내의 운동 횟수가 11회, 군내 7개면 132동리 중 6개면 82동리가 운동에 참가했고, 운동자

4천 6백 명, 살상 희생자 43명, 피체자 142명에 달했다고 한다.

(2) 횡성군 시위 운동

천도교 세력이 강한 지방으로서 동지 교구장(敎區長) 최 종하(崔宗河)는 2월에 상경하여 손 병희 교주와 회합, 선언서를 가지고 하향하여 운동을 추진시켰다. 3월 27일에 읍내에서 시위를 일으킴을 발단 삼아 4월 1일에 제 2차로 2일까지 양일간 계속했다. 이 2차 시위에서는 일군의 발포로 즉사 3명에 다수의 부상자를 냈다.

강원도 횡성의 3·1독립운동 기념비.

(3) 홍천군의 시위 운동

천도교도와 기독교도가 단합하여 4월 1일부터 연 3일간 열띤 운동을 전개하였다. 4월 1일 오전 10시경 읍내 및 부근에서 모인 수백 명의 군중은 군청에 쇄도하여 군수로 하여금 만세를 부르도록 요구하였으나 불응하자 그가 찬 칼을 빼앗고 억지로 만세를 부르게 했다 한다. 그러나 춘천에서 급거 출동한 일군에 의해 강제 해산되었다. 읍내에서는 4월 2일 천도교도가 중심이 되어 8백 명 이상의 군중이 시위를 벌이다가 일군의 발포로 즉사자 7명을 내게 되었다. 『한국독립운동지혈사』에 의하면, 강원도 내에서는 3월 1일부터 5월말까지 독립 운동을 전개한 지역 13개소, 집회수 57회, 참가 인원수 98,510명, 사망자 130명, 부상자 737명, 피체자 1,250명에 달했다고 한다.

7. 경상 북도의 운동 상황

경상 북도에서의 운동은 3월 8일 대구에서 발단하여 3월 11일에는 비안(比安)·김천(金泉)·포항(浦項)으로, 3월 13일에는 안동(安東)·경주(慶州)·칠곡(漆谷) 등지로 확대되어 갔다. 이와 같이 도내 각 군으로 확대된 운동은 영덕(盈德)·안동(安東)·의성군(義城郡)이 3월 중·하순에 걸쳐 격렬하게 전개되고, 예천(醴泉)·영주(榮州)·선산(善山)·성주(星州) 등 제군에서는 4월 상순에 이르러 전개되었다. 전국적인 경향으로 보아 경상 북도의 운동은 타도보다 늦게 시작된 감이 있으나 운동 발생지가 70여 개소에 달했고, 대구(大邱)·안동(安東)·영덕(盈德)·의성(義城)·청송(靑松) 등 제군은 열띤 운동을 벌여 일군에 의한 살상 희생자만도 안동(安東) 한 군에 통계가 피살자 335명, 부상자 610명에 이르고 있는 실정이다. 이같이 도내에서 비교적 열띤 운동이 벌어졌던 대구·안동·영덕에서의 운동 상황은 다음과 같다.

(1) 대구의 시위운동

3월 8일에 시작하여 10일까지 연 3일간 계속되었고, 3월 30일에 다시 일어났다. 3월 8일의 시위는 이날 오후 3시경 대구 고등 보통 학교·계성 학교(啓聖學校) 및 신명 여학교(信明女學校) 학생들이 주동이 된 1천여 명의 군중이 서문 시장(西門市場)에 회집하여 독립 선언서를 낭독하고 만세를 고창한 후 시위에 들어갔다. 일군경과 충돌, 157명이 주동자로 몰려 체포되었다. 9일과 10일에도 대대적인 만세 시위는 계속되어 10일 하루만의 체포자가 1백 명 이상이나 되었다.

대구의 시민만세운동기념비.

(2) 안동군의 시위 운동

3월 12, 3일경부터 계획되었다. 그 후 3월 17일 장날을 기해 1천 5백 명 이상의 군중이 시위를 전개함으로써 운동은 본격화했다. 뒤이어 만세 시위는 18일·19일, 24일까지 반복되었는데, 그 절정은 3월 23일이었다. 안동군에서의 운동에 있어서는 시위 군중이 일군경과 충돌하여 일제측 보고에 의해도 시위 군중의 사망자가 14명이었고, 10명의 부상자가 있었다 한다.

(3) 영덕군의 시위 운동

 3월 18일 영덕 읍내에서, 20일 창수(蒼水)에서, 4월 4일 남정리(南亭里) 등지에서도 계속하여 전개되고 있었으나, 가장 격렬한 운동은 3월 18일부터 19일에 걸친 영해읍(寧海邑)에서의 시위였다. 3월 18일 영해 시장에 참가한 양반 및 기독교도들 수천 명은 영해 주민에게 집집마다 태극기를 게양하도록 하는 한편, 정오에 독립 연설회를 개최하고 만세를 고창한 후 시위에 들어갔다. 이날 운동을 제지하려 출동한 영덕 경찰 서장을 그의 부하와 함께 여관방에 억류하는 등 시위는 19일에도 계속되었으나, 증원을 받은 일군경은 주동자 색출을 빙자하여 영해 일대의 기독교도 및 양반 부락을 포위하는 등 일제측 기록에 의해도 60여 명을 체포했다고 한다.

8. 경상 남도의 운동 상황

 경상 남도에서의 운동은 3남의 6개도 중 비교적 열띤 편인 듯하다. 운동의 발달은 3월 3일에 부산과 마산 등지에서 독립 선언서를 일반에게 돌리고, 뒤이어 3월 11일에 부산진(釜山鎭)에서 기독교도 및 일신 여학교(日新女學校) 학생이 주동이 되어 시위 운동을 전개한 데서 비롯되었다. 13일에

경남 진해의 3·1독립운동 기념비.

는 동래(東萊)·영산(靈山)·밀양(密陽)에서, 14일에는 창녕(昌寧)·통영(統營)·의령(宜寧) 등지에서 시위 운동을 전개하면서부터 도내 각 군·면·촌으로 확대되어 갔다. 이 무렵부터 4월 15일경까지의 약 1개월간이 경상 남도 내 운동의 절정기이며, 4월 29일에 창원군 상남면 사파정(上南面沙巴丁) 시장에서의 시위 운동이 마지막인 듯하다.

이 동안에 도내 21개군(당시는 2府 19個郡)이 한 군도 빠짐없이 만세 시위 운동에 휩쓸렸고, 더욱이 각 운동 발생지에서는 보통 1회로 끝난 것이 아니고 수회 내지 수십 회의 연속적인 운동을 전개하였다. 큰 운동을 벌였던 곳만 들더라도 3월 11일에 일어난 부산진(釜山鎭)을 비롯해 구포(龜浦)·영산(靈山)·의령(宜寧)·창녕(昌寧)·동래(東萊)·진주(晋州)·통영(統營)·산청(山淸)·함안(咸安)·가서(加西)·합천(陜川)·군북(郡北)·단성(丹城)·마산(馬山)·초계(草溪)·창원(昌原)·삼가(三嘉)·칠원(漆原)·가종(加宗)·문산(文山)·삼천포(三千浦)·안의(安義)·함양(咸陽)·언양(彦陽)·김해(金海)·진동(鎭東)·웅천(熊川)·기장(機張) 등지가 있다. 이 중에서도 가서(加西)·군북(郡北)·단성(丹城)·초계(草溪)·삼가(三嘉)·김해(金海)·진동(鎭東) 함양(咸陽) 등지에서는 일군의 총격으로 많은 살상자를 내었다.

군별로 보아 비교적 격렬한 운동을 전개했던 곳 가운데 합천(陜川)·진주(晋州)·창원(昌原)에서의 만세 시위 상황은 다음과 같다.

(1) 합천군의 시위 운동

3월 18일 삼가(三嘉)에서 시작하여 군내 10여 개소에서 시위를 전개, 4월 말까지 계속되었다. 그 중 중요한 운동은 읍내와 삼가, 창리(倉里) 및 초계(草溪) 등지에서 3월 23일까지에 벌어진 만세 시위였다. 일군의 무차별 사격과 다수인의 검거로 격양된 시위 군중은 각 관공서를 부수고 문서를 소각하고 전선을 절단하는 등의 사태를 빚었다. 시위 군중과 일군경과의 충돌로 인해 일제측 기록에 의해도 사망자 7명, 부상자 36명, 피수자 17명으로 집계되어 있다.

(2) 진주군의 시위 운동

3월 10일에 '삼남(三南)은 왜 일어나지 않는가'라는 격문이 나붙었다. 3월 18일에는 3천 명 이상이, 19일에는 악대를 선두로 5천 명 이상이 만세 시위를 벌였으며, 그 후에도 운동은 계속되어 4월 18일경까지 각처에서 전개되었다. 운동의 주동은 청년·학생들로서 3월 19일의 시위에서 피수자가 2백 명에 달했다고 한다.

경남 진주의 3·1독립운동 기념비.

(3) 창원군의 시위 운동

진동(鎭東)에서 3월 24일에 발생하여 4월 29일의 읍내 시위 사이에 열린 운동이 군내 각처에서 전개되었다. 그 중 읍내와 진동·마천(馬川)·오서리(五西里) 등지에서 벌어진 운동이 규모가 큰 것이었다. 진동에서는 3월 24일에 이어 25일·28일·4월 2일 등 여러 날에 걸쳐 운동이 반복되었는데, 4월 2일의 운동에서는 많은 희생자가 발생했다. 4월 2일에는 읍내에서도 약 5백 명의 군중이 만세 시위를 벌였다.

경남 거창의 파리장서비.

9. 전라 북도의 운동 상황

전라 북도에서의 운동은 3월 3일 전주(全州)·군산(群山)·이리(裡里) 등지에서 선언서가 일반에게 배부되면서 시작되었다. 3월 4일에 옥구(沃溝)·5일에는 군산(群山), 6일에 김제(金堤)에서 만세 시위 운동이 전개되어 도내 각처에 파급되어 갔다. 5일에 벌어진 군산에서의 운동을 비롯한 도내 주요 운동지로서는 裡里(이리)·옥구(沃溝)·전주(全州)·만경(萬頃)·태인(泰

仁)·금산(錦山)·남원군(南原郡) 덕과면(德果面)·오수리(獒樹里) 등지를 들 수 있는데, 특히 이리·남원 등지에서 많은 살상자가 발생했다. 시위 운동을 비교적 열렬하게 전개했던 남원·익산·임실(任實) 등지에서의 시위 상황은 다음과 같다.

(1) 남원군의 시위 운동

4월 3일 덕과면장 이 석기(李奭器)의 주동으로 8백명이 식수일(植樹日)을 기념한다고 회집, 만세 시위를 벌인 데서 발단되었다. 이로 인해 이 석기 등 주동자는 일헌병대에 피검되었다. 다음날인 4월 4일에는 남원 시장에서 1천 명 이상이 회집해서 만세 시위를 벌이다가 일군의 총격으로 8명의 즉사자와 다수의 부상자를 내었다.

전북 남원의 3·1만세운동 기념탑.

(2) 익산군의 시위 운동

3월 3일 이리에서 선언서를 일반에게 배부하고, 10일에 약 2백 명이 시위를 시작했으나 크게 번지지는 못했다. 4월 4일에 남원에서의 큰 시위가 있었다는 소식을 듣고 기독교도가 주동이 되어 큰 희생이 뒤따르는 만세 시위를 전개했다. 일군은 이 시위를 일거에 진압하려고 매복·대기하고 있다가 만세 소리의 시작과 함께 일제 사격을 퍼부어 살상 희생자가 많이 발생하였다. 일제측 기록에도 주동자 문 용기(文容基) 등 5명이 총살되고, 10여 명이 부상당했으며, 39명이 검거되었다.

(3) 임실군의 시위 운동

3월 30일에 읍내에서도 만세 시위가 벌어졌지만, 보다 큰 운동은 둔남면 오수리(屯南面獒樹里)와 청웅면(靑雄面) 구고리(九皐里)·석두리(石頭里)·남산리(南山里)·옥전리(玉田里) 등 촌면(村面)에서 3월 15일에서 23일 사이에 열띤 운동이 전개되었다. 청웅면에서는 3월 15일 구고리(九皐里)에서 약 1백 명이 모여 독립 만세를 부른 것을 발단으로 3월 21일 임실읍에까지 확대되었다. 또 둔남면에서는 3월 23일 1천 2백 명의 면민이 회집하여 주재소를 습격하는 등 격렬한 만세 시위를 전개했었다.

10. 전라 남도의 운동 상황

전라 남도에서는 3월 3일 구례(求禮)·순천(順天)·여수(麗水)·광양(光陽)에서, 또 3월 4일 목포(木浦)에서 선언서가 배부·전파되고 도내 각지에 운동 기운이 팽배했으며, 10일 광주(光州)에서 시위가 일어남으로써 운동이 본격화했다. 도내 시위 운동은 영광(靈光)·담양(潭陽)·법성포(法聖浦)·무안군 장산도(務安郡長山島)·무안(務安)·목포(木浦)·제주도 조천(濟州島朝天)·함덕(咸德)·곡성(谷城)·강진(康津)·장성군 사가리(長城郡四街里)·순천(順天)·순천군 악안(樂安)·함평군 문양(咸平郡文陽)·해남(海南)·벌교(筏橋)·영암(靈岩)·영암군 구림(鳩林)·능주(綾州)·광양(光陽) 등지에서 전개되었는데, 일제측 기록에 의한 운동 주동자수만도 3,685명에 달했다고 한다. 이 중에서 중요한 운동을 몇 개 열거하면 다음과 같다.

(1) 광주의 시위 운동

3월 10일에 광주에서는 광주 숭일 학교(崇一學校)를 비롯한 각 학교 학생과 일반 대중이 합세한 5천 명 이상이 만세 시위를 벌였다. 10일의 시위에 뒤이어 11일과 12일에도 운동은 계속되었으며, 연 3일간 피검자수가 116명 이상에 달했다. 이들 중 공판에 회부된 사람이 85명이다.

광주 만세운동 기념비. 높이 17.5m

(2) 순천군의 시위 운동

3월 19일과 4월 7일에 읍내에서의 시위에 뒤이어 4월 12일과 13일에 인월리(仁月里) 및 낙안면(樂安面)에서 차례로 전개되었다. 특히 낙안면에서의 시위가 가장 컸으며, 태극기를 앞세우고 시장에 회집하면서부터 제지하는 일군과 충돌해 적지 않은 부상자를 내었다.

(3) 제주도의 시위 운동

3월 21일부터 3일간 만세 시위가 전개되었다. 첫날은 조천리(朝天里)에서 서당 생도와 당지 이민(里民) 수백 명이 모여 시위를 시작했다. 이날은 일군경이 주동자 10여 명을 체포하고 해산시킴으로써 시위가 중단되었다. 다음 날부터는 시위 규모가 더 커져서 23일에는 부인·아동까지 혼합된 시위 군중이 모여 황혼까지 운동을 계속했다.

제주도 조천리의 3·1독립운동 기념탑.

11. 황해도의 운동 상황

황해도에서의 운동은 서울과의 사전 연락으로 해주(海州)·옹진(甕津)·사리원(沙里院)·황주(黃州)·서흥(瑞興)·연백(延白)·수안(遂安)·곡산(谷山) 등지에서 추진·전개되었다. 그러나 준비 관계와 일군의 심한 경계로 3월 1일에는 큰 시위에까지 들어가지 못했으나, 3월 2일 황주에서 천도교도가 중심이 되어 시위를 전개함으로써 본격화했다. 3월 3일에는 겸이포(兼二浦)·사리원·온정(溫井)·해주 등지에, 4일에는 옹진·곡산·광주 등지로 시위운동이 확대되어 도내 18개군이 빠짐없이 운동을 전개했다. 운동의 추세는 경기도의 경우와 비슷하여 3월 초부터 4월 말까지는 끈기 있게 계속되는 한편, 3월 말부터 4월 초순에 걸쳐서는 각 군이 동시적으로 격렬한 운동을 전개하여 그 절정을 이루었다. 일군경에 의한 피살상도 이 때에 각 지에서 집중적으로 나타났다. 또한 운동의 주도층은 평안 남북도와 함경 남북도, 혹은 강원도 등지에서와 비슷하게 천도교와 기독교가 비교적 강해 그들에 의해 운동이 추진된 경우가 많았다. 군별로 보아 황해도 내에서 비교적 치열하고 큰 규모로 운동을 전개한 곳으로는 수안(遂安)·해주(海州)·황주(黃州) 등의 군을 들 수 있다.

(1) 수안군의 시위 운동

3월 3일에 읍내에서 천도교도들이 중심이 된 열띤 만세 시위를 전개함에서 비롯하여, 그 후 3월 19일까지 수안읍 외에도 석달(石達)·율리(栗里) 등지에서 시위가 몇 차례씩 반복되었다. 그러나 수안군 내 시위 운동 중 가장 대표적인 것은 3월 3일에 읍내에서 일어난 것이다. 이날 아침부터 시작된 만세 시위는 오후 2시 반경부터 당지 일본 헌병 주재소에 3차에 걸쳐 쇄도, 조선은 독립되었으니 조선인에게 주재소를 인도하라고 요구했다. 일군은 이들에게 집중 총격을 가하여 즉사 9명, 중상 18명의 살상자가 났다.

(2) 해주군의 시위 운동

읍내에서 3월 3일부터 시위에 들어가 4월 1일까지 사이에, 4, 5차례 걸쳐 수백 명 내지 수천 명의 군중이 읍내를 누비며 일군경과 충돌·항쟁하였다. 읍내뿐만 아니라 3월 16일 청죽(靑竹)에서 약 6백 명이 시위를 전개한 것을 비롯해 3월 17일 청룡면(靑龍面)에서, 4월 2일과 4일 서변면(西邊面)에서, 6일 죽천(竹川)에서, 7일 문천(文川)에서, 8일 이목(梨木) 등지에서 시위를 벌였다.

취야면(翠野面)에서는 약 6백 명이 면사무소와 일경 주재소에 쇄도, 그 일부를 파괴하자 일군경의 발포로 8명이 살상되고 40명이 피검되었다.

(3) 황주군의 시위 운동

3월 1일에 발달되어 2일에 읍내에서, 3일에 겸이포에서 천도교도와 기독교도가 중심이 되어 열띤 만세 시위로 나타났다. 3월 2일 읍내 시위에서는 일본 군경에 의해 80명이 체포되었고, 3일 겸이포에서의 운동도 소방군원의 응원을 받은 일군경에 의해 제지되고 말았다. 그 후 수차 재기를 기도했으나 일군경의 경계로 뜻을 이루지 못하다가, 3월 6일 황주 보통 학교 학생의 주동으로 덕월산(德月山)에 올라 만세를 고창했다.

12. 평안 남도의 운동 상황

평안 남도에서의 운동은 서울과 연락되어 3월 1일 평양·진남포 등지에서 큰 시위가 벌어졌다. 2일에는 이미 발생된 곳에서는 운동이 더욱 치열해지는 한편, 상원(祥原)·용강(龍江)·증산(甑山)·강서(江西) 등지로서, 3일에는 순천(順川)·사천(沙川) 등지로, 4일에는 원장(院場)·자산(慈山)·성천

(成川)·간동(看東) 등지로 급속히 파급되어 3월 5, 6일경까지는 도내 거의 전부에서 운동이 전개되었다. 평안 남도의 운동은 처음부터 평안 북도와 더불어 중남부(中南部)의 제도나 함경도 등지에서보다도 일군과 보다 심한 충돌을 일으켜 살상자를 많이 내는 격렬한 운동을 전개하였다. 운동의 중심은 평양·진남포·안주 등이었으며, 군별로 보면 개천군(价川郡)을 제외한 각 군은 모두 치열한 운동을 전개했기 때문에 대소를 분별하기 어렵다. 그러나 강서(江西)·성천(成川)·대동(大同) 등 3개군에서 더욱 격심했던 것 같다.

(1) 강서군의 시위 운동

3월 2일 증산(甑山)에서 발단되어 10일까지 연일 군내 도처에서 살상자가 속출하는 참담한 시위가 전개되었다. 중요한 것만 일자순으로 들더라도 3월 3일 읍내와 사천(沙川), 4일 역시 사천, 5일 읍내, 6일 읍내와 증산 및 함종(咸從), 7일 기양(岐陽), 8일 함종(咸從), 10일 또다시 읍내에서 시위가 전개되었다. 동원된 군중도 각기 1천 명 이상이었으며, 3일 읍내에서의 운동에는 일제측의 기록에 의해도 4천 명이 회집했다고 하였다. 그 중 현장에서의 살상자가 많이 난 곳은 3월 4일 사천에서의 운동이었다. 이곳에서의 시위 군중에 대한 일군경의 무차별 사격으로 즉사 10명과 50명의 중상자를 내게 되었다.

(2) 성천군의 시위 운동

읍내에서 3월 4일·5일·7일의 3일간에 천도교도가 중심이 되어 격렬한 시위 운동을 전개했다. 4일 10시경부터 회집하기 시작한 군중은 일제측 기록으로도 2천 명이 되었다고 하는데, 이 중 2, 3백 명은 3차에 걸쳐 일헌병 분견소(日憲兵分遣所)를 습격해서 무차별 발사하는 당지 일헌병 대장 이하 2명의 헌병을 부상시켰다. 시위 군중측에서도 희생이 커서 즉사 30명을 포함하는 68명의 살상자를 내었다. 성천읍에서의 시위 운동은 그 후로도 오래 계속되었다.

(3) 대동군의 시위 운동

3월 6일 약 6백 명 이상의 군중이 시위를 전개하고 일경찰서를 습격·항쟁했다. 같은 날 선교(船橋)·만경대(萬景臺) 등지에서도 일제히 봉기했을 뿐만 아니라, 고평면(古平面)과 대보면(大寶面)에서도 각각 큰 시위가 전개되었다. 고평면에서는 당지 면장 조 익준(趙翊俊)이 주동이 되어 독립식전에서 선언서를 낭독했고, 대보면에서도 격앙된 시위대가 당지 면사무소를 습격했다.

13. 평안 북도의 운동 상황

평안 북도의 운동도 의주(義州)·선천(宣川)·정주(定州) 등 기독교 세력이 큰 곳에서 서울과 연락되어 3월 1일에 먼저 일어났다. 뒤이어 3월 2일 가물면(嘉物面), 3일 비현(枇峴), 4일 양시(陽市)와 신의주(新義州), 5일 차련관(車輦館)과 수구진(水口鎭)·소곶진(所串鎭)·삼봉(三峰)·신미도(身彌

島)·고군영(古軍營) 등지로 파급되었다. 그리하여 3월 23일에는 최북단(最北端)인 중강진(中江鎭)에서까지 시위를 전개함으로써 전 도내가 운동에 휩쓸렸다. 이와 같이 확대된 평안 북도에서의 운동은 4월 상순경까지 치열하게 전개되어 전국에서 가장 살상자를 많이 낸 듯하다. 운동의 일반적인 양상이나 주도층은 평안 남도와 비슷하나, 운동의 시기가 평안 남도는 3월 초로 집중적이었는 데 반해 평안 북도는 3월 말부터 4월 초에 이르러 절정에 달해 장기화한 편이었다. 도내 운동을 군별로 보면 후창(厚昌)·박천(博川)·희천(熙川)·위원(渭原) 등 수개 군을 제외하고는 그 운동 횟수의 다과의 차가 있을 뿐 거의 모든 군이 일군경과 충돌·항쟁하고, 일헌병 분견소(分遣所) 혹은 경찰 주재소를 습격하는 등 치열한 운동을 전개하여 많은 살상자를 내게 되었다. 그 중 몇 곳을 예로 들면 다음과 같다.

(1) 의주읍의 시위 운동

3월 1일 읍내에서 일어난 운동은 3월 5일까지 계속되었으며, 3월 27일과 4월 1일·7일에 각각 주목할 운동이 야기되었다. 특히 4월 1일 운동 때에는 많은 사상자를 내는 치열한 시위를 벌였다. 읍내를 제한 군내 각 면에서의 운동은 3월 3일 비현(枇峴), 5일 수구진(水口鎭)과 소곶진(所串鎭), 6일 영산시(永山市)와 고령삭면(古寧朔面) 등지로 파급되어 3월 하순부터 4월 초순까지는 군내 도처에서 거의 매일 동시에 봉기하는 치열상을 보였다. 일군경의 총격으로 격앙된 시위 군중이 면사무소나 주재소 등을 습격하여 많은 살상자를 냈던 것인데, 일제측 기록에 의해도 의주(義州) 군내에서 살상자가 830명에 달했다고 한다.

(2) 선천군의 시위 운동

3월 1일에 운동이 일어났는데, 일제는 시위 군중에게 발포하여 3·1 운동 중 최초의 살상자를 냈다. 그 후 3월 8일경까지는 동 군내 각지에 운동이 파급, 시위가 전개되었는데, 그 중 읍내에서의 만세 시위가 대규모적인 것이었다. 3월 1일에 약 3천 명 이상, 3일에는 1천 5백 명 이상, 4일에는 약 6천 명 이상의 군중이 회집하여 경찰서를 습격하는 사태가 벌어졌으며, 3월 8일에는 8천 명 이상의 군중이 회집하여 일군경과 충돌·항쟁했다.

평양으로부터 150명의 지원을 받은 일군경이 총포 사격을 심하게 하므로 운동은 읍에서보다 읍 이외의 신부면(新府面)·수청면(水淸面)·남면(南面)·군산면(群山面) 등지에서 계속되었다.

(3) 정주군의 시위 운동

3월 1일 고읍(古邑)의 오산 학교(五山學校)를 중심으로 대시위를 계획한 바 있으나, 일군경의 사전 방해로 실현되지 못했다. 재기를 기하던 기독교도들은 3월 7일에 드디어 고읍에서 3천 명이 시위를 벌였고, 8일에는 읍내, 11일에는 동주면(東州面)으로 파급·확대되어 갔다. 이리하여 동 군내에서의 운동의 절정은 3월 31일부터 4월 10일까지의 사이로서 동기간 내에 읍내와 고읍을 비롯하여 임해면(臨海面)·안흥면(安興面) 등지에서 면사무소를 습격·항쟁하는 등의 격렬한 운동을 전개했다.

가장 심했던 것은 3월 30일 읍내에서 일어난 것으로서, 약 4천 명 이상의 시위 군중이 일군경과 충돌을 일으켜 일제측 기록에 의해도 약 30명의 사상자를 냈다.

14. 함경 남도의 운동 상황

함경 남도의 원산(元山) 등 일부 지역은 3월 1일 이전에 서울과 연락되어 사전 계획과 관련이 깊다. 함경 남도는 대체로 평안 남도의 운동 추세와 비슷하여 중남부(中南部)의 각 도와는 달리 3월 초·중순에 치열한 운동을 전개하고, 그 후에는 미약한 감이 있다. 운동의 중심 인물은 천도교도와 기독교도가 많은 편이라 할 수 있으며, 그 중에도 천도교도의 역할이 그 밖에 제교도보다 더욱 컸다. 운동 발생 경로를 보면 3월 1일 원산에서 운동을 개시하여 2일에는 함흥(咸興), 7일에는 정평(定平)과 영흥(永興), 10일에는 북청(北靑)에서 운동을 일으켜 도내 각 군으로 확대되어 나갔다. 군별로 보아 심한 시위 운동을 전개한 곳은 함흥(咸興)·북청(北靑)·정평(定平)·이원(利原) 및 영흥군(永興郡) 등이 그에 속한다. 이들 여러 군 가운데서 함흥·북청·이원 등지에서의 운동 상황을 보면 다음과 같다.

(1) 함흥군의 시위 운동

3월 3일 정오 당지의 영생 학교(永生學校)와 고등 보통 학교 및 농학교(農學校) 학생이 중심이 된 수백명의 군중이 시위를 벌인 데서 비롯되었다. 그 후 읍내는 3월 11일까지 연 10일간을 두고 거의 매일 계속하여 도내 운동의 진원지가 되다시피했다. 이 동안 가장 치열하게 전개된 운동은 3월 3일, 4·6일의 시위였던 것 같다. 3일·4일 양일간에는 일제측 기록으로도 피체자가 106명에 달했다고 한다. 읍외 활동은 3월 6일부터 전개된 듯하고, 그 후 큰 시위만도 6일 지경리(地境里)와 오로리(五老里), 8일 퇴조(退

潮), 9일 동흥리(東興里), 4월 8일 덕천(德川) 등지에서 주목할 운동을 전개했다.

(2) 북청군의 시위 운동

거의 천도교도와 당지 학생이 주동이 되어 군내 각지에서 전개되었다. 3월 8일 아침 9시에 북청 읍내 근처의 산상(山上)에 회집한 약 250명 이상의 군중이 벌인 시위를 비롯해 3월 20일까지 운동은 계속되었다. 3월 11일 읍내, 12일 평산면(平山面)·덕산면(德山面) 및 신창면(新昌面), 14일 양천면(楊川面)·평산면 및 읍내, 15일 양화면(陽化面), 16일 창성리(昌星里)·신창면 및 기타 1개소, 17일 거산면(居山面), 19일 상거서면(上車書面)에서 주목할 운동이 전개되었다.

(3) 이원군의 시위 운동

3월 초 천도교 본부에서 온 박 용호(朴龍浩)가 선언서를 전달한 데서 비롯되었다. 천도교들은 조선 독립단 이원 지단(朝鮮獨立團利原支團)을 조직하고 3월 10일 읍내에서 만세 시위를 전개했다. 그 중에서도 읍내의 시위가 가장 치열한 편이며, 3월 10일부터 11일·14일·18일·20일까지에 걸쳐 수차 반복되었다. 20일의 운동 때에는 전일에 피체된 인사를 탈환키 위해 당지 주재소를 습격·항쟁하였는데, 일군경의 총격으로 적어도 9명의 살상자가 발생했다고 한다.

15. 함경 북도의 운동 상황

함경 북도는 특히 소만 국경 지방으로 일제의 경계가 삼엄한데도 불구하고 3월 10일 성진(城津)에서 시위 운동을 전개함으로써 도내 운동의 발단이 되었다. 3월 11일에는 임명(臨冥)과 학서(鶴西), 12일에는 길주(吉州), 15일에는 수성(輸城)과 명천(明川) 등지로 급속히 확대되어 갔다. 그리하여 3월 중순부터 4월 상순까지에 걸쳐 운동은 타도의 일반적인 추세와 같이 절정기를 이루었고, 그 후 일군의 증파 탄압으로 4월 19일의 청진(淸津) 운동을 마지막으로 표면적인 운동은 거의 일단락되었다. 함경 북도에서의 운동을 군별로 보면, 남부의 성진(城津)·길주(吉州)·명천군(明川郡) 등이 중부 각 군과 북부보다는 심한 운동을 전개했다. 이는 일군경이 중북의 여러 군은 간도(間島) 및 러시아 연해주 방면의 재외국 독립 운동자의 영향이 클 것을 참작하여 사전에 더욱 엄한 단속을 벌였던 데도 그 하나의 원인이 있었던 것 같다. 운동이 심하게 벌어졌다고 보여지는 3개군에서의 시위 상황은 다음과 같다.

(1) 성진군의 시위 운동

3월 10일부터 근 1주일간을 두고 읍내를 비롯하여 임명(臨溟)·학서(鶴西)·송흥(松興)·하천(荷川) 등지에서 전개되었다. 성진읍의 시위는 3월 10일 보신 학교(普信學校) 학생 40명과 2백여 명의 일반 군중이 합세하여 벌인 것으로서 일군경과 충돌하고 항쟁 후 해산되었다.

그러나 11일에는 전일보다 훨씬 많은 군중이 만세 시위를 전개했다. 당지 일경찰은 일인 재향 군인 및 소방 조원 등과 합동으로 발포 발검(發砲拔

劍)하여 시위 군중 해산에 혈안이 되었다. 이로 인해 일제측 기록에 의해도 10명이 즉사하고 7명이 부상했으며, 54명이 체포되었다고 한다.

(2) 길주군의 시위 운동

3월 12일부터 15, 6일까지에 걸쳐 운동을 전개했다. 3월 12일 천도교도가 주동이 된 1천 명 이상의 군중은 오후 4시까지 시위를 벌이다가 일군경과 충돌하여 부상자를 냈다. 3월 13일과 15일에도 봉화를 올리고 북을 치며 만세를 고창하였다. 14일에는 길주군 참사(參事)가 주동이 된 1천 5백 명의 군중이 시위를 벌이다가 7명이 일군경에 인치(引致)되었다고 한다. 이 밖에도 길주 군내 각 면에서 3월 6일을 전후해서 만세 시위가 벌어졌다.

(3) 명천군의 시위 운동

3월 15일 하가면 화대(下加面花臺)에서 5천 명의 군중이 시위를 전개한 후 3월 16일 아간(阿間), 17일과 19일 보촌동(寶村洞), 18일 운사장(運社場), 21일 운만대(運滿臺), 4월 8일과 9일 우동동(雩東洞), 11일 양화(良化), 14일 산성동(山城洞)과 고성도(古城洞)에도 파급되어 갔다. 화대(花臺)에서 시위 군중은 면사무소에 밀려가 친일 면장을 구타하고, 또한 화대 헌병 주재소를 습격하여 그들과 충돌·항쟁하고 15명 이상의 살상 희생자를 내었다.

제5장

국외에서의 獨立運動

1. 동삼성 지역에서의 독립 운동

 1919년 3월 1일의 독립 선언과 뒤이은 항일 민족 운동은 국내에서만 전개된 것이 아니었다. 서·북간도(西北間島)를 비롯한 남북 만주 일대와 중국 본토(中國本土) 각지·러시아 연해주(沿海州)·미주(美州)·하와이·일본 등지에 이주하여 살던 1백여 만 해외 한민족도 함께 궐기함으로써 3·1 운동은 국내외에 걸친 거족민족 운동으로 발전했다. 이 중 특히 우리 민족이 많이 이주한 북간도를 비롯한 동삼성에서는 3·1 운동 발발 이후 다른 어느 지역보다도 적극적이며 전투적인 성격의 운동을 전개하고 그를 이은 조국 '독립 전쟁'을 주도하여 갔다. 이들의 그와 같은 활동은 1918년부터 준비되었다. 그 중요한 사항은 ① 1918년부터 각지에 흩어진 1백여만 교포는 상호 연락을 취하면서 1919년 2월까지는 해외에서 활동하던 민족 운동자 39인의 명의로 '대한 독립 선언서(大韓獨立宣言書, 일명 戊午獨立宣言書)'를 발표하고, 3월까지는 만주 일대와 중국 본토, 연해주, 미주 및 고국에까지 그것을 배포했다. ② 1919년에 접어들면서 곧 연해주의 대한

고국에까지 그것을 배포했다. ② 1919년에 접어들면서 곧 연해주의 대한국민의회(大韓國民議會)와 연락하여 파리 강화 회의에 보낼 대표를 뽑고 그것을 후원했다. ③ 국내, 연해주, 중국 등지에 대표자를 보내어 전 민족의 궐기를 촉진했다.

만주에서 이와 같은 움직임을 보이고 있던 중 국내에서 3·1 운동이 일어나자 이들은 그에 즉시 호응했다. 3월 중순부터는 북간도 용정(龍井)·국자가(局子街)·혼춘(琿春) 등과 남만주의 삼원포(三源浦)·왕청문(汪淸門) 등지를 기점으로 하여 전동삼성(全東三省)의 교포 사회의 독립 만세 운동은 요원의 불길처럼 파급되어 우리 민족으로 생을 타고난 이는 국내에서와 마찬가지로 운동에 참가하게 되었다.

이와 같은 독립 만세 운동을 전개한 것 중 다른 곳에 앞장을 섰거나 혹은 그 후 운동에 많은 영향을 끼친 곳을 예로 들어 그 운동 상황을 살펴보면 다음과 같다.

(1) 북간도 용정의 조선 독립 축하회

북간도 지방의 만세 운동은 이 지방의 중심지이고 비교적 많은 한국인이 거주하면서 일본 세력도 강한 용정시에서 3월 13일에 발단되었다. 이날 정오에 천주교 교회당의 타종을 신호로 1만 명 이상의 군중이 용정의 북쪽으로 일본 영사관 바로 옆인 서전대야(瑞甸大野)에서 '조선 독립 축하회'라는 명목으로 운동을 시작했다. 용정 시내의 한국인이 거의 참집했음은 물론, 부근 1백여리 이내에서 궁벽한 산촌의 초동목수(樵童牧豎)에 이르기까지 회집하여 식전의 넓은 뜰을 메웠다.

이 독립 축하식은 다음과 같은 대회장 김 영학(金永學)의 '조선 독립

선언 포고문'의 낭독으로부터 시작되었다.

獨立宣言布告文

我朝鮮民族은 民族의 獨立을 宣言하노라. 民族의 自由를 宣言하노라. 民族의 正義를 宣言하노라. 民族의 人道를 宣言하노라. 우리는 四千年 歷史의 邦國이요 우리는 二千萬 神聖한 民族이었노라. 그런데 我歷史를 澌滅하고 我民族을 打破하야 羈絆下에 呻吟케 하며 籠絡中에 苦痛케 함이 於焉 十個星霜을 閱歷하얏도다. 此는 強隣이 無情이라 할 수도 없고 虐政이라 할 수도 없겠다. 侵略主義의 陳舊時代의 使用方法이었고 萎靡自縮의 少弱人生의 自然禍源이라, 誰를 怨하며 誰를 求하리오. 그러나 志士의 涙는 東海에 添하얐고 愚民의 恨은 蒼天에 及하얐다. 天聽이 民聽으로 向하고 天視가 民視로 向하야 世運이 一變하고 人道가 更新일새 正義曉鐘은 大街에 震鳴하고 自由의 慈航은 前津에 浮來하얏다. 強國의 飛機潛航은 洋海에 沈沒하고 弱者의 高竿義旗는 春風에 翻揚하는구나.

吾亦天民의 一이오, 弱者의 一이라, 今에 天命을 承順하고 人心을 合應하야 二千萬衆의 一口로 齊出하야 自由淸歌를 唱하며 雙手를 堅握하야 平等의 大道를 進하는 바이로다. 此에 伴하야 彼東洋文明에 首腦되고 東洋平和에 干城되는 先進의 國은 現勢의 變遷을 回顧하야 猛省改悟할지이며 吾人의 誠意를 諒察하야 默認特許하리로다. 玆에 我의 首府되는 京城에서 獨立旗를 先擧함에 四方이 波動하야 半島江山은 草木禽獸가 皆響應轟鳴함일새 우리 墾島居留 八十萬民族도 血脈을 遠續하며 聲氣를 相通하야 皇天의 明召에 感悅하야 人類의 階級에 同等하는 바이다.

公約三章

一. 吾人의 此擧는 正義 人道 生存 尊榮을 爲하는 民族的 要求인즉

排他的 感情으로 狂奔치 말라.
一. 最後의 一人까지 最後의 一刻까지 民族의 正當意思를 發表하라.
一. 一切의 行動은 가장 秩序를 尊重하야 吾人의 主張과 態度로 하야곰 어대까지던지 公明正大케 하라.

朝鮮建國 四千二百五十二年三月十三日
墾島居留朝鮮民族一同

이와 같은 선언문의 낭독이 끝나자 조선 독립 만세 소리가 천지를 진동시켰다. 이를 이어 유 예균(劉禮均)·배 형식(裵亨湜) 및 황 지영(黃志英) 등 3인의 충렬된 연설이 있어 1만여 참집 운동자로 하여금 희비에 싸여 태극기를 휘두르게 했다. 이 무렵 용정 시내 8백 호의 한국 인가에도 집집마다 태극기가 높이 게양되어 모래를 날리는 광풍에 펄럭였다.

축하회를 마치고 '대한 독립'이라고 대서 특필한 오장기(五丈旗)를 앞세우고 시위에 돌입했다. 명동 학생대(明東學生隊)를 선두로 하여 이국땅의 시가지를 행진했다. 그러나 이 같은 운동을 사전에 탐색한 일제는 중국 관헌과 교섭하여 맹 부덕(孟富德)이 거느리는 중국 군대로 하여금 만세 시위를 저지시키고자 했다. 노도와 같이 밀려닥치는 독립 시위대를 어찌할 수 없었던 맹 단장은 일제의 계략에 말려들어 최선두의 대한 독립기를 빼앗고, 시위를 저지시키고자 발포 명령을 내렸다. 이들의 무차별한 집중 사격으로 17명이 순국했고, 30여 명이 중경상을 당하게 되었다. 이처럼 많은 사상자를 내면서도 시위를 중지하고 해산하지 않을 수 없었던 이유는 맹 부덕 휘하의 중국군을 적으로 삼을 수 없었고 또한 앞으로 그 곳을 근거로 최후 목적인 조국독립이 달성될 때까지 항일 운동을 전개할 입장이었기 때문이라 해석된다.

(2) 혼춘의 시위 운동

혼춘(琿春)에서의 운동은 용정 운동 후 1주일 만인 3월 20일에 일어났다. 20일 오전 6시 반경 시내 한국 인가에는 태극기가 게양되고, 상가에서는 한국인은 물론 중국인까지도 철시했다. 8시경에 혼춘시 동쪽 동대인구(東大人溝)에서 회동한 한국인이 2열 종대의 학생을 앞세우고 동문(東門) 내로 들어왔다. '대한 독립 만세' 라고 크게 쓴 장기(丈旗)를 앞세우고 악대의 주악에 맞추어 태극기를 흔들고 대한 독립 만세를 연창하면서 행진했다. 이 행렬이 시내의 운동자와 합세하여 다시 시가를 행진하면서 한국어와 한문으로 인쇄된 독립 선언서를 시가에 살포하여 기세를 올렸다. 용정에서와 달리 중국 군경의 강력 저지를 받지 않았다. 그들은 시가를 삼엄하게 경계하고 있었을 뿐 시위대에 가해하지는 않고 있었다.

서문(西門) 밖의 광장에까지 행진해 온 시위대는 이곳에서 며칠 전부터 식전에 참석키 위해 사방에서 몰려온 지방민과 합세하여 일제 기록에 의해도 2천 명 이상이 원형으로 진을 쳐서 독립 축하회를 개최하였다.

먼저 원진(圓陣) 중앙에 선 주최자의 한 사람인 황 병길(黃丙吉)은 다음과 같은 요지의 독립 연설을 하여 참집 군중을 감동케 하였다.

"우리 대한국은 10년 전에 횡폭 극한 일본에게 합병된 이래 위로는 태황제로부터 밑으로는 동포 만민이 참담비처(慘憺悲悽)한 월일을 지내왔습니다. 그러나 아직 하늘은 우리를 버리지 않았습니다. 금회의 강화 회의는 끝없이도 한국 독립의 기회를 주었습니다. 그러므로 차제 우리 민족은 일치 단결하여, 가령 가는 길에 산이나 또는 강이 가로 놓여도, 아니 강적이 있어도 총화(銃火) 앞에 공권(空拳)으로 서게 되어도 신명을 아끼지 않고 다년(多年)의 소지를 관철하지 않으면 안 될 것입니다. 지금 나의 말하는 대의(大意)를 위하여 능히 신명을 바칠 결심을 가진 사람은 거수하시오……"

이와 같은 내용의 연설이 끝나자 군중들은 탈모하여 손을 높이 들고 만세를 불러 그에 찬의를 표했다. 뒤이어 노 종환(盧宗煥)·최 병문(崔秉文)·김 정규(金貞奎) 등의 연설이 있은 뒤 폐회하였다.

이처럼 감격적인 축하회를 갖고 군중 일동은 동문(東門)으로 향하여 시위를 전개하였다. 시가 끝에서 수정(數町) 떨어진 혼춘 천변(琿春川邊)에 이르러 원진(圓陣)을 만들고, 학생들은 음악을 울리고 군중은 만세를 부르며 몇 차례 돌다가 오후 1시경 조용히 해산했다. 일경측 자료에 의하면 이날 시위 운동자 중 5백명 가량이 총기로 무장하고 2백 명은 권총을 갖고 있었다고 하며, 그들은 일본 영사관에 가서 일본 국기를 끌어내려 없앴다.

(3) 서간도 삼원포의 시위 운동

서간도 지방의 중심지인 삼원포(三源浦)와 통화현(通化縣) 금두(金斗) 부락에서 3월 12일에 독립 축하회를 개최하고 시위 운동을 전개했다. 삼원포(三源浦)에서는 1912년 이래 한민족의 자치와 독립 운동 기지 설정에 힘써 온 부민단원(扶民團員)이 주동이 되었다. 그 후 그들은 각지에 파견되어 남북 만주 각지에서의 운동을 촉진했다.

이상과 같은 용정(龍井)·혼춘(琿春)·삼원포에서의 운동은 동삼성 전역에 걸친 운동의 서막이라 할 수 있다. 3월과 4월에 걸쳐서 한국인이 사는 곳이면 거의 예외 없이 독립 선언서가 낭독되는 선언식전이 베풀어졌다. 그리고 태극기를 들고 광희의 만세 시위를 전개하여 민족의 정당한 독립 의지를 표현하였다.

2. 미주에서의 독립 운동

하와이와 미주 본토 각지에 흩어져 조국 광복을 염원하던 미주 한인(韓人)도 동삼성의 동포와 같이 전부 궐기하여 운동을 도왔다. 미주 한인에게 국내 운동 봉기의 소식이 원동 통신원(遠東通信員) 현 순(玄楯)에 의해 전해진 것은 1919년 3월 9일이었다.

이 소식에 접한 대한인 국민회 중앙 총회(大韓人國民會中央總會)에서는 3월 15일에 미주·멕시코·하와이 재류(在留) 동포 전체 대표회를 개최했다. 이 회의에서 앞으로의 운동 방침을 토의한 결과 12개 항목에 달하는 다음과 같은 결의안을 채택하고, 그 의사를 공포하는 포고문을 발표했다.

全體代表會決議案

1. 在美韓人 獨立運動應援의 一切行事는 全體代表會 決議에 依하여 履行하며, 그 行政은 大韓人國民會中央總會에 一任함.
2. 中央總會 事務部署를 擴張하고 當務員을 增加하기로 함.
3. 中央總會 豫算은 爲先 7만 6천 달러를 예산함.
4. 遠東과 歐美各地에 運動經費 調達을 爲하여 一般同胞에게 愛國特捐金 收捧을 實施함.
5. 徐載弼을 外交顧問으로 任하여 필라델피아에 外交通信部를 設置하고 經費는 每月 840달러씩 支出함.
6. 遠東에 代表를 파송하여 大韓民國 臨時政府 樹立에 奉仕하게 하고 美洲와 하와이 외 各地方에 特派員을 派送하여 民衆輿論을 收拾하며, 意思를 連絡하여 行動一致를 圖함.
7. 하와이에서 進行할 事務는 大韓人國民會 하와이 地方總會에 委任함.

8. 尹炳球를 地方外務員으로 任命하고 各州에서 美國人 社會에 宣傳事務를 擔任하게 함.
9. 홍 언·김 영문·임 정우·강 영각 등을 華僑委員으로 任命하여 中國人社會에 宣傳事務를 擔任하게 함.
10. 英文과 漢文으로 宣傳文을 出版하여 公布함.
11. 韓國旗를 만들어서 同胞에게 分給함.
12. 美洲·하와이·멕시코 在留同胞를 登錄하여 人口를 調査함.

中央總會布告文

오랫동안 우리 민족이 마음 아픈 비애에 싸여 있다가 이제 비로소 큰 일을 일으켰으니 이는 大韓獨立宣言이다……(中略)

용감한 자는 큰일에 임하여 대담하고 신중함으로써 일을 치르는 것이니, 우리는 허영을 징계하고 진실한 행동으로 독립 운동에 응원을 끝까지 할지며, 죽음으로써 성공하기를 기약하고 위선 하기 3항을 실천하자.

1. 우리는 피흘린 후에 목적이 관철될 것을 각오하고 마음으로 굳세게 맹세할 것이며, 우리의 운동이 단결과 행동 일치를 요구하나니 동포간에 서로가 비밀이 없을 것이다.
2. 재미 한인은 처지와 환경의 구애로 이행할 책임이 국한되어 있는데, 다행히 미국은 공화국으로 인권과 자유를 가장 힘있게 창도하고 있는 터이니 미국의 언론 기관과 종교 기관을 통하여 우리의 억울한 사정을 선전함으로써 국제 공론을 일으키는 데 노력할 것이다.
3. 재미 한인은 다른 곳 동포에 비교하여 경제적 여유가 있은즉, 내외 각지 독립 운동의 경제적 책임을 부담할 것이다.

그리하여 우선 결의안 제 6항에 따라 안 창호(安昌浩) 등을 재미 한인

대표로 선출하여 대한 민국 임시 정부 수립에 참여하도록 했다. 또한 3월 17일 김 평(金平)을 미주 특파원으로 결정하고, 4월 5일에는 정 인과(鄭仁果)·황 진남(黃鎭南)·두 사람을 통신원으로 임명하여 중국 상해로, 강 영소(姜永昭)·황 사용(黃思鎔) 등을 하와이 특파원으로 임명하여 호놀룰루로 각기 파송하여 각지 교포의 독립 의식 앙양과 행동을 촉구하도록 유세를 벌였다.

한편 재미 한인은 대한 민국 임시 정부가 수립된 직후인 4월 14일부터 16일까지 3일간 필라델피아의 인디펜던트 홀에서 한인 자유 대회(韓人自由大會)를 개최했다. 이 대회는 우리 민족의 독립 선언과 임시 정부의 수립을 전세계에 널리 선포하기 위한 것이었다. 서 재필의 주선으로 140명의 한인 대표와 필라델피아 시장을 비롯한 다수의 저명한 미국 인사가 참집하여 성황리에 본국에서 전개되는 독립 운동 상황과 일제의 탄압 행동을 밝히고 다음과 같은 결의안을 가결했다.

決議案

1. 在美韓人은 中國上海에 건설한 大韓民國 臨時政府를 支持하며 後援하기를 決議함.
2. 歐美各國에 大韓民國 外交事務所를 設置하기로 함.
3. 歐美各國 民衆으로 하여금 우리 獨立宣言의 主張과 國內의 事情을 理解하게 하는 데 노력하기로 함.
4. 日本政府와 國際聯盟에 大韓民國 臨時政府 承認을 要求하기로 함.

이와 같은 결의안을 채택하고 대회가 끝날 즈음 의장 서 재필의 제안으로 시가 행진이 행해졌다. 군악대를 선두로 오른손엔 태극기, 왼손엔 미국기를 든 시위 행렬은 빗속에 행진을 계속하여 독립관에 도착했다. 대한민국 임시 정부에 국무총리로 선임된 이 승만(李承晚)이 조오지 워싱턴이 앉았던 의자에 착석한 후 서 재필의 개회사로 선언식의 막이 올랐다. 독립관장 존슨의 미국 독립 선언 약사(美國獨立宣言略史)가 소개된 후 이 승만이 독립 선언서(국내에서 선포된 33인의 선언서)를 낭독했다. 이 때 미국 독립을 상징하는 자유종이 울려퍼졌고, 독립 만세 삼창을 끝으로 폐회했다.

이보다 앞서 1918년 말 미주의 대한인 국민회에서는 이 승만·정 한경(鄭翰景)·민 찬호(閔瓚鎬) 등 3인을 미주 방면 한인 대표로 파리 강화 회의에 특파하기로 결의하고, 재노령(在露領) 동포에게도 노령(露領) 방면 대표를 선출하여 파리로 특파할 것을 종용했었다.

3. 러시아 연해주에서의 독립 운동

러시아 연해주 방면의 수십만 한인(韓人)도 3·1 운동에 헌신하였다. 1918년 말 대한인 국민회로부터 파리 강화 회의에 관한 통보를 받은 재노 한인(在露韓人)들은 니콜리스크(우수리스크)에서 간도 및 노령 지방 한인 대표자로서 윤 해(尹海)·고 창일(高昌一)을 선출해 1919년 2월 5일 파리를 향해 출발케 했다. 또한 해외 동포의 통합 기구로서 한족 상설 회의(韓族常設會議)를 대한 국민 의회(大韓國民議會)로 개편하여 연해주와 인접한 간도 지방에서의 조국 독립 운동의 중추 기관으로 삼았다.

이 회합에서 국내외를 통한 일대 시위 운동이 기획되었으나, 3월 1일 국내에서 시위 운동이 일어나고 간도 교포도 봉기하자 연해주에서도 이에 호응하여 시위 운동을 벌이게 되었다. 대한 국민 의회 주최로 3월 17일을 기하여 블라디보스톡에서 큰 독립 시위를 전개하여 연해주 운동의 봉화를 올렸다.

대한 국민 의회에서는 러시아 당국에 아무런 사전 통고도 하지 않고 3월 17일 오후 4시 블라디보스톡 주재 11개국 영사관 및 연해주 당국에 국민회의 명의의 독립 선언서를 배부하고 일제 총영사관 및 주둔 일군 사령부 앞을 통과하면서 보다 열띤 만세 시위를 전개했다. 이에 당황한 일제 총영사는 러시아 요새 사령관(要塞司令官)에게 즉각 시위 운동을 제지해 줄 것을 요구했다. 외교 분쟁을 우려한 러시아 당국은 오후 7시 반에 시위 운동을 중지하도록 하고, 신한촌(新韓村)의 태극기를 모두 내리고 시위 학생 2명을 체포하기에 이르렀다. 이에 분격한 한국인 노동자들은 18일 동맹 휴업을 감행했으며, 학생들은 휴교에 돌입하였다.

같은 3월 17일에 니콜리스크(우수리스크)에서도 다수의 교포들이 모여 시위 운동을 전개했으며, 1백여 명의 청년들은 라즈돌리노예에서 계속 시위 운동을 전개하기 위해 출발했다. 18일에 스파스고예에서는 5백여 명의 군중이 모여 역시 시위 운동을 전개했는데, 러시아 관헌의 원조를 얻은 일군의 저지에 의해 다수의 시위 한인들이 부상했다. 3월 21일에는 라즈돌리노예에서, 4월 5일에는 녹도(鹿島)에서도 만세 운동이 일어나는 등 연해주 각지에서 시위 운동이 계속 전개되었다.

제6장

3·1 運動의 彈壓

1. 무력 탄압

 3·1 운동이 발발하자 일제가 취한 긴급 기본 대책은 주한 일본 군경에 의한 시위 군중의 대량 학살과 주모자의 대량 체포·고문(拷問)·태형(笞刑)으로 위협하는 것이었다.
 일본군은 3·1 운동 발발 당시 완전한 전투 태세를 갖춘 1개 사단 반의 정규군과 한국 내에서 치안을 담당한다는 2만 명 이상의 헌병·경찰이 전국 각 도의 군·면과 기타 요지에 거미줄과 같은 조직으로 배치되고 있었다. 당시 한국내에 주둔하고 있던 조선군의 편제는 군사령부, 제 19사단 제 37여단(제 73연대 및 제 74연대), 기병 제 27연대, 야포병 제 22연대 및 공병 제 19대대, 제 20사단 보병 제 39여단(제 77연대 및 제 78연대), 보병 제 40여단(제 79연대 및 제 80연대), 기병 1중대, 야포병 1대대(2중대)라 하겠다.
 이 밖에도 이상의 병력을 보강할 수 있는 한국인 보조 헌병과 한·일인 경찰이 상당한 규모로 배치되어 있었음은 말할 것도 없다. 뿐만 아니라 3월 말부터 운동이 가열해지자 4월 초에 자국으로부터 반개 사단의 병력을 증원하기에 이르렀다.

일제는 이 무장 병력으로 비무장으로 무저항의 평화적인 시위 군중을 해산시키고, 또는 만세 시위를 사전 예방하고 혹은 시위 후 주동자를 검색하는 데 투입시킴으로써 그들의 군국주의적 특성을 뚜렷이 나타냈다. 이처럼 일제는 시위 군중을 마치 한말, 특히 1907년 군대 해산 후의 의병 탄압·학살에 임하듯이 무력적 방법으로 시위 군중 진압에 대처했고, 이와 같은 그들의 탄압책은 운동이 끝날 때까지 시종 일관했다. 일제 군경의 대량 학살 외에도 일제의 본성을 보다 두드러지게 나타낸 것은 운동 전후에 운동자의 체포·고문과 혐의자 체포를 빙자한 수색·방화·학살·구타 등이었다.

수원군 제암리(堤岩里)에서 교회 안에 양민을 감금·학살한 사건을 비롯하여 수천(狩川)·양수리(楊樹里)·맹산(孟山)·강서(江西)·곽산(郭山)·대구(大邱)·강계(江界)·밀양(密陽)·의주(義州) 등지에서의 집단적인 참살은 그들이 자행한 잔인한 행위의 대표적인 사례들이다.

2. 수원군 제암리(堤岩里)에서의 만행

수원군 제암리에서의 일제 만행은 4월 15일 오후 2시경에 시작되었다. 이날 아리다(有田俊夫)라는 일군 중위가 지휘하는 일군경대가 홀연히 나타나 그 지방의 천도교도와 기독교도를 교회 속에 몰아넣고 출구를 막은 다음 일제 사격을 가했다. 사력을 다해 탈출하는 유아와 부녀자들까지 남기지 않고 참살하기에 이르렀다. 교회당에 갇힌 남녀 노약자 29명은 한 사람도 남지 않고 참살당했다. 또한 그들 일군경 1대는 교회당과 천도교회당 및 기타 28호의 민가를 불살랐다.

3. 평남 성천(成川)에서의 탄압

평안 남도 성천군에서는 3월 4일 일제 기록에 의해도 2천 명 이상이 회집하여 시위를 전개하기 시작했다. 이 중 2, 3백 명은 3차에 걸쳐 당지 일헌병 분견소(日憲兵分遣所)를 습격하여 무차별하게 총격하는 그 곳 헌병대 대장 이하 2명의 헌병을 부상시켰다. 그러나 시위 군중측의 희생은 더욱 커서 그들의 기록으로도 68명(즉사 30명)에 이른다고 했다. 하지만 이 숫자마저도 그들의 총격으로 군중이 해산된 뒤에 현장에 유기된 것만이라고 하니, 희생자의 실제 수는 그것을 훨씬 상회했을 것임을 짐작할 수 있다.

4. 평남 사천(沙川)에서의 탄압

평안 남도 사천에서의 무력 탄압은 일제 만행 중에도 대표적인 것이라고

할 수 있을 것이다. 가장 살상자가 많았던 시위는 3월 4일에 발생했다. 전일(3일)에 사천 헌병 헌병대는 1명의 즉사자를 내고 주동자 8명을 검거했었다. 이에 격분한 약 3천여 명의 군중들은 30세 이하의 결사대 40명을 앞세우고 이날 헌병대로 행진하며, 만세를 고창하고 피검자의 석방을 요구했다. 일군경은 시위 군중에 대하여 무차별 총격을 가했으나, 시위 군중은 이에 굴하지 않고 '쓰러진 시체를 넘으면서 총격하는 일군경에게 대항'하여 그 중 3명을 쓰러뜨리고 만세를 고창했다. 반면 시위 군중측의 희생자는 그들의 기록에 의해도 70여 명이나 되었다고 한다. 몸에 촌도(寸刀)도 가지고 있지 않은 시위 군중에게 그처럼 무차별 총격으로 즉사 10명, 중상 50명 이상의 살육을 감행하고도 일제는 '우리에게 무력의 부족을 감(感)한 바 있다'라는 기록을 남긴 것을 보면, 그들이 시위 군중을 대하는 무자비한 마음가짐을 엿볼 수 있다 하겠다.

5. 황해도 수안(遂安)에서의 만행

황해도 수안에서의 시위 군중에 대한 일제의 탄압때에 저지른 만행도 대표적인 것으로 들 수 있다. 3월 3일 읍내에서 천도교도를 중심으로 전개된 시위 운동은 수안군에서의 운동 중 가장 대표적인 것이었다. 이날 아침부터 시위를 시작한 군중들은 오후 2시 반경 당지 일헌병 주재소에 3차에 걸쳐 쇄도하여 헌병 분견대장 요시노(吉野匡)에게 조선이 독립하였다고 말하며, 헌병 분견대를 조선인에게 인도할 것을 요구했다. 이에 대한 일군측의 무자비한 총격으로 즉사 9명, 중상 18명 등 27명의 살상자를 내기에 이르렀다.

6. 피해통계

3·1 운동 중 일군경에 의한 학살과 만행으로 인하여 우리 민족이 받은 피해는 정신상·물질상 이루 헤아릴 수 없는 것이었다. 박 은식(朴殷植)의 『한국통사(韓國痛史)』에 나타난 통계에 의하면, 3월 1일부터 5월 30일에 이르는 3개월간에 집회 총인원 2,023,098명, 사망자 7,509명, 피상자 15,961명, 피체자 46,948명, 훼소 교회당(毀燒敎會堂) 47동(棟), 훼소 학교 2동, 훼소 민가 715호에 달했다. 또한 일제측의 한 통계에 의하면 1919년 3월 1일부터 1920년 3월 1일에 이르는 1년 동안에 살해 7,645명, 부상 45,562명, 체포 49,811명, 가옥 소각 724호, 교회당 소각 59동, 학교 소각이 3교에 달했다는 것이다.

일제측 통계 숫자를 보는 데 있어서는 일제에 의해서 그것이 의식적으로 줄잡아졌을 것이라는 점을 생각지 않을 수 없고, 『한국통사』의 통계라 하더라도 그것이 국내에서 멀리 떨어진 중국 상해에서 작성된 것이므로 그곳까지 알려진 것만 계산되었을 점을 고려치 않을 수 없다. 따라서 피해상은 위 통계들보다 훨씬 더 크고 더욱 심각했을 것으로 해석하여도 무리가 없을 것이다.

제7장
臨時政府의 活動

1. 임시 정부의 건립

 나라를 잃은 우리 민족은 국내외에 걸쳐 일제 지배에 항거하여 '3·1운동'이라는 큰 독립 운동을 일으켰다. 그러나 민족을 이끌고 이 최후의 목적을 달성할 중추기관이 없었다. 따라서 이 운동은 그대로 두면 조만간 일제에 의하여 진압될 상황이었다. 모든 민족 지도자들은 민족을 이끌고 일제와 통일적이고 조직적인 항쟁의 계속이 무엇보다도 급선무임을 절감하였다. 따라서 그들은 국내나 해외에서 민족의 주권을 되찾으며 독립운동을 주도할 임시 정부를 조직하게 되었다.
 국내외에서 만세 시위 운동이 절정에 달한 1919년 3월 하순부터 4월 상순간에 국내에는 '한성 정부(漢城政府)'가, 상해에는 '대한 민국 임시 정부(大韓民國臨時政府)'가, 연해주에서는 대한 국민 의회(大韓國民議會)의 '노령정부(露領政府)'가, 서북 간도(間島)에는 '군정부(軍政府)'가 각각 조직·수립되게 되었다. 처음에 독립운동을 주도할 중추 기관을 이처럼 여러 갈래로 국내외에서 세우게 된 까닭은 무엇보다 국내외 각지의 연락이 곤란했고 또한 일제의 감시와 횡포가 심했으므로 불가피한 실정이었다. 이처럼 3·1 운동 발발 후 곧 임시 정부가 서울 및 상해·연해주 등지에서 잇달아 따로 조직되자 그 정통 문제(正統問題)와 임시 정부의 소재지에 대해 한때 논란이 생겼다. 그러나 다행히도 각지에서 조직된 임시 정부의 각원(閣員) 명단이 서로 비슷했고, 국외에 있는 인물 중심으로 짜여져 임시 정부를 국외에 둔다는 원칙에 합의되었기 때문에 이론은 곧 종합될 수 있었다.

(1) 대한 국민 의회

1919년 3월 17일 서북간도와 연해주에 있던 독립 운동자들이 합동하여 대한 국민 의회(大韓國民議會)를 조직하고, 21일에는 대통령 손 병희(大統領 孫秉熙), 부통령 박 영효(副統領 朴泳孝), 국무총리 이 승만(國務總理 李承晚), 탁지총장 윤 현진(度支總長 尹顯振), 군무총장 이 동휘(軍務總長 李東輝), 내무총장 안 창호(內務總長 安昌浩), 산업총장 남 형우(產業總長 南亨祐), 참모총장 유 동열(參謀總長 柳東說), 강화대사 김규식(講和大使 金奎植) 등을 각원(閣員)으로 한 '노령정부(露領政府)'를 선언했다.

(2) 한성 정부

서울에서는 3·1 운동 중 연락 사무소로 만들었던 독립단 본부가 중심이 되어 1919년 4월 23일자로 13도 대표가 국민대회를 개최하여 6개조의 약법을 제정하고 '한성정부(漢城政府)'를 조직하였다. 집정관 총재 이 승만(執政官總裁 李承晚), 국무총리 총재 이 동휘(國務總理總裁 李東輝), 외무부 총장 박 용만(外務部總長 朴容萬), 내무부 총장 이 동녕(內務部總長 李東寧), 군사부 총장 노 백린(軍事務總長 盧伯麟), 재무부 총장 이 시영 (財務部總長 李始榮), 법무부 총장 신 규식(法務部總長 申圭植), 학무부 총장 김 규식(學務部總長 金奎植), 교통부 총장 문 창범(交通部總長 文昌範), 노동국 총판 안 창호(勞動局總辦 安昌浩), 참모총장 유 동열(參謀總長 柳東說) 등을 새정부의 각원(閣員)으로 하는 '한성정부(漢城政府)'를 선포한 것이다. 이보다 앞서 독립단 본부는 이같이 조직되어 가는 임시 정부의 각원 후보들의 명단과 헌법 초안이라 할 약법초안을 가지고 강 대현(姜大鉉)을 4월 8일에 상해에 파견했다. 당시 상해엔 국내외 각지에서 많은 운동자들이 집결하고 있었다. 때문에 정부 수립 준비의 실질적 활동과 외교 선전 활동은 자연히 상해가 중심이 되었다. 3월 하순까지 토오쿄오로부터 이 광수(李光洙)가 오고, 운동 발발 전에 국내에 들어갔던 선우 혁(鮮于爀)·김 철(金徹 또는 澈)·서 병호(徐丙浩)·현 순(玄楯)·최 창식(崔昌植) 등도 돌아왔다. 또한 여 운형(呂運亨)은 연해주에서, 여 운홍(呂運弘)은 미주에서 상해로 돌아왔다. 1918년 말부터 운동을 전개하던 상해의 운동자와 3·1 운동 발발 후 집결한 운동자들은 프랑스 조계(租界) 보창로(寶昌路) 329호에 임시 사무소를 설치하고 총무 현 순(玄楯)의 이름으로 각국 공관에 독립 선언서를 돌리고, 국내 독립 운동 상황을 각국 신문과 통신사에 제공했으며, 파리의 김 규식(金奎植)과 미주의 이 승만(李承晚)에게 연락 보고했다. 서울 독립단 본부에서도 곧 이어 또 이 봉수(李鳳洙)를 파견하여 임시 정부 조직의 필요를 상의해 왔다. 뒤이어 러시아 연해주와 중국 동삼성에서 이 동녕(李東寧)·이 시영(李始榮)·조 완구(趙琓九)·조 성환(曺成煥)·김 동삼(金東三)·조 영진(趙英鎭)·조 소앙(趙素昻) 등 30명이 상해에 도착하였다. 이어 동년 4월 10일 오후 10시 상해 프랑스 조계

금신부로(金神父路)에서 임시 의정원(臨時議政院)을 개원하여 '대한민국'이라는 국호와 정부 관제를 제정하고, 그에 의한 정부 각료를 국내에서 보내온 명단을 기초로 하여 선거함으로써 정부를 조직하며 '임시 헌장'을 선포했다.

(3) 대한 민국 임시 정부

임시 의정원의 개원 회의에서 선거된 국무원(國務員) 명단은 국무총리 이 승만(國務總理 李承晩), 내무총장 안 창호(內務總長 安昌浩), 외무총장 김 규식(外務總長 金奎植), 재무총장 최재형(崔在亨), 교통총장 문 창범(交通總長 文昌範), 군무총장 이 동휘(軍務總長 李東輝), 법무총장 이 시영(李始榮) 등이었고 각 총장 밑에는 차장(次長)이 있었다. 또한 제정한 임시 헌장은 제 1조를 '대한 민국은 민주 공화국(民主共和國)으로 함'이라고 시작된 민주 정체를 취한 전문 10개조로 작성되었다.

임시 의정원(臨時議政院) 회의 제 2일에는 손 정도(孫貞道)와 이 광수(李光洙)의 제의로 각 지방 대표회를 개최하고 의정원법(議政院法)을 제정했다. 의원은 지방회에서 선거하기로 하고, 국내 8도와 노령·중국령·미국령 등 11개 지방으로 구분하여 지방 선거회에서 의정원 의원을 투표로 선거하게 했다.

4월 15일에는 러시아 연해주 대표 원 세훈(元世勳)이 연해주에 있는 국민 의회와 상해 정부의 의정원을 병합하여 정부 위치를 연해주에 정할 것을 제의했다. 노령 정부의 주장은 지리상으로나 교포의 수로나 노령에 정부를 두어야 한다는 것이었다. 임시 정부 초기의 연해주·상해·서울 등 몇 갈래 분열 수립은 대외 활동에 큰 지장이었던 때문에, 국내·미주·중국령·

연해주의 교포를 대표하여 상해에 모인 운동자들은 서로들 지역 의견을 절충하는 데 힘썼다. 그 결과 법통(法統)은 국내의 한성 정부(漢城政府)를 계승하고 위치는 당분간 상해에 둔다고 다음과 같이 결의함으로써 내외 일치된 의사로 대한 민국 임시 정부(大韓民國臨時政府)를 세웠던 것이다.

첫째, 상해와 노령에서 성립한 정부들은 일절 해소하고 오직 국내에서 13도 대표가 서울에 세운 한성 정부(漢城政府)를 계승한다. 둘째, 정부의 위치는 당분간 상해에 둔다. 셋째, 상해에서 설립한 정부가 실시한 행정은 유효임을 인정한다.

임시 정부의 위치가 상해로 결정된 것은 직접 일제치하에 있는 국내에 정부를 둘 수는 없고, 만주나 러시아 시베리아 등도 한인(韓人)이 많은 지역이긴 하지만 일군 주둔의 요충에 해당하기 때문에 안전한 지역이 못되었기 때문이다. 그 밖에 미주도 안전하긴 해도 국내에서 너무 격원해서 부적당했다. 상해는 그 후 독립 운동의 중요 진원지가 되다시피 하였다. 그 곳은 동양의 유수한 국제도시이며 교통의 요지로 외국 조계가 많아 비교적 안전한 점에서 다른 곳에 비해 여건이 좋았던 것이다.

2. 외교 활동

(1) 파리에서의 김 규식의 활약

3·1 운동 발발 이후 임시 정부의 외교 활동은 여러 방면에서 활발히 전개되고 있었다. 임시 정부의 외교 활동 중 주목할 만한 사실은 다음과

같다.

첫째는 파리 강화 회의에 대한 '독립 청원 운동(獨立請願運動)'을 들 수 있다. 3·1 운동과 임시 정부를 뒷받침한 국제 정세는 파리 강화 회의에 대한 기대가 가장 컸다. 국내외 각계 각층의 이에 대한 독립 청원 운동이 집중되었다. 그 중에도 대표적인 것은 운동 발발 직전 상해 신한 청년단(新韓靑年團) 대표로 그해 2월 1일에 파리로 출발한 김 규식의 활동이다. 상해에 임시 정부가 수립되자 김 규식에게는 곧 외무총장 겸 전권 대사(外務總長兼全權大使)의 신임장이 발송되었다.

김 규식은 5월 10일 강화 회의에 임시 정부와 한민족의 대표로서 우리 민족의 독립을 주장하는 '공고서(控告書)'를 제출했다. 거기서 그는 일본이 지난 날 한국 및 미·영·청·노 등 열강과 맺은 조약에 한국의 독립과 영토 보전을 인증 담보(認證擔保) 해 놓고 이를 침범·파기했으니 열강은 간섭해야 한다고 주장하고, 한국 독립의 침해는 사기와 폭력으로 감행한 것이라 규탄했다. 이어 일제 통치의 잔인상을 폭로하고, 일본의 대륙 정책과 불·영·미의 태평양 이권과의 이해 관계를 논한 다음 3·1 운동의 민족 항쟁을 설명하고 임시 정부의 조직을 소개했으며 한국 독립의 지원을 요청했다.

파리 강화 회의에서의 이 같은 청원은 성공하지 못했으나, 임시정부 대표단의 활약은 많은 성과를 올렸다. 대표단은 김 규식 외에 황 기환(黃紀煥)·이 관용(李灌鎔)·윤 해(尹海)·김 탕(金湯) 등이 대표 김 규식을 도와 외국 대표들과 접촉했고, 대표단 사무실에는 태극기를 게양하고 프랑스 여자까지를 고용하여, 불문(佛文)으로 독립을 주장하는 잡지도 발간했다.

(2) 구미 위원부(歐美委員部)의 서 재필

둘째는 외교 위원제를 채택·실시한 사실을 들 수 있다. 임시 정부는 1920년 9월 2일 교령(敎令) 10호로 '임시 주외 외교 위원부 규정(臨時駐外外交委員部規程)'을 공포하여 미주·영국·중국·노령 등지에 외교 위원을 파견하고, 그들로 하여금 주재지에서 외교 활동을 전개하도록 했다. 그 중 특히 구미 위원부의 활약은 임시 정부 외교 활동의 중추 기관이었다고 할 수 있다. 초대 구미 위원부 위원장은 서 재필(徐載弼)이었다.

(3) 만국 사회당 대회와 조 소앙

셋째는 만국 사회당 대회(萬國社會黨大會)의 한국 독립 승인 문제를 들 수 있다. 1919년 8월 6일 스위스에서 열린 만국 사회당 대회에 참석한 한국 대표 조 소앙(趙素昻)은 동 의회에 3개조의 결의안을 제출했는데, 그 제 1조에서 한국 독립 승인을 요청하고 있다. 이 결의안은 8월 9일의 대회에서 통과·의결되었고, 1920년 3월 23일 만국 사회당 본부는 브뤼셀에서 회합하고, 국제 연맹 및 세계 열강에 대하여 한국이 독립 공화국임을 승인하기를 요구하기에 이르렀다.

(4) 일본 테이코쿠 호텔에서의 여 운형의 연설

넷째는 여 운형의 토오쿄오 테이코쿠(帝國) 호텔에서의 '독립 연설'을 들 수 있다. 3·1 운동 발발 이후 상해에 임시 정부를 조직하고 항일 운동을 통할하게 되자, 일제는 무력만으로는 제압할 수 없음을 깨달았고, 이에 일제는 척식국 장관(拓植局長官) 코가(古賀廉造)가 주역이 되어 임시 정부 지도자를 교묘히 회유시키는 한편 그의 의견을 들어 민족 운동을 보다 효과적으로 탄압할 대책을 세울 작정이었다.

임시 정부 외교 차장으로 있던 여 운형은 이에 초청 교섭을 받고 통역으로 장 덕수(張德秀)를 데리고 도일했다. 일제는 겉으로 융숭한 대접을 하는 체하였다. 여 운형은 내외 기자단과 평화협회 간부 등 50여명이 모인 테이코쿠 호텔에서 한국 독립 문제를 들어 우리말로 1시간 20분에 걸친 열변을 토하고 장 덕수로 하여금 일어(日語)로 통역하여 그들 계획에 차질을 가져오게 했다. 이 사실이 일본 신문에 대서 특필되자 일본 정계에 일대 파문이 확산되어 사태가 험악해졌다. 당황한 일본 당국자들은 여 운형을 몰래 상해로 귀환시켰다.

(5) 레닌과 이 동휘의 적화(赤化) 생각

임시 정부의 외교 활동 중에 생긴 문제의 하나는 소련 정부의 한국 임시 정부 승인 문제를 들 수 있다.

러시아의 공산 혁명에 성공한 소련 정부는 동양에 대한 공산주의 확산을 위한 집념으로 임시정부에 대해 호의적이었다. 레닌이 이끄는 소련 정부는 1920년에 한국 임시 정부를 승인하는 동시에, 임시 정부의 국무총리 이 동휘가 보낸 한 형권(韓馨權)을 접견하고 한국 독립을 돕겠다는 명목으로 2백만 루블의 원조를 약속했다.

그러나 이 원조는 40만 루블을 먼저 인수하기는 하였으나 공산주의 수용 문제로 임시정부의 내분을 격화시켰다.

(6) 대미국 의원 시찰단 주비 위원회(對美國議員視察團籌備委員會)

임시 정부는 이 밖에도 미의원 동양 시찰단(美議員東洋視察團)에 대한 외교 활동을 전개했다. 미의원 시찰단이 중국에 옴을 계기로 임시 정부는 대미국 의원 시찰단 주비 위원회를 조직하고 11,400원(元)의 예산안을 책정하는 등 의원단에 대한 외교 활동을 보다 효과적으로 수행키 위해 노력했다. 임시 정부 교제 위원은 상해·남경(南京)·북경(北京) 등지를 관광하는 미의원들에게 환영회를 열어 주고, 영문으로 된 한국 헌법, 한일 관계의 문서를 주어 한국 독립 문제에 관한 인식을 새롭게 하는 데 힘썼다. 또한 대한 광복군영 소속 결사대는 국내를 통과하는 미의원단에게 항일 기개를 보이고자 평안 도청을 폭파하고 서울에서 무력 시위를 보이려고 하였다.

(7) 대태평양 회의 외교 위원회(對太平洋會議外交委員會)

1921년 미국 워싱턴에서는 군축 문제(軍縮問題)를 주제로 하는 태평양 회의(太平洋會議)가 열렸다. 임시정부는 태평양 회의에 한국 독립을 승인케 하고자 임시 대통령 이 승만을 대표장(代表長), 구미 위원장 서 재필을 대표로 선임하여 외교 활동을 후원할 목적으로 대태평양 회의 외교 후원회 창립 총회를 열었고 뒤이어 동 업무 추진을 위한 간사회를 조직하고 간사장에 홍 진(洪震)이 선임되었다. 외교 후원회는 연설로 독립 사상을 고취할 뿐만 아니라, 『선전(宣傳)』이란 주간지를 발행하여 민족의 독립을 주장하고 국제 여론 조성에 이바지했으나, 열강은 자국의 이익에만 관심을 가지고 한국 독립 문제는 제기조차 하지 않았다.

이상에 열거한 것 이외에도 임시 정부의 계속적인 외교 활동에 대한 반영은 적지 않았다. 1919년 4월 4일 중국 광동성 국민 의회(廣東省國民議會)는 북경 정부에 대하여 한국의 독립을 승인하라고 권고하였고, 1921년 손 문(孫文)이 영도하는 중국 비상 정부는 광동성에서 임시 정부를 승인하기에 이르렀다. 또한 태평양 회의에 따른 중국의 지원과 한중호조사(韓中互助社)의 한국 독립 승인을 위한 활동은 임시 정부 외교 활동의 반향의 좋은 예가 되었다. 뿐만 아니라 1919년에 에스토니아 국회가 임시 정부를 승인한다는 의안(議案)을 통과시키게 한 사실도 그와 같은 예에 속하는 것이다.

3. 독립 전쟁의 준비

임시 정부의 건립은 전민족의 모든 독립 운동을 통할하여 보다 강력한 대일 항쟁을 계속하는 데 있었다. 그 중에서도 시급하고 중요한 것은 서·북간도를 비롯한 동삼성 일대와 러시아 연해주에서 궐기한 무장 독립군(獨立軍)을 일원적으로 재편성하여 일제와의 무력 독립 전쟁을 준비하고, 기회를 타서 그를 실천하여 자주적인 독립을 수행하는 것이었다.

따라서 임시 정부는 건립되자마자 우선적으로 독립군의 통수권(統帥權)을 확립하고자 임시 대통령의 직할 기관으로 대본영(大本營)·참모부(參謀部)·군사 참의회(軍事參議會) 등을 설치하였다. 대본영은 임시 대통령을 원수로 하는 군사 최고 통수부이고, 참모부는 국방 및 용병(用兵)에 관한 일체의 계획을 세우는 군정 군령(軍政軍令) 기관으로 참모총장 1명, 차장 1명, 참모 약간 명으로 조직되며, 군사 참의회는 군사에 관한 임시 대통령의 자문 기관으로 의장 1명, 부의장 1명, 참의 약간 명으로 조직되었다. 또한 육군 무관 학교를 설립하여 지휘관을 양성하기 시작했다.

한편 임시 정부는 독립군의 통할에 착수하였다. 그러나 무장 독립군의 본거지는 만주로서 특히 서·북간도는 의병의 맹장·용사와 독립 운동 기지 개척의 선구자들이 1910년의 '한일합방'을 전후해서 회집 활동을 하고 있었다. 3·1 운동이 발발하자 그들은 지역 단위로 독립군단을 조직하여 일제와 무력 항전을 시작하였다. 국민회(國民會)·한족회(韓族會)·대한 독립단(大韓獨立團)·대한 군정서(大韓軍政署)·대한 정의단(大韓正義團)·도독부(都督府)·신민단(新民團)·야단(野團)·광복단(光復團) 등을 들 수 있다. 이들 각 단은 각각 수백 혹은 수천 명씩의 무장 독립군을 편성하여 훈련하고 있었다.

따라서 임시 정부는 이들을 통합하기 위하여 전력을 기울였다. 그 결과 북간도의 국민회(國民會)와 북로 군정서(北路軍政署) 및 서간도의 서로 군정서(西路軍政署) 등을 그 직할 아래에 두게 되고, 안동현(安東縣)에 광복군 총영(光復軍總營)을 설치하여 1920년 말까지에는 어느 정도의 목적을 이루었다.

또한 1919년 7월 13일 상해에서 대한 민국 적십자회를 조직하였다. 그해 8월에 발기인 안 창호 등 7, 8명의 이름으로 대한 민국 적십자회 선언서 및 결의문을 발표하고 일본 적십자회에 대립·항거하기로 했다. 적십자회는 회장에 의학 박사 이 희경(李喜儆)을 추대하고 스위스에서 개최되는 만국 적십자 회의에 파견할 대표로 스위스에 유학 중인 이 관용(李灌鎔)을 선임하고 위촉했다.

1920년 2월 1일에는 적십자회 간호원 양성소를 설립하였으며, 적십자회 구호 병원 설립 운동이 추진되었다. 적십자회는 중국 각지에 많이 선전되어 있었으며, 광동군(廣東軍)이 광서군(廣西軍)과 전쟁할 때 우리 적십자대가 활동하여 전상자를 구호하기까지 했다. 창립 당시에는 내외에 산재한 적십자 회원이 720명에 불과했던 것이 얼마 안되어 3,429명으로 불어났다.

4. 선전 활동

임시 정부의 중요 사업의 하나는 선전 활동이다. 그것은 일반 대중에게 운동이 장기화될수록 침체되기 쉬운 독립 사상을 각성시키는 한편, 운동의 방향을 제시하고 그를 지도해야 하였기 때문이다. 또한 열국에게는 독립 운동 상황을 낱낱이 알리어 국제 여론에 호소할 필요가 있었다. 그리하여 1919년 5월 12일 제 4회 의정원 회의에서 국무위원 조 완구(趙琬九)는 국무원에서 의결된 시정 방침을 발표했던 것인데, 그 첫째 사업이 3월 1일부터 진행된 독립 운동의 역사를 편찬하는 일이었다. 이 방침에 의해서 한국 독립 운동사를 수록한 『한일관계사료집』 4권을 편찬, 국제 연맹에 제출하여 외교 자료로도 삼게 했다.

임시 사료 편찬회의 직제 및 구성원은 총재 안 창호, 주임 이 광수, 간사 김 홍서(金弘敍), 위원 김 병조(金秉祚)·이 원익(李元益)·장 붕(張鵬)·김 한(金翰)·김 두봉(金枓奉)·박 현환(朴賢煥)·김 여제(金輿濟)·이 영근(李永根), 조역 김 붕준(金朋濬)·김 석황(金錫璜)·김 성봉(金成奉) 등이었다.

한편 임시 정부는 공보(公報)를 발행하여 공지 사항을 알렸다. 뿐만 아니라 임시 정부의 기관지로서 『독립신문』을 발행하였다. 이 『독립신문』의 발간 경위는 3·1 운동 발발 직후부터 상해의 고려 교민 친목회(高麗僑民親睦會)에서 『우리의 소식』이라는 등사문을 돌려 선전 활동을 해 오다가 1919년 8월 21일에 안 창호의 발의로 임시 정부 기관지로 『독립(獨立)』을 간행했다. 이 광수는 사장 겸 편집부장, 조 동우(趙東祐)·차 이석(車利錫) 등은 기자, 이 영렬(李英烈)은 경리 책임자가 되고 곧 제호도 『독립신문』으로 고쳐 발간했던 것이다.

그러나 1921년 3월 이 광수 등의 변절·귀국과 일제의 간섭으로 불 공무국(佛工務局)으로부터 정간 처분(停刊處分)을 당했다가 다시 속간되는 등 『독립신문』 발간은 고난을 겪었다. 그러나 얼마 후 김 승학(金承學)의 출자로써 사장 김 승학, 주필 박 은식(朴殷植), 편집국장 차 이석(車利錫), 기자 김 문세(金文世)·박 운갑(朴雲甲), 발송부장 백 기준(白基俊), 인쇄부장 고 준택(高俊澤) 등으로 진용을 경신하고 신문을 계속 발간했다.

1922년 5월에는 김 승학·백 광운(白狂雲)·장 기초(張基礎) 등의 출자로 한문판을 중간하고 중국인 기자 장 흑지(張黑池)로 하여금 중국 각 성의 관아·학교·공공 단체에 무료로 배부케 하여 독립 운동 선전에 힘썼다. 1928년에 사장 김 승학이 육군 주만 참의부(陸軍駐滿參議府)의 참의장으로 전출하자 최 천호(崔天浩)가 맡아 경영하다가 오래지 않아 휴간되고 말았다.

『독립신문』은 임시 정부의 활동은 물론 국내외의 독립 운동 상황을 보도하여 독립 사상을 고취했으며, 사설과 논설로써 독립 운동의 방향을 제시하고 국민을 계몽·선도하는 데 노력하여 많은 업적을 남기었다.

『독립신문』이외에도 임시 정부는 선전대를 조직, 각 지방에 파견해서 선전 활동을 전개하게 했다. 1919년 내무부에서 이 종욱(李鍾郁)·이 범교(李範敎) 등 11명을 국내 각 지방과 간도 지방으로 특파했다. 1920년 3월 10일에는 지방 선전부를 조직하고 선전 활동에 주력하게 했는데, 안 창호가 그 총판이었다. 국내 각지에서 선전 활동을 전개하기 위해 김 정원(金定源)·이 경집(李景揖)·문 규삼(文奎三) 등 23명을 각지 선전 대장에 임명했다. 선전원의 국회 활동의 일례를 보면, 1921년 3월 12일 임시 정부의 내무부 임시 선전원으로 임명된 황 영희(黃永熙)는 사천(四川)·운남(雲南)·귀주(貴州)로 출장하여 호남성 담현 교육회(湖南省潭縣敎育會)·현립(縣立) 중학교·국화 유지회(國貨維持會)·학생회 연합회·현립 여자 고등 학교·제1국민학교(第一國民學校)·청년회·상무회(商務會) 등에서 한국 독립을 역설하였다. 이처럼 중국 각 지방을 순회하면서 대한 독립의 정당성과 일제 치하의 한국 참상을 선전하는 등 선전 대원의 활동은 꾸준히 전개되었다.

대한민국임시정부 사료편찬위원회(1919)
앞줄 왼쪽으로부터 ○○○ ○○○ 이광수 ○○○ 김병조, 뒷줄 왼쪽으로부터 이원익 장붕 ○○○ 안창호 김여제 김홍서 차균상

제8장
獨立軍의 抗戰

1. 독립군의 편성

 중국 동삼성(東三省)과 러시아 연해주의 1백여 만 한민족은 국내에서의 운동에 호응해서 맹렬한 만세 운동을 전개했다. 그러나 날이 갈수록 일제의 탄압과 일제에 말려드는 중국 군경의 감시·검색만이 가중되어 갈 뿐이었다. 여기에 국내에서 운동을 전개한 운동자들이 3·1 운동 발발 이후 매일 수백 명씩 동삼성을 비롯한 시베리아 연해주·상해·미주 등지로 몰려들었다.
 그들은 한결같이 평화적 만세 시위 운동이 민족의 희생만 더할 뿐 효과가 없음을 체험했다. 따라서 보다 조직적이고 무력(武力)적인 성격을 띤 운동만이 일제에게 대항할 수 있는 길임을 절감하게 되었다. 이와 같은 배경에서 만주와 연해주의 운동자들은 만세 운동을 벌이는 일방, 다른 곳보다 앞장서서 군사적 성격의 항일 단체를 정비 또는 편성한 것이다. 이제 북간도 및 서간도 지방에서 조직·편성된 항일 단체 및 독립군단 중 중요한 몇 개만을 들면 다음과 같다.

(1) 대한 국민회(大韓國民會)

대한 국민회는 북간도 지방에서 만세 운동을 주도했던 각 지방 대표가 처음 '조선 독립 기성회'를 결성하여 북간도의 독립 운동을 조직화한 데서 비롯되었다. 그 후 상해 임시 정부가 수립되어 헌법이 공포되자 회명(會名)과 국호가 서로 맞지 않는다 하여 대한 국민회(大韓國民會)로 개편을 보았다. 그리하여 북간도 각지에 본부와 지방회·지회를 두고 독립 운동을 일원화했다.

이후 대한 국민회는 혼춘 대한 국민회(琿春大韓國民會)를 통합하여 80여 개소의 지회를 가진 큰 기관으로 발전하였다. 중요 간부 진용을 보면, 회장은 구 춘선(具春先), 서기는 김정(金精)·고 동환(高東煥), 재무는 김 규찬(金奎燦), 경호부장은 박 두화(朴斗和), 편집부장은 이 완(李完) 등이었다. 이와 같은 조직의 정비와 아울러 수백 명의 독립군인 '대한국민군(大韓國民軍)'을 편성하여 1919년말부터 1920년에 걸쳐 일제 군경과 항전(抗戰)을 전개하였다.

대한 국민회는 1920년 가을경에는 홍 범도(洪範圖)의 대한 독립군(大韓獨立軍)과 최 명록(崔明錄 또는 振東)의 군무 도독부군(軍務都督府軍)과 연합하여 군사력을 더욱 강화했다. 그 무렵 대한 국민회 예하 독립군의 중요 간부는 사령관에 최 진동(崔振東), 부관에 안 무(安武), 연대장에 홍 범도(洪範圖)가 임명되었고, 또한 소속 병력은 일제측 통계에 의하여도 5백 명이며 무기도 5백 정에 달했다고 한다.

(2) 북로 군정서(北路軍政署)

북로 군정서는 대종교(大倧敎)의 영도자였던 서 일(徐一) 등이 1911년 북간도 일대에서 의병들을 규합해서 조직한 중광단(重光團)이 발전한 것이다. 본영(本營)을 왕청현(汪淸縣)에 두고 있던 중광단은 3·1 운동이 일어나자 일제와 재항전할 시기로 인정하고 만주 일대의 대종교도(大倧敎徒)·한말 의병 및 공교 회원(孔敎會員)을 규합하여 정의단(正義團)으로 확장하였다. 정의단을 1919년 8월에 또다시 확장·발전시켜 군정회(軍政會)라 개칭했다.

그 후 5분단 70여 지단의 조직을 갖는 등 유력한 항일 독립 군단으로 발전한 군정회는 1919년 12월 상해 임시 정부의 명령에 복종키로 하고 군정서(軍政署)로 개칭하여 임시 정부 산하의 중요한 전투 군단화했다. 이처럼 발전을 거듭하는 사이에 군정서는 김 좌진(金佐鎭)과 같은 군사령관을 맞았고, 수천 명의 훈련된 독립군을 편성하여 군사력을 일로 향상시켰다. 군정서의 중요 간부는 1920년 초 일경에 입수된 자료에 의하여 보면, 군정사 군무서 독판 서 일(軍政司 軍務署 督辦 徐一), 모연국장 계화(募捐局長 桂和), 재무 겸 검사국장 김 덕현(財務及檢査局長 金德賢), 군사 교육국장 김 일(軍事敎育局長 金一), 외교부장 김 병덕(外交部長 金秉德), 의군단장 허 근(義軍團長 許根), 의용단장 허 재명(義勇團長 許在明), 군정감시 정 신회(軍政監視 鄭信會), 의원(議員) 고 평(高平)·김 덕현(金德賢)·손 범철(孫範哲)·김 희(金熙)·김 근우(金根禹)·신 원균(申元均) 등이 있었다.

또한 군정서의 무력은 일제측 기록에 의해도 1920년 8월 현재 군인 약 1천 6백 명, 군총 1천 3백 정, 권총 1백 5십 정, 기관총 7정을 보유하고 있었다. 뿐만 아니라 본영 부근에 무관 학교인 사관연성소(士官鍊成所)를 설립하고 군대를 훈련·양성해서 1919년 9월 9일에는 198명의 사관생이 필업식(畢業式)을 했다.

(3) 대한 독립군(大韓獨立軍)

대한 독립군은 한말 의병장으로 활약했던 홍 범도(洪範圖)가 거느리는 독립군으로서 3·1 운동 발발 직후부터 크게 활동했던 부대다. 1920년 8월 현재 본영은 연길현(延吉縣) 명월구(明月溝)에 두었는데, 당시 일경에 확인된 것만도 군인 4백 명, 군총 2백 정, 권총 30정의 군비를 갖추고 있었다. 뿐만 아니라 국민회의 대한국민군(大韓國民軍)과 공동으로 무관 학교를 설립하여 간부와 군졸 훈련에 힘썼다.

그러나 대한 독립군은 항상 1개 독립 항일 군부대로 유지하기 보다는 여타 독립군 단체와의 연합을 추구하고 있었다. 따라서 1920년 10월 이전에 대한 의민회(大韓義民會)·대한 신민단(大韓新民團)·대한 광복단(大韓光復團)·대한 국민회(大韓國民會) 등 소속군의 연합 때에 참여하여 한때 북로 사령부를 조직하고 홍 범도가 제1연대장이 된 것이 그 대표적 예다.

(4) 군무 도독부(軍務都督府)

군무 도독부는 본영을 왕청현 춘화향 봉의동(汪淸縣 春華鄉鳳儀洞)에 두고 최 진동(崔振東)이 거느리는 독립군 부대다. 간부 중에는 특히 공교도(孔敎徒)가 많았으며, 강력한 국내 진입전을 주장·실천했다.

1920년 8월 현재 군무 도독부의 병력을 일경이 조사한 바에 의하면, 군인 약 6백 명, 군총 약 4백 정, 권총 약 50정, 수류탄 120개와 기관총 2정 등이었다고 한다. 그리고 최 진동 외 중요 간부 진용은 참모장 박 영(朴英), 대대장 이 춘승(李春承), 중대장 이 동춘(李同春), 소대장 최 문인(崔文仁) 등이었다.

이 최 진동 부대도 1919년 말경에 홍 범도 부대와 함께 대한 국민회군에 통합되어 쌍벽을 이룬 것 같다.

(5) 서로 군정서(西路軍政署)

서로 군정서는 1919년 11월 서간도(西間島)에 한족회(韓族會)가 조직·편성했던 군정부를 개편한 독립군 군영이다. 일찍이 서로 군정서의 전신인 군정부는 3·1 운동 발발 후 장정을 모아 신흥 학교(新興學校)에서 군사 훈련을 실시하여 독립군을 양성하고 있었다. 그러나 1919년 4월 상해 임시 정부가 수립되어 활동을 개시하게 되자, 한족회에서는 윤 기섭(尹琦燮)을 상해에 대표로 파견하여 임시 정부는 상해에 두되 만주에는 군정부를 수립할 것을 협의하게 했다. 이 타협안의 원칙이 임시 정부 국무 회의에서 통과되었고, 따라서 군정부를 군정서(軍政署)라 개칭하고 임시 정부 산하에 들어갔다.

군정부의 성격을 띤 군정서의 최고 책임자 독판(督辦)에는 이 상룡(李相龍), 부독판(副督辦)에 여 준(呂準), 정무청장(政務廳長)에 이 탁(李沰) 등이 선임되었다. 내무사장(內務司長)에 곽 문(郭文), 법무사장(法務司長)에 김 응섭(金應燮), 재무사장(財務司長)에 남 정섭(南庭燮), 학무사장(學務司長)에 김 형식(金衡植), 군무사장(軍務司長)에 양 규열(梁圭烈) 등이 피임되었고, 참모부장에 김 동삼(金東三), 사령관에 지 청천(池靑天)이 취임하여 독립군을 지휘했다.

군정서(軍政署)는 1920년 5월 3일 신흥 학교(新興學校)를 무관 학교로 개편하여 독립군 양성에 힘썼는데, 그해 8월까지만도 무관 학교에서 군사 교육을 받은 독립군 수가 2천 명이 넘었다고 한다. 이 군정서는 1920년 9월 '혼춘 사건(琿春事件)' 후 일제 관동군 제 19·20연대가 주력이 된 일 군경 및 중국 군경의 합동 작전을 피해 근거지를 옮겨 안도현(安圖縣)을 거쳐 연변(延邊) 지방에서, 청산리(靑山里) 전역을 치르고 북진한 김 좌진 (金佐鎭) 부대와 일시 합동했다.

(6) 대한 독립단(大韓獨立團)

대한 독립단은 1919년 4월 15일에 유하현 삼원보 서구 대화사(柳河縣 三源堡西溝大花斜)에서 결성되었다. 조 맹선(趙孟善)·박 장호(朴長浩)·백 삼규(白三奎)·최 영호(崔永鎬) 등 구한말의 의병장들이 주동이 되었다.

결성 후 독립단은 중앙 본부와 통화(通化)·흥경(興京)·임강(臨江)·집안 (輯安)·환인(桓仁)·관전(寬甸) 등지에서 지방 조직을 마치고 독립군 편성 과 훈련에 힘썼다. 독립군 편성에 서간도의 한인 사회에서뿐만 아니라 국 내에서도 매월 수백 명의 자원자가 있어 1919년 8월 중순경에는 그 수가 1천 5백 명에 달했다고 한다. 따라서 독립단에서는 그 중 7백 명을 하얼빈 (哈爾賓)에 주둔한 백계군(白系軍) 부대에 보내 군사 훈련을 받게 할 정도 였다.

독립단의 중요 간부 진용을 1919년 12월경 일경 기록에 의하면, 독립군 본부단총 김 창묵(獨立軍 本部團總 金昌默), 동 본부 대장 방 사익(本部隊 長 方士益), 동 제 1 중대 대장 남 상복(第一中隊隊長 南尙福), 동 중대장

권 상필(中隊長 權相匹), 동 제 2 중대 대장 한 기용(第二中隊隊長 韓基用), 동 중대장 허 용도(中隊長 許用道), 동 제 3 중대 대장 백 송암(第三中隊隊長 白松菴), 동 제 4 중대 대장 신영태(第四中隊隊長 辛永泰) 등이었다.

그러나 이 독립단은 결성 후 구한말 의병 계열과 신진 청년들과의 이념·사상상의 차이로 암투를 계속하다가 1920년 초 마침내 기원 독립단(紀元獨立團)과 민국 독립단(民國獨立團)으로 분열되었다. 그러나 양파는 1920년 2월에 한족회(韓族會) 청년단 연합회 등과 함께 광복군 사령부를 조직, 임시 정부 산하에 들어갔다.

(7) 광복군 총영(光復軍總營)

광복군 총영은 1920년 7월경에 관전현 안자구(寬甸縣安子溝)에서 조직된 듯한데, 상해 임시 정부에서 파견된 이 탁(李鐸)이 대한 청년단 간부 등과 주동이 되어 보다 효율적으로 독립전을 수행할 수 있는 전투 군단을 만들 목적에서 발족했다. 본영의 군인은 주로 청년단의 결사대 외에도 대한 독립 군비단의 별동대인 군비단(軍備團)과 대한 독립단 및 서로 군정서원(西路軍政署員)이 많았다.

총영의 조직은 총사령부인 총영 외에 국내의 각도·군에 도영(道營)·군영(郡營)·별영(別營)을 두도록 하고, 본영은 장차 서울에 설치하기로 했다. 총영의 사령(司令)에 조 맹선(趙孟善), 참모총장에 이 탁(李鐸), 경리부장에 조 병준(趙秉準), 영장(營長)에 오 동진(吳東振)이 취임하고, 영원(營員)은 모두 군인 신분으로 복무하게 했다.

광복군 총영은 처음부터 상해 임시 정부의 명령에 의해 조직되었으며,

군인 수가 6개 영에 3,782명이었던 때도 있었다. 정부 산하로서의 정식 기구 명칭은 '대한 광복군 사령부(大韓光復軍司令部)'라 하고, 광복 총영은 그것의 지방 제 2영에 해당된다.

위에 든 몇 개의 항일 군단 이외에도 1919년 11월 1일 장백현 17도구 왕가동(長白縣十七道溝王歌洞)에서 이 태걸(李泰杰)·김 동준(金東俊) 등이 중심이 되어 조직한 대한 독립 군비단이 있었다. 또 3·1 운동이 발발하자 국내외의 우국 청년들이 보다 조직적인 운동을 전개하는 한편, 운동의 전위대로서 활약키 위해 안 병찬(安秉瓚)·김 승만(金承晩)·김 시점(金時漸) 등이 주동이 되어 안동현 홍통구(安東縣弘通溝)에 본거를 둔 '대한 청년단 연합회'가 결성되기도 했다.

2. 독립군의 항전

독립군이 일제와 전투를 전개하여 독립을 달성하기에는 어려운 조건이 많았다. 그것은 첫째, 독립군이 각지에 분산 조직되어 하나의 통합체가 되어 있지 못한 점, 둘째, 각지 독립군은 거의 충족한 무기와 기타 무비(武備)를 갖추고 있지 못한 점, 셋째, 독립군의 활동 무대가 중국 주권하의 영토이므로 중국 관헌의 간섭이 적지 않았다는 점을 들 수 있다.

이처럼 곤란한 여건에서도 각 독립군 부대는 1919년말부터 일제 군경과 피어린 항전을 서슴지 않았고, 때로는 조국 강토로 진입 작전을 되풀이했다. 이 중 중요한 것을 예시하면 다음과 같다.

(1) 국내 진입 작전(國內進入作戰)

1919년 8월 홍 범도(洪範圖)가 거느린 대한 독립군은 두만강을 건너 국내로 진입 작전을 폈다. 임시정부의 기관지인 『독립신문』의 보도에 의하면 홍 범도 부대는 국경 부근을 삼엄하게 경계하는 일군경의 저지선을 뚫고 앞장서서 국내에 진입, 혜산진(惠山鎭)을 점령하고, 갑산(甲山)을 치려고 했다. 같은 해 10월에는 강계 만포진(江界 滿浦鎭)에 진입하여 그 곳을 점령하고 자성(慈城)에서 일군과 격전을 벌여 일군 70명을 사살하는 전과를 올렸다 한다.

1920년에 접어들어서는 국내 진입 작전이 더욱 활발하게 전개되었다. 홍 범도의 대한 독립군뿐 아니라, 최 진동(崔振東)·안 무(安武)·양 하청(梁河淸)·이 원(李園) 등이 지휘하는 각 독립군과 대한 독립군 도독부군을 통합한 대한 국민군·북로 군정서 등은 기회 있을 때마다 국내 진입 작전을 감행하여 많은 성과를 올렸다.

그 후 독립 선언 1주년 기념일인 1920년 3월 1일부터 6일까지 사이에 임시 정부에서 확인한 전투만 해도 전후 32회에 달했고, 일제 군경 파출소와 총독부 하급 관서를 파괴한 것이 34건이었다.

(2) 삼둔자 전투(三屯子戰鬪)

봉오동(鳳梧洞) 전투의 서전이 되었던 두만강변인 화룡현(和龍縣) 삼둔자(三屯子) 전투는 독립군이 그동안 통상적으로 수행하던 소규모의 국내 진입작전이 도화선이 되었다. 1920년 6월 4일 새벽 30명 내외로 구성된 독립군의 한 소부대는 흔히 전개하던 국내진입작전으로 두만강을 건너 종성(鍾城) 북방 강양동(江陽洞)으로 진격, 그곳의 일본헌병분견소를 격파하고 날이 저물어 두만강을 다시 건너 봉오동 본진으로 귀환하여 작전을 종료했다.

그러나 일군은 이 전투의 패배를 복수하겠다고 남양수비대(南陽守備隊) 병력 1개 대대를 월강시켜 독립군을 쫓았으나 그들을 추격하지 못하고 삼둔자에 이르러 무고한 양민만 살육하였는데, 독립군은 삼둔자 서남방 요지에 잠복하였다가 이들을 공격, 섬멸시켜 버렸다. 이것이 바로 삼둔자 전투로서 일군이 처음으로 월강 중국 영토로 불법 출병해 전투를 벌이다가 참패를 당한 것이다.

(3) 봉오동 승첩(鳳梧洞勝捷)

봉오동 전투는 국경선을 수비하는 일군이 봉오동 독립군 군영을 독립군의 진원지로 여겨 이를 격멸하려다가 일군이 대패한 전투다. 1920년 6월 7일군 1개 대대 병력은 봉오동을 포위·공격하고 보병을 선두로 고려령(高麗領) 방면으로 전진해 왔다. 이에 대하여 독립군측은 봉오동의 주민들을 피난시키고 홍 범도·최 진동이 선두 지휘하여 엄밀한 작전 계획을 세워 그들을 고스란히 봉오동에 가두고, 사면 고지에서 사격을 가해 일군 사살 157명, 중상 2백여 명, 경상 1백여 명을 내는 큰 전과를 올렸다.

이 전투에 참가한 중요 임원은 사령관 최 진동(崔振東), 부관 안 무(安武), 제 1연대장 홍 범도(洪範圖), 연대장 장교 이 원(李園), 제 1중대장 이 천오(李千五), 제 2중대장 강 상모(姜尙模), 제 3중대장 강 시범(姜時範), 제 4중대장 조 권식(趙權植) 등이었다.

(4) 청산리 대첩(靑山里大捷)

청산리 전투는 독립군 사상 최대 승첩이다. 일본군이 독립군 '토벌'을 획책하여 불법으로 두만강을 건너 독립군과 대전하던 전투 중 가장 큰 격전이요, 또한 우리 독립군이 그들에게 대승한 기록이다.

북간도 지방의 독립군은 일군의 만주 출병 전에 이미 종래의 근거지를 떠나 장백산(長白山) 등 새로운 곳을 찾아 이동 중이었다. 중국의 대일 관계상 난처한 입장을 고려해서 독립군 부대와 항일 단체는 국도변에서 멀리 떨어진 곳으로 옮겨 달라는 길림성(吉林省) 당국의 요구를 받아들이지 않을 수 없었기 때문이었다. 따라서 청산리 전투(靑山里戰鬪)의 주부대인 북로 군정서(北路軍政署)에서도 국내 진입 작전에 편리한 장백산 산록을 향해 이동하기로 했다. 8월 23일에 사관 학교 학생 3백여 명을 필업(畢業)시켜 그들 중 159명으로 여행단을 조직하여 지방을 시찰하게 하고, 나머지 150명과 사령부 경비대 및 신모병(新募兵) 1백여 명으로 보병 1개 대대를 편성하여 우선 대감자(大坎子)로 향발했다.

9월 8일에 화룡현(和龍縣)의 삼도구(三道溝) 청산리에 도착한 북로 군정서는 비전투원을 포함해서 소총·권총·기관총·수류탄 등으로 무장한 2천 8백여 명에 달하는 병력을 갖추고 있었다. 독립군은 청산리 격전지를 4백리 원방에서부터 4개대로 나누어 포위·공격해 오는 일군과 1920년 10월 21일부터 26일에 이르는 동안 청산리 백운평(白雲坪) 전투를 비롯해 26일의 고동하(古洞河) 전투에 이르기까지 대소 10여차의 전투를 벌였다. 당시 상해 임시 정부 군무부(軍務部)의 발표에 의하면, 일군 사살이 1천 2백 명에 달하는 일대 전과를 거두었다고 한다. 이에 대해 독립군측은 전사 60명, 전상 90명을 내었다고 한다. 당시 독립군의 중요 간부 진용은 총사령관 김 좌진(金佐鎭), 참모장 나 중소(羅仲昭), 부관 박 영희(朴永熙), 연성대장(硏成隊長) 이 범석(李範奭), 종군대장(從軍隊長) 이 경화(李敬華)·백 종렬(白鍾烈)·한 달원(韓達源)·김 훈(金勳), 보병 대대장(步兵大隊長) 김 규식(金奎植)이었다.

청산리대첩 기념비. 현재 화룡시 용성면 청산촌 앞 구릉진 산 봉우리에 높이 17.6m 화강암 석비에 '청산리 항일대첩 기념비(靑山里抗日大捷紀念碑)'라고 국한문으로 병서하고 그 아래 소총과 기관총을 쏘며 일제 침략군을 격퇴하는 한국 독립군의 용감한 모습을 담은 가로 4.8m, 세로 2.5m의 흰색 화강암 부조물이 대첩당시의 혈전(血戰)을 상징하고 있다.

제9장
民族主義의 成長

1. '문화정치'의 시행

 일제 당국은 군대를 동원하여 무력적 탄압으로 수만명의 사상자와 투옥자를 내면서 국내에서의 만세 시위 운동을 표면상 진압할 수 있었다. 그러나 그들도 무단 통치와 무력 탄압이 국내외를 통한 거족 운동에 대한 완전한 수습 방법이 아니라는 것을 곧 깨닫게 되었다. 이에 일제는 한국 통치 방법을 전환하게 되었던 것이다. 종래의 무단 통치를 완화하여 어느 정도 자유로운 분위기를 조성하는 듯 가장함으로써 한국민을 회유하려는 시책이 그것이었다. 이것이 일제가 말한 소위 '문화정치(文化政治)'라는 것으로서, 그들이 구체적으로 제시한 것은 다음과 같은 것이었다.

(1) 문관 총독의 임용문제

 일제는 1919년 8월 19일 일제 칙령 제 386호로써 '조선 총독은 육해군 대장 중에서 임용한다'를 '총독은 친임(親任)으로 한다'로 조선 총독부 관제를 개정하여 표면상 문관(文官)도 총독으로 임명할 수 있다는 것을 발표함으로써 종래의 무단적 분위기를 완화하는 듯한 태도를 보였다. 그러나 이 발표 이후 실제로 임용된 총독은 해군 대장 사이토오(齋藤實)이고, 사이토오 이후에도 야마나시(山梨半造)·우가키(宇垣一成)·미나미(南次郎) 등 모두가 군부에서도 강경파에 속하는 육해군 대장들이었다. 따라서 일제가 표방한 문화 정치 내용 중 문관 총독을 임용한다는 조치는 유명무실한 선전적인 것이었음을 알 수 있다.

(2) 헌병 경찰 제도의 폐지 문제

일제는 헌병 경찰 제도를 폐지하고 경찰을 일반 행정 기구에 예속시켜 표면상 보통 경찰 제도를 채택하게 되었다. 그러나 일제는 현역 군인인 헌병을 그대로 경찰에 전임케 함으로써 결과적으로는 헌병 경찰이 군복을 경찰복으로 갈아 입었을 뿐 실질적으로는 헌병 경찰 제도가 존속한 것과 다름없었다. 더구나 조선 총독은 당분간 재조선 헌병 분대 및 헌병 분견소 소속 헌병으로 하여금 경찰 관서에 속하는 직무를 집행하게 함으로써 헌병이 그대로 경찰 업무를 담당하게 하였다. 뿐만 아니라, 일제는 이상과 같은 실질적인 면에서의 헌병 경찰 제도를 강화하기 위해 헌병보 규정(憲兵補規定)을 고쳐 한국인 헌병보를 다수 양성하여 헌병대와 경찰서에 배치했다. 따라서 헌병 경찰 제도를 폐지한다는 것도 역시 하나의 기만책(欺瞞策)에 불과했다.

(3) 한국인 관리 등용 문제

일제는 1919년 8월 19일 관제 개정을 발표할 때 내린 천황의 '조서(詔書)'에서 조선인을 일본인과 추호도 차별하지 않는다고 했고, 이에 총독 사이토오는 한국인의 관리 임용과 대우를 개선하겠다고 선전했다. 그리하여 1919년 총독부 관리 정원을 430명에서 640명으로, 1921년에는 그것을 다시 707명으로 증원하는 등 중앙과 지방 관리의 정원을 대폭 확장했다. 그러나 1931년 현재 총독부 내 한국인 간부 직원은 사무관 1명, 속관(屬官) 13명에 불과했고, 각 도청에 재직하는 한국인 관리가 고등관 2, 3명, 속관 5, 6명에 불과했던 것이다. 이와 같은 사실은 일제의 조선인 관리 등용이라는 것마저 하나의 서전 구호였음을 입증하는 것이다.

(4) 한국인의 교육 개선 문제

일제는 한일합방 전후부터 식민지 교육 정책의 일환으로 한국인 교육 기관의 신설을 억제했음은 물론, 기존의 교육 기관까지도 각종 압력을 통하여 대폭 축소시켰다. 그리하여 1919년 사이토오가 부임할 때에는 전국의 소학교 수가 498개교에 불과했다.

사이토오는 '6면(面) 1교제(校制)'인 소학교를 '3면 1교제'로 개선하여 1927년에는 전국에 공립 보통 학교가 1,309개교에 이르렀고, 그의 재임 12년간에 한국인 취학을 위한 남녀 고등 학교 19개교를 증설했다고 하였다. 또한 1929년에는 1면 1교제를 채택하기까지에 이르렀다.

그러나 일제의 한국인에 대한 교육은 양적으로 보아서는 이 같은 증가가 있었다고 할 수 있으나, 질적으로는 약화되었던 것이다. 일제는 한국인의 민족 정신을 뽑아내고 일본혼을 주입시키고자 모든 방법을 다했다. 한국어·한국 역사·한국 지리의 교수 시간을 감축 내지 삭제하는 반면, 일본어·일본 역사·일본 지리의 교수 시간을 대폭 증가시켰다. 또한 일제는 한국 역사와 문화를 왜곡해서 나쁜 것으로 가르치고, 일본의 그것을 미화·과장하여 한국인으로 하여금 조국의 모든 것을 경멸하고 일본을 숭배하게 하려 했다. 이 같은 일제의 문화 정치하의 교육 정책이 왜곡되었음을 드러낸 단적인 사실은 한국인이 적극 추진한 민립 대학 설치 운동(民立大學設置運動)의 저지였다.

이 밖에도 일제는 지방 자치제를 시행하여 한국인의 참정권을 인정하는 듯 위장했다. 또한 1920년에는 ≪조선일보(朝鮮日報)≫와 ≪동아일보(東亞日報)≫의 창간을 허락하는 등 언론·문화 활동의 제한을 완화하는 것처럼 했으며, 혹은 한국인의 경제 활동을 완화하는 듯 가장했다. 그러나 이 모든 것이 일제의 한국인 동화 정책의 필요에서 취해졌던 것이다.

2. 항일 단체의 활동

1919년 3월 1일 거족적인 만세 시위 이후 국내외의 각 항일 단체들은 끊임없이 항일 구국 운동을 전개하고 있었던 것인데, 대표적인 항일 단체의 활동은 다음과 같다.

(1) 유림단(儒林團)의 파리 장서(巴里長書)

첫째는 유림(儒林) 대표의 파리 강화 회의에 대한 독립 청원 활동이다.

33인이 중심이 된 3·1 거사를 계획할 때 이 계획에의 공동 참여를 유림측에게도 원했다. 그러나 연락 관계 등으로 유림측은 거사 계획에는 물론 민족대표에도 참여하지 못했다. 유림 중 고종 인산(高宗因山)에 참례코자 서울에 모였다가 3·1 운동의 발발을 목격한 김 창숙(金昌淑)·이 중업(李中業)·곽 대연(郭大淵)·김 정호(金丁鎬) 등은 유림측만이 운동에 빠질 수 없다고 생각했다. 그 결과 영남 유림(嶺南儒林)과 기호 유림(畿湖儒林) 139여 명이 서명한 독립 청원서를 김 창숙이 상해에 가지고 가서 같은 해 3월 말 파리 강화 회의에 우송하게 되었다.

일제는 서명자 곽 종석(郭鍾錫) 장 석영(張錫英) 등을 체포하여, 그해 5월 20일 대구 지방 법원에서 곽 종석·장 석영(張錫英)·김창숙 등에게는 2년, 기타는 각각 1년 6개월, 1년, 6월의 징역을 선고했는데, 곽 종석·하 용제(河龍濟)·김 복한(金福漢) 등은 옥중에서 순국하고 다른 이들도 심한 악형을 받았다.

(2) 대동단(大同團)의 활동

둘째는 대동단과 의친왕 이강(義親王 李堈)의 임시 정부 참여 운동이다. 전 협(全協)과 최 익환(崔益煥) 등은 3·1 운동 중인 1919년 3월 말경 조직적이고 통일적인 운동을 목적으로 '조선 민족 대동단(朝鮮民族大同團)'이란 구국 결사(救國結社)를 조직하고 단원 모집에 힘썼다. 뒤에 김 가진(金嘉鎭)을 총재로 추대하고 국내는 물론, 만주 등지에도 지부를 설치하였다.

이러한 대동단의 활동 중 특이한 것은 의친왕 이 강의 임시정부 참여 운동이다. 전 협(全協)·정 남용(鄭南用)·김 가진 등은 의친왕을 상해로 탈출시켜 독립 운동에 가담케 하고 의친왕과 김 가진의 이름으로 제 2차 독립 선언서를 발표, 내외의 인심을 격려하여 독립 운동을 촉진시키기로 하였다. 이를 위하여 대동단 본부를 상해로 옮기기 위해 먼저 김 가진을 상해로 탈출시킨 다음 의친왕을 탈출시키기로 했다. 김 가진을 농민으로 가장, 상해로 탈출시킨 후 1919년 11월 9일 밤 정 남용·이 을규(李乙奎) 등의 인도로 상복(喪服)으로 가장한 의친왕은 압록강 철교를 통과했으나, 평안북도 경부(警部) 요네야마(米山)에 의해 안동(安東)에서 발각되었다. 의친왕은 즉시 서울로 호송되었고 전 협·이 을규·정 남용 등 관계자는 체포되어 1920년 12월 7일 경성 지방 법원에서 전 협은 8년, 최 익환은 6년, 정 남용은 5년, 이 재호(李在浩) 4년, 기타 20여 인은 4년에서 6월까지 각각 징역 선고를 받았다.

(3) 청년 외교단의 활동

셋째는 대한 민국 청년 외교단(青年外交團)의 활동이다. 1919년 6월 상순 이 병철(李秉徹)·송세호(宋世鎬)·연 병호(延秉昊)·조 용주(趙鏞周) 등은 대한 민국 청년 외교단을 조직, 이 병철을 총재로 추대했다. 동단의 부서는 안 재홍(安在鴻)이 총무, 간사장에 김 홍식(金鴻植), 외교부장에 김 연우(金演祐), 재무부장에 김 봉규(金鳳圭), 편집원에 이 의경(李儀景), 외교 특파원에 조 용은(趙鏞殷 또는 素昂), 외교원에 조용주(趙鏞周)·연 병호(延秉昊), 회령 지부장(會寧支部長)에 나 대화(羅大化) 등이 선임되었다.

청년 외교단은 그해 8월 상순에 안 재홍·이 병철의 명의로 일본 정부에 특파원을 보내 독립을 주장했다. 또한 세계 각국의 원조를 구하기 위한 외교 활동을 전개할 것을 건의하는 내용의 건의서를 임시 정부에 전달하였다. 동 건의서는 곧 상해 임시 정부측에 가납(嘉納)되어 동년 9월 조 용은은 임시 정부의 명령에 따라 외교 특파원으로서 국제적 독립 지원을 얻고자 파리로 파견되었다.

국내 활동으로선 동년 8월 29일 합방 국치일(合邦國恥日)을 기해 독립 시위 운동을 다시 일으키기로 계획하고 국치 기념 경고문을 종로 일대에 살포했으며, 이 의경(李儀景) 등은 일반에게 독립 사상을 고취하기 위해 동년 9월 2일『외교시보(外交時報)』를 인쇄·반포했다. 이 외에도 독립 운동 자금을 모집해 임시 정부에 보냈으며, 임시 정부의 지시에 따라 국내 상황을 조사·통보하기도 했다.

그러나 이 병철(李秉徹)·안 세호(安世浩)·연 병호(延秉昊) 등은 보다 대대적인 운동을 추진하고자 각지의 단체를 규합, 배달 청년당(倍達靑年黨)으로 확대하려다가 일경에 발각·체포되어 1921년 5월 13일의 결심 공판에서 이 병철·안 재홍은 3년, 기타는 각각 2년 6월에서 2년까지의 징역을 선고받았다.

(4) 애국 부인회의 활동

넷째는 대한 민국 애국 부인회(大韓民國愛國婦人會)의 활동을 들 수 있다. 이 회는 1919년 6월에 최 숙자(崔淑子)·백 성현(白性玄)·김 원경(金元慶)·경 하순(慶河順) 등이 3·1 운동 직후 조직·활동하던 혈성단 애국 부인회(血誠團愛國婦人會)와 대조선 독립 애국 부인회(大朝鮮獨立愛國婦人會)를 통합·확대한 단체다. 이 회의 중요 간부 진용은 총재겸 재무부장에 오 현관(吳玄觀), 부총재에 김 희열(金熙烈), 회장겸 재무 주임에 오 현주(吳玄洲), 부회장에 최 숙자, 외교원에 장 선희(張善禧), 서기에 김 희옥(金熙玉) 등이 임명되었고, 이 병철(李秉徹)을 고문으로 추대했다. 평양·

개성·대구 등 국내 17개 지역에 지부를 설치하고 지부장을 임명했다. 그 후 간부진이 개선되어 김 마리아(金瑪利亞)가 회장에, 이 혜경(李惠卿)이 부회장에, 총무겸 편집원에 황 애스터(黃愛施德)가 선임되었다.

애국부인회에서는 1919년 11월에 이르기까지 독립 사상 고취에 헌신하는 한편, 독립 운동 자금의 모집에 힘써서 회비 중에서 임시 정부에 제공한 자금만도 6천 원에 달했으며, 동년 10월 호놀룰루 조선인 애국단 부인회로부터 송금된 2천 원을 임시 정부의 이 승만에게 보내는 등, 운동 자금 모집을 위해서도 적극적인 활동을 전개했다. 동년 11월, 대한 민국 청년 외교단(大韓民國靑年外交團)과 함께 일경에 발각되었는데, 이 사건에 관련된 자만도 80명이나 되었다.

이 밖에도 각지에 여러 독립 운동 단체가 계속 결성되어 항일 구국 활동은 그치지 않았다. 철원을 중심으로 한 대한 독립 애국단(大韓獨立愛國團)의 활동 등, 항일 독립 운동 단체의 일련의 독립 운동이 이에 속한다.

3. 민족 실력 향상 운동

3·1 운동 발발 이후 활발하게 전개된 민족 실력 향상 운동의 경향은 교육 향상 운동(敎育向上運動), 산업 진흥 운동(產業振興運動) 및 언론 문화 운동(言論文化運動) 등 세 가지로 대별할 수 있다.

(1) 교육 향상 운동

무단정치하에서 좌절되었던 교육운동은 3·1 운동 후 급속히 고조되어 민족주의 성장에 큰 기여를 했다. 한일합방 후 일본의 식민지교육은 민족 의식을 소멸시킨다고 공립 학교에 진학하기를 꺼리는 경향이 컸고, 대신 서당이 성황을 이루는 경향마저 띠었다. 그러나 3·1 운동에서 보여 준 공립 학교 학생들의 적극적인 활동은 민족에게 큰 감명을 주었다. 따라서 신교육(新敎育)을 불신하던 풍조에 변화를 가져와 3·1 운동 이후에는 공립 학교의 지원자가 격증하게 되었다. 그러나 당시 관공립 학교는 급증하는 지망자의 일부만을 입학시킬 수 있었을 뿐이다. 그리하여 각지에서는 사립 학교·강습소·야학 등의 설치 운동이 일어나 각종 교육 기관이 격증했다. 교육 운동은 철저한 한국인 본위 교육을 부르짖었던 것으로, 교육의 기회 균등을 위한 학교 증설, 한국인 교육의 차별 대우 폐지, 교육 용어의 일본어 사용 중지, 한국 역사의 교수 요구 등이 투쟁 목표였다.

교육 운동에 있어 가장 특기할 사실은, 민립 대학(民立大學) 설립 운동이었다. 이 운동은 1922년 11월에 한 규설(韓圭卨)·이 상재(李商在)·윤 치소(尹致昭)·김 성수(金性洙)·조 만식(曺晩植) 등 47명이 '조선 민립 대학 기성회(朝鮮民立大學期成會)'를 발기함으로써 표면화되었다. 1923년 6월 23일 발기인 수백 명이 재단 법인 조선 교육회(朝鮮敎育會) 설립 발기회를 열고 회장에 한 규설(韓圭卨), 임원에 이 상재(李商在)·윤 치소(尹致昭)·이 달원(李達元)·김 계병(金桂炳) 등을 선임하고, 조속한 시일 내에 문리과(文理科)·농과(農科)·상과(商科)·공과(工科)·의과(醫科)를 포함하는 종합 대학을 설립할 것을 결의하였으며, 동년 9월 26일에 회원 천여 명이 모여서 조선 교육회 창립 총회를 열고 민립 대학 설립을 재확인하였다.

이처럼 조선 교육회가 설립되고 전국 각지에서 각계 각층, 심지어 친일 군수, 도의원까지 참가하게 되자 사이토오를 위시한 일제 당국자들은 크게 당황했다. 민립 대학 설립 운동은 바로 민족 운동의 변형이라는 것을 안

총독부는 일경찰로 하여금 기금 갹출자들을 호출, 기금 갹출 동기와 목적을 신문하는 등, 음성적으로 기금 갹출을 방해하여 끝내는 민립 대학 설립 운동은 실패로 돌아가고 말았다.

(2) 산업 진흥 운동

일제로부터 독립을 쟁취하려면 경제력의 향상이 필요했으며, 그것은 산업 진흥(產業振興)을 통해서만 가능하다고 생각했다. 뿐만 아니라 3·1 운동 이후 더욱 강화된 일제의 식민지 수탈 정책(植民地收奪政策)으로 말미암아 1923년에는 벌써 서울 시내의 토지·가옥 등 부동산의 3분의 2, 공업 생산고의 3분의 2, 회사 등 법인 소득액은 9분의 8이 일본인의 수중에 들어갔다. 이러한 현상의 주된 원인은 주로 농산물은 싸게 팔고 일본 공상품은 비싸게 매입하는 때문이었다. 따라서 한국인은 우선 경제적 파멸을 막기 위해서도 산업 진흥 운동이 필요했던 것인데, 일화 배척(日貨排斥)과 국산 장려(國産獎勵)가 이 운동의 주가 되었다.

이 운동은 1922년 겨울부터 『동아일보(東亞日報)』 등 언론 기관의 적극적인 지원 아래 일어나기 시작, 자작회(自作會)가 설립되어 활동한 뒤를 이어 1923년 1월 토산 애용 부인회(土産愛用婦人會) 등의 단체가 조직되어 자작 자급(自作自給)·국산 장려(國産獎勵)·소비 절약(消費節約)·금주 금연 운동(禁酒禁煙運動) 등을 일으켜 경제 독립과 국산품 사용을 장려, 전국민이 이에 호응하여 지방에 금주 단연단(禁酒斷煙團)까지 조직되었다.

자작회는 1922년 겨울 연희 전문 학교 학생 염 태진(廉台鎭)·박 태화(朴泰和) 등 50명이 설립한 것으로, 그 목적은 국산품을 애용하고 장려하자는 것이었다. 자작회는 서대문에 상점을 차리고 국산품을 진열하여 동호자(同

好者)의 수용에 응했다. 1924년 1월 1일을 기해 국산품 애용열은 신문지상, 가두 연설을 통해 고조되어 국산품 애용의 기풍이 조성되어 갔다. 그러나 이 운동은 선전 포스터 인쇄 방해 등 일제의 끈질긴 방해 공작으로 오래 계속되지 못했다.

자작회를 뒤이은 것이 조선 물산 장려회(朝鮮物産獎勵會)다. 1923년 1월 명 제세(明濟世)·조 만식(曺晚植)·김 성준(金星濬) 등이 주동이 되어 각지에 지회를 두고 '우리 생활은 우리 물품으로'라는 등의 구호를 내걸고 대대적으로 국산 애용 운동을 전개했는데, 역시 일제의 방해를 받았다. 그러나 조 만식 등 지도자의 솔선 수범으로 이 운동은 한때 활발히 전개되었다.

(3) 언론 문화 운동

민족 실력 양성 운동으로서의 언론 문화 운동은 그 경향을 언론 투쟁과 문화 운동의 둘로 대변할 수 있다. 이 운동에서 민족 항쟁의 선봉은 언론 운동이었다. 3·1 운동 후 신임 총독 사이토오는 부임 초부터 소위 문화 정치를 표방하고 회유책의 한 조치로서 한국인에 대한 언론 제한을 완화하게 되었다. 이에 민족 운동자들은 1920년에 『동아일보』·『조선일보』·『시사신문(時事新聞)』 등 3개 민간 신문의 인가를 받아 민족의 대변 기관임을 자처하고 민족 사상의 고취, 민족 의식의 발표, 일본 통치에 대한 항쟁에 전력을 기울여 민족 운동에 공헌을 했다. 많은 민족 운동자들은 언론기관에 집결·활동함으로써 언론 기관은 민족 운동의 중심이 되었고, 따라서 민중의 지지와 기대 속에 육성·발전되었던 것이다. 당시 각 신문의 논조(論調)는 일제의 까다로운 출판 법규(出版法規)와 심한 검열에도 불구하고 상상 이상으로 격렬했으며, 혹은 암암리에 혹은 노골적으로 독립을 요구하고 있었던 것이다. 따라서 일제는 이들 신문에게 가혹한 삭제와 문책, 압수와 발매 금지, 정간(停刊)·폐간 등의 탄압을 가했던 것이다. 『동아일보』와『조선일보』는 1920년 창간 이래 1929년 5월까지 각각 318회와 288회, 『중외일보(中外日報)』는 1924년 창간 이래 1929년 5월까지 176회나 압수 처분을 받았으며, 그 동안『동아일보』는 2회, 『조선일보』는 4회, 『중외일보』는 1회의 정간 처분(停刊處分)을 받았다.

이처럼 일제 통치에 대항하는 언론 운동이 치열했던 것과 함께 문화 운동도 활발하게 전개되었다. 먼저 학문적인 활동에서는 국어학(國語學)과 국사학(國史學)을 주로 하는 국학 연구(國學研究)가 활발하게 진행되고 있었다. 그 목적은 민족의 언어와 문화, 역사와 전통을 연구하여 민족 정기를 확립하려는 것이었다. 다음으로 문학 운동도 시·소설 등의 작품을 통해 민족 의식의 발표와 그것의 고취에 힘썼다. 뿐만 아니라 연극·영화·음악·미술 등 예술 활동도 역시 민족 의식이 뒷받침되어 있었던 것이다. 이 같이 학술 운동·문학 운동 및 예술 운동에 참여하는 인사들은 거개가 민족 운동자였다.

제10장

3·1 운동에 대한 일본정부의 대책

1. 운동탄압에 대한 두가지 대책

　1919년 3월 1일에 발발한 3·1 운동은 20세기초에 들어서면서 본격화한 일제 침략과 그를 이어 1945년에 이르기까지 지속된 일제 식민 통치하에 있어서 한민족 최대의 항일항쟁이었다. 이 운동에는 직접 일제의 식민치하에 살던 2천만 한민족은 물론, 서·북간도를 비롯한 중국령 각지·러시아 연해주·미주·하와이·일본 등지에 나라를 잃고 유리(流離)하여 살던 2백만의 국외 한민족까지도 함께 참가하였다. 기독교·천도교·불교 등 종교계가 단합하였고, 노약남녀(老若男女)가 다같이 항쟁하였다. 학생·상인·농민·유생·개화인·수구인·부자·빈민 등 사회 각계 각층이 두루 참여하여 민족의 자유와 독립을 외쳐 민족의 주체의식과 독립정신을 뚜렷이 보였다.

　이같은 거족적인 운동에 대한 일제의 정책은 과연 어떤 것이었던가. 일제가 한민족의 이러한 굳은 독립의 의지를 받아들여 한민족의 자유와 독립을 허용코자 생각하거나 행동한 흔적은 거의 찾아볼 수 없다. 뿐만 아니라 장래 일본의 이익이나 혹은 동아(東亞)의 평화를 위한 측면에서도, 그들은 운동 발발 후 한국의 독립이 필요하다는 논의를 제기한 흔적조차도 없다.[1] 반면 그들은 처음부터 끝까지 이 운동은 집압하여 그들의 식민지배를 계속하는데 모든 논의와 대책을 집중하였다. 그것은 일본 정부 당국이나 직접 한국 통치를 담당한 조선 총독부가 일치하였다. 일본 정계 여야의 모든 정론이나 기타의 일본 여론이 이에 동조하였다. 그들의 분명한 의도는 될 수록 조속히 한민족의 항쟁을 진압하고 그들의 식민지 지배를 계속하는데만 있었다.

3월 1일 운동 발발 이전에 일본정부와 조선총독부가 운동 발발을 예상한 어떤 예비책을 세운 바는 없었다. 그것은 그들이 거족적 운동에 대한 어떤 정보도 입수한 바가 없는데다가, 한국내에서 이제는 다시 민족운동이 일어나지 않을 것이라고 민족운동의 성격을 잘못 판단한데서 연유한 것 같다. 조선총독 하세가와(長谷川好道)만 하더라고, 운동 발발로부터 몇 개월 전이기는 하지만, 한국의 정황을 그 본국 천황(大正)에게 보고하는 속에서 '민중(한민족)은 일제히 제국(일본)의 위세를 신뢰하여 업(業)에 힘쓰고, 산(產)을 다스려 전도(全道) 의연(依然) 극히 정밀(靜謐)함'[2]이라고 한데서도 그 일단을 엿볼 수 있다.

또한 조선총독부 정무총감 야마카다(山縣伊三郞)는 운동 발발 직후 운동 발생상황을 본국 정부에 보고하기 위하여 도쿄에 갔다가 수상 하라(原

---

1) 운동 발발 후 일본 정부 당국이나 또는 일본 조야(朝野)의 정론 중에서, 조선 총독부의 무단정치와 운동탄압 등을 비난하는 내용의 것은 적지 않으나, 근본적 해결책으로 한국의 독립을 허용하라거나 혹은 장차 독립할 수 있는 방향의 對韓方策을 云謂한 것은 찾아보기 어렵다.
2) 『齋藤實文書』 문서번호 423의 1. 조선총독 長谷川好道 인계문서 上奏書寫.

敬)로부터, '원인은 여하튼 이와같은 사건(운동)의 발발을 전혀 감지하지 못한 것은 조선 총독의 실체(失體)라고 말할 수 밖에 없다'는 추궁을 받는 상황이었다.3) 더구나 수상 하라 자신도 정세에 민감하지 못한 면이 있었다. 그는 3·1운동 발발의 선구가 된 도쿄 유학생의 2·8선언의 보고를 받고도, 그 선언이 갖는 의의나 영향을 인식하지 못하고 특별한 관심을 표명한 바가 없다. 그는 도리어 그 운동 상황과 함께 보고된 '한인암살단이 파리강화회의에 가서 일본 강화대사 사이온지(西園寺公望)를 살해코자 한다는 소문'에는 민감하여, 곧 외무성으로 하여금 현지 대사에 전훈(電訓)하여 경계 조처를 하라는 훈령을 발하고 있을 뿐이다.4) 이 3인의 언동에서도 알 수

경기도 수원 제암리에 세운 3·1운동 순국기념탑. 1919년 4월 15일 일제 군경이 그 지방 양민 29인을 교회속에 몰아넣고 방화 총격하여 한 사람도 남기지 않고 참살하였다.

---

3) 『原敬日記』 1919년 3월 29일.
4) 『原敬日記』 1919년 2월 10일. 同 2월 16일.

있듯이 일본당국은 운동을 사전에 예상하지 못했기 때문에 3월 1일의 거족적 민족운동 발발은 분명히 그들을 놀라게 하였던 것이라 해석될 수 있다.

그러나 우리가 여기서 주의할 사항은 1919년 1월 17일부터 이미 조선총독부가 국내에 보다 심한 언론통제를 하고 있었던 일이다. 즉 조선총독부 경무부는 각도 경무부장에게 다음과 같은 명령을 발하여, 국외 한민족(韓民族)이 추진하고 있던 각종 민족운동 상황은 물론, 기타 민족운동 촉발의 요인이 될 민족자결주의 관계 또는 파리강화회의 관계 기사를 신문에 게재하는 것을 일체 금지시켰다. 그 뿐만 아니라 다음과 같이 국외에서 한국내로 들어오는 모든 외국신문 가운데 그같은 기사가 실린 것까지도 빠짐없이 압수하여 한인이 이를 보지 못하도록 조처하였다.

'민족자결주의를 조선에서도 적용하여 독립을 계획고자 하여 미국 또는 강화회의 등에 대하여 한인(韓人)이 종종(種種)의 운동을 하는 신문기사는 치안을 방해하는 것으로 인정함으로써, 신문지에 게재하지 않도록 발행책임자에게 경고할 것. 이에 저촉하는 것은 (輸入用 新聞도 포함) 차압 처분 후 그 제호(題號), 발행 월일, 호수(號數)를 전보할 것.'[5]

이같은 언론봉쇄정책이 있었지만, 이것을 가지고 곧 조선총독부가 사전에 운동 발발을 예측, 대비한 것으로 볼 수는 없다. 오히려 조선총독부는 국외에서는 설령 한민족(韓民族)의 활동이 있다하더라도 국내 한민족은 총독부 위력에 모두 굴복하여, 감히 어떤 움직임도 가질 수 없다는 과신을 가졌다고 본 것이다. 그러므로 국내의 이 언론조치는 그와같은 소식은 하

---

5) 『朝鮮總督府文書』 제 2756호. 「騷擾事件雜報」 大正 8년 4월 17일자 「騷擾事件에 관한 新聞記事取締의 件」.

여간 한민족에게 자극을 주는 요소이므로, 철두철미하게 단속하려는 종래 언론봉쇄의 연장책에 지나지 않는다고 하겠다.

거족적 운동 발발의 사전 감지여부와 그에 따른 대책수립 여하는 차치해 두고라도, 운동이 발발하자 일본이 강력한 탄압진압책을 강행한 것은 명백한 사실이다. 그것을 크게 나누어 본다면 다음의 두가지 방책이라 하겠다. 하나는 전투태세를 갖추고 한국에 파견·배치되어 있던 2개 사단의 '조선군(朝鮮軍)'과, 거의 그와 비슷한 숫자를 보이는 헌병 내지 경찰에 의한 무력탄압책이요, 다른 하나는 운동이 국내에서 절정에 달한 4월초부터 일본정부내에서 논의·검토되다가6) 그해 7, 8월경 국내외에 크게 선전하고 이어 9월에 들어가 조선총독을 하세가와(長谷川好道)대신 사이토(齋藤實)로 교체하고 시행하게 된 '문화정치(文化政治)'란 방책이 그것이었다. 전자의 평가에 있어서는 누구나 의론(疑論)이 없는 것이나, 후자의 방책은 지금까지 일반적으로 3·1운동 후에 그 수습책의 하나로 변모된 일제의 대한 방침으로만 강조되어 온 감이 있다. 물론 이 문화정치란 것은 3·1운동을 계기로 약간 변모된 대한방침임에는 틀림이 없다. 그러나 후술할 바와 같이 군대의 힘으로 한인의 독립운동을 일시 진정시킬 수는 있으나, 그도 표면상에 한한 것이지 본질적인 해결은 병력의 힘만으로는 도저히 불가능했기 때문에 그 근본적 진압책으로 제시, 시행된 것이 바로 문화정치였다. 뿐만

---

6) 『原敬日記』 1919년 4월 2일. 原敬수상은 田中 육군상과 한국에 병력을 증파하는 문제에 관한 논의중 '諸事는 총독의 신청을 기다려 可한 것이나, 금번 사건이 일단락한 후에는 對韓政策에 대하여 一考치 않을 수 없다. 今日까지 되어가는 모양은 극히 不可하다'란 말을 비치어 종래와 다른, 다시 말하면 그들이 내세우는 新對韓方針을 계획하고 있음을 보여준다. 이후 이 문제는 각료·추밀원·총독간에 자주 논의되어 소위 '문화정치'란 탈을 쓰고 등장하게 되었다.

아니라 일제가 3·1운동 발발과 그에 대한 무력탄압책에서 국내외적으로 입은 여러 가지 손실을 조금이라도 만회하고 그 위신을 되찾으려는 하나의 대외선전적인 면도 내포하고 있다. 여기에 병력에 의한 탄압책와 아울러 소위 '문화정치'를 3·1운동에 대한 일본의 기본정책이라고 보는 까닭이 있다.

2. 탄압정책의 결정과정

운동에 대한 일제의 기본적인 대책은 그들 군경에 의한 '비인도적 잔혹한 학살탄압'이었음은 재론의 여지도 없다. 비록 일제는 사전에 운동발생을 몰랐다 하더라도, 운동발발에 직면하여 그 운동을 진압시키고 나아가 종전대로 식민통치를 계속할 수 있다고 자신하였을 것이다. 왜냐하면 한국 내 요지에는 신예무기로 장비한 다음과 같은 일제병력이 언제 어디에나 출동하여 작전·행동할 수 있는 태세를 갖추고 있었던 때문이다. 소위 조선군 2개 사단의 정규군과, 이와 거의 같은 수로 무단통치의 전위대 구실을 해온 헌병과 경찰이 전국 각도·군·면과 기타 요지에 거미줄처럼 연계 분산 배치되고 있었다.

1. 조선군7)

```
            ┌ 보  병 37여단 ┌ 제73연대
            │              └ 제74연대
제 19사단  ─┤ 기  병 제27연대
            │ 야포병 제25연대
            └ 공  병 제15대대

            ┌ 보  병 39여단 ┌ 제77연대
            │              └ 제78연대
            │ 보  병 40여단 ┌ 제79연대
제 20사단  ─┤              └ 제80연대
            │ 기  병 1개 중대
            └ 야포병 1개 대대
```

2. 헌병과 경찰

① 인원8)

```
       ┌ 장교(경시 겸임)          124명
       │ 준사관 및 하사(경부 겸임) 780명
헌 병 ─┤ 상등병                 2,525명
       └ 보조원                 4,749명

       ┌ 경시(警視)                35명
경 찰 ─┤ 경부(警部)               331명
       └ 순사(巡査)             5,950명
```

---

7) 조선총독부 大正 8년 4월 15일,「騷擾事件特報」제 1,'騷擾事件鎭壓에 關한 軍隊行動 의 槪要'
 이 두 사단의 배치상황은 사령부를 서울에 두고 연대별로 전국 요충지에 요새와 병영을 구축하고 분산배치되어 언제 어느 곳에나 출동할 수 있게 되었다. 3·1운동 발발 전후의 배치상황과 그 후 본국에서의 원병(援兵)으로 2·3차 배치상황이 약간 변동되었다. 그것에 관하여는 ① '大正 6년 1월 10일 현재 朝鮮駐劄軍配置圖' ② '大正 8년 3월 12일 현재 朝鮮軍配置圖' ③ '大正 8년 4월 12일 현재 軍隊分散配置豫定要圖' ④ '大正 8년 4월 15일 현재 軍隊憲兵及警察配置圖' 등에 표시되어 있다.
8)『齋藤實文書』문서번호 519.「朝鮮警察에 關한 議會答辯資料」.

② 헌병경찰기관9)

헌병대 사령부		경무 총감부	1
헌병대	13	경무부	13
헌병 분대	78	경찰서	101
헌병 분견소	99	경찰 분서	4
헌병 파견소	317	순사 주재소	504
헌병 출장소	528	파출소	108

이 병력은 이미 일제가 우리나라를 그들 식민지로 작정한 1904년 이래 한국에 파견되어 있었으며, 그 주된 임무는 물론 그들 식민정치에 대한 민족저항을 탄압하는 것이었다.10)

그 중 두드러진 것이 1907년 군대해산 후 전국적인 규모로 강인하게 전개된 의병의 무장 항일 저항을 '토벌'한 일이다. 그 때 그들은 그 위력을 충분히 시험한 전력을 가지고 있었던 것이다. 따라서 일제는 무기를 든 한인의 전국 저항도 이 수의 병력이면 족하였던 것이니, 3·1운동 발발시의 무기없는 한인의 저항·항쟁 따위는 쉽게 탄압되는 것으로 간주하였을 것이다.

이 병력의 통솔지휘는 다음과 같은 일제의 위임 조항에 의하여 조선총독에게 일임되어 있어, 현지에서 실기(失機)치 않고 사용할 수 있게 되어 있었으므로 기동성이 있었다.

---

9) 이 통계는 1914년 현재의 것이고 1919년 3월까지는 약 100개소가 확대되고 있으나, 그 확대분에 대해서는 기관별 명세가 분명치 못하다(朝鮮總督府 警察局編, 『朝鮮警察槪要』 附表 및 小林德治 著, 『明石元二郞』 상권, p.481).

10) 拙稿, 「韓末 駐韓日本軍에 대하여」, 『향토서울』 27, 1966.

1. 총독은 천황에게 직속하여 위임의 범위내에서 육해군을 통솔하고 朝鮮防備의 일을 맡음(日本勅令 제 354호, 明治 43년 9월 29일 朝鮮總督府官制 제 3호).
2. 조선총독은 조선의 안녕질서를 유지하기 위하여 필요하다고 인정할 때에는 조선에 주둔하는 육군 부대 및 해군방비대를 사용할 수 있음(日本閣令 제 186호, 조선총독에게 위임의 건 제 1항)

 1919년 3월 1일 운동이 발발하자 서울을 비롯한 평양·의주·선천·진남포·안주·정주·원산 등지에는 곧 군대와 헌병·경찰이 출동하여 진압에 나섰다. 그들은 처음에는 운동의 성격을 분명히 몰랐다. 그저 일정한 범위내에서 민족자결주의 등의 영향으로 그들이 말하는 '불령자(不逞者 ; 독립운동자)'들이 선동하여 일어난 것으로 보고, 곧 주동자만 체포·처벌하면 진압될 것으로 보았다. '금회(今回) 조선에서의 독립 소요는 총독부에서 지금 조금 착수하면 대사(大事)에 이르지 않을 터'[11]라는 등의 기록을 남긴 것은, 그같은 사정을 말한다 하겠다. 때문에 이날의 시위군중의 진압에는 시위의 위협해산과 주동자체포에 역점을 두었다. 그리하여 각지 일제경찰은 많은 운동자를 체포·구금하고 고문·취조하는데 이날을 소비했다. 다만 선천(宣川)에서는 다른 곳과는 달리 수비대와 경찰이 합동하여 처음부터 3·1운동 탄압의 기본방식이 총탄 사격을 가하여 12명 이상의 부상자를 냈다.
 그러나 2일 이후의 운동양상은 달라졌다. 운동이 지역적으로 더욱 확대되고, 시위 군중이 주동자의 체포에 항의하기 위하여 헌병·경찰 등 경무기관에 몰려감으로써 시위의 양상이 가열되었다. 총독은 조선군 사령관에게

---

11) 『原敬日記』 1919년 3월 6일, 운동발발 초 한국에 다녀온 野田 遞相이 原敬 수상에게 한 말.

명령하여 군중에게 발포·살육 탄압을 명했다.

> 3월 3일 조선총독하세가와는 육군대신 다나까(田中義一)에게,
>
> 2일 祥原에서는 暴徒가 순사주재소를 파괴하고 경관을 포박하여, 이를 구원을 위하여 장교 이하 약간명이 출동, 또 安州에서는 1일 이래 소요가 아직 그치지 않아 형세가 가장 험악하므로 어제 2일 밤 군사령관에게 필요에 응하여 평양에 있는 부대를 사용하여 진압을 꾀하도록 지시함. 지금 얻은 정보에 의하면, 어제 오후 大同·甑山·江西·龍岡直池洞 등 각지 불온형세로서, 江西 및 安州에는 어제 오늘(3일) 각 보병 11명을 파견했음. 평양에서는 오늘 오전 군중이 다시 不穩한 거동으로 나왔으므로 이의 진압에 힘쓰는 중, 當地外 선천·평양 등에서는 군중이 같은 모양의 운동을 하기 때문에 군사령관은 臨機措置로서 선천에서는 철도 경계중의 보병 1소대, 평양에서는 보병 약 1중대를 시위의 목적에 사용함.12)

이라고 보고하는 것으로 볼 수 있듯이, 발포진압의 방법을 취하기 시작하였다.

우리가 여기에 주목할 점은 시위운동자를 '폭도(暴徒)' 또는 '폭민(暴民)'이라 규정한 것으로 이것은 전에 일제가 의병에게 쓰던 칭호였다. 그같이 지칭하는 이유는 시위 군중을 앞으로 '폭도'로 규정하여 그들 군경이 토벌·진압한다는데 있었다. 시위운동의 형태는 대개 독립선언서를 낭독하고 독립만세를 외치며 시가를 누비는 것이었는데, 이에 대하여 마치 무장반도를 토벌하듯이 총탄의 살육으로 대처하여 진압을 기도한 것이다.

---

12) 大正 8년 3월 3일, 조선총독 발신 육군대신 수신 전보 제 2호, 密第 102호 其 11.

이로부터 일제의 일반적 방식은 전국 어느 곳에서나 시위가 발생하면 위와같이 군경을 출동시켜 군중에게 총격·창격(槍擊)을 가하여 다수의 살상자를 내고 강제 진압시키는 것이었다. 군중은 무기를 갖지 않았으므로, 그 결과는 대개의 경우 군중의 감정만 보다 격앙시켜 놓아, 때로는 민중이 낫·도끼·몽둥이 또는 돌로 그들과 재차 대결하는 2차 시위를 유발케 하였다.

그러면 대개 경찰서와 헌병대에 몰려가 비인도적 학살에 항거하며 시위를 벌이고 충돌하여 또다시 많은 희생자를 내는 수순이었다. 운동자측은 이같이 희생이 속출하더라고 수차 반복하는 예도 드문 일이 아니었다.

이 같은 총독부의 탄압방법은 곧 본국정부의 지지·후원속에서 강행되었다. 처음 일본정부는 위에서도 비친 바 있듯이, '지금 조금 착수하면 대사에 이르지 않을 터'라고 말하는 태도에서도 엿볼 수 있는 것처럼, 이 운동은 총독의 탄압으로 얼마 안 가서 진압될 것을 바랐다.

그러나 1일 이후로 시간이 지나도 운동은 종식되기는커녕 도리어 확대되었으므로, 3월 7일에는 당시 한국문제를 주관하다시피 하던 육군성 대신이 조선헌병 사령관에게,

> 此際 특히 부하를 독려하여 불상사의 진압을 빨리함은 물론, 그 暴擧에 이르는 경로를 정탐하여, 장래 이같은 擧에 대하여 미연에 이를 防遏하는 수단을 遺漏없이 하기를 期하라.[13]

고 명령하였으며, 이어 4일 후인 3월 11일에는 일본각의에서 수상 하라(原

---

13) 大正 8년 3월 7일, 일본육군성차관 발신 조선헌병대사령관 수신 전보.

敬)의 제의로 조선총독에게 내릴 본국정부의 훈령으로,

> 今回의 소요사건은 내외에 대하여 표면상으로 극히 輕微한 문제로 간주함이 필요하다. 그러나 실제에 있어서는 엄중한 조치를 취하여 장래 재발하지 않도록 期하라.[14]

는 내용을 결의했다. 이 두 훈령의 문면(文面)은, 엄중한 조치, 즉 강력한 군사적 탄압을 통하여 조속히 진압하라는 내용의 것이었다. 즉 일본정부의 기본방침도 하세가와 총독의 무력탄압을 그대로 지지·후원하는 것이었으며, 동시에 그 방침으로 빨리 운동을 종식시키라는 것이었다.

그러나 이같은 명령을 발하여도 그리고 3월이 다가도 운동은 여전히 확대만 되고 종식될 기미를 찾아볼 수 없었다. 이에 일본정부는 그 원인을 병력부족의 탓이라고 생각하게 되어, 병력증파를 논의, 그 파한(派韓)을 결정하게 되었다. 4월 2일 육군상 다나까(田中義一)와 수상 하라는 만주에서의 귀환병이라도 일시 한국에 증파해야 한국의 운동을 종속시킬 수 있다는 논의를 공식 제안하였다. 그러나 한국문제의 모든 권한은 총독에게 일임되어 있던 통치체제하에서, 총독의 증병요청이 없어 곤란하게 되자, 마침 도쿄에 와 있던 정무총감 야마카다(山縣)에게 종용하여 총독 하세가와로 하여금 증병 요청을 상신토록 결정하였다. 하세가와는 야마카다의 보고를 받고, 본국정부의 의도를 받아들여 곧 증병요청을 품신(稟申)하였다. 일본정부는 이 요청을 받자마자 4일 곧 각의를 열고 평상시보다 병력의 수가 많은 편제(編制)의 보병 6개 대대와 헌병 3, 4백명의 증파를 결정, 한국에

---

14) 『原敬日記』 1919년 3월 11일 및 大正 8년 3월 11일, 原 내각총리대신이 長谷川 조선총독에게 보낸 至急親展官報 密第 102호 其 45.

급파한 것이다.
 이같은 일본정부의 무단방안과 병력증파 결정은 다음과 같은 수상의 일기에 의하여도 명백하다.

> 4일 … 오후 閣議를 官邸에서 개최하였다. 田中 육상으로부터 조선의 상황에 관하여, 山縣 정무총감이 長谷川 총독에게 전보로, 정부에서는 此際 필요 있으면 滿洲交代의 兵을 잠시 조선 각지에 주둔시키든지, 또는 헌병 등을 증파하여도 좋겠다는 의향을 수回의 사건진압에 대한 총독의 의견을 묻는다고 하였던바, 총독의 答事는 각별한 의견이 없이 단지 증병 및 헌병증파를 바란다고 하는데 지나지 않았다는 보고가 있어 여하간 無策인 것 같으며, 본건에 대하여 정부의 조치로서는 단호한 처치가 필요하므로, 그것에는 귀환병을 주둔시키는 등의 완만한 수단에 의하지 않고, 內地(즉 日本)에서 따로이 파견할 필요가 있다고 말하므로, '나는 조선의 현상에 응하여 얼마의 兵이 필요한가'하고 반문하였던바, 步兵 6개 大隊, 보조헌병(기병을 流用) 3백인을 파견하면 가하겠다고 말하였다. 각료 모두 동의함에 대하여 田中은 그러면 6개 대대라 칭하여도 인원을 통상의 편성보다 많이 하겠고 또한 보조헌병도 3, 4백을 보내겠다고 말하였다. 나는 다시 이 일은 해외에 대하여 여하간 중대시하는 感을 줄 것이므로 되도록 비밀히 하라고 말하였더니, 田中은 지극히 동감하고, 兵을 출발시켜도 靑森·敦賀 등과 같은 여러 곳에서 파견할 것이며, 또 各地에서 상륙시키겠다고 말하고, 비용은 약 2백만원이 들 예정이므로, 대장대신과 협의 지출하도록 하였다. 이같은 각의 결정의 취지는 응급 조치로서, 평온이 회복된 후는 상당한 행정상의 쇄신을 할 작정이다. 곧 山縣 정무총감을 출석시켜 본건의 협의를 하고, 또한 조선 국경 이외의 조선인의 교통을 차단할 필요가 있음을 훈시하였다.[15]

---

15) 『原敬日記』 1919년 4월 4일.

라고 한 일기에서도 일본정부의 무력탄압의 태도는 도리어 현지 담당자인 총독부보다 강한 일면을 엿볼 수 있다.

이같이 결정된 일본정부의 증병결의는 지체없이 그것도 극비밀리에 추진되어 4월 10일까지는 해당병력이 한국에 수송되었다. 총독부에서는 종전의 주둔병력과 새로 증파된 병력을 합쳐 보다 유효한 재배치를 그달 15일까지 끝냈다. 그 재배치의 주안점은 각지 운동 발발시에 종래보다 더 빠른 출동이 가능하도록 주재 지점을 확충하는데 있었다.

이렇게 하여 대치된 군대 배치 상황은 전게(前揭) '大正 8년 4월 12일 현재 군대 분산배치 예정요도(軍隊分散配置豫定要圖)'와 '大正 8년 4월 15일 현재 군대·헌병 및 경찰 배치도(軍隊·憲兵及警察配置圖)'(이상 주 7) 참고)에 상세히 보이는 바이나, 그 중 중요한 파견지의 도별 분포상황을 보면 별표와 같다.

軍駐屯地名 一覽表[16)](1919년 4월 15일 이후)

師團	道	軍隊駐屯地名
第19師團	咸鏡北道	○羅南 城津 茂山 ○會寧 鏡城 穩城 訓戎 慶源 新乾原 新阿山 慶興 古邑
	咸鏡南道	○咸興 永興 ○元山 舊鎭 北靑 利原 新豐里 甲山 惠山鎭 普天堡 三水 羅暖堡 新嘉坡鎭(咸興部隊는 更히 分散할 것임).
	江原道	通川 巨津
	平安北道	厚昌 中江鎭 慈城 ○江界 滿浦鎭 高山鎭 渭源 楚山 碧潼 昌城 ○義州 新義州 龍岩浦 ○宣川 鐵山 定州 大關 龜城 泰川 雲山 靑山場市北鎭 熙川 寧邊 武坪里

---

16) 朝鮮總督府 編 大正 8년 4월 15일, 「騷擾事件特報」 제 1, '騷擾事件에 關한 軍隊行動의 槪要'

第20師團	平安南道	德川 寧遠 孟山 成川 陽德 ○平壤 鎭南浦 新安州 順川
	黃海道	○沙里院 載寧 安岳 黃州 遂安 栗里 谷山 新溪 新幕 瑞興 汗浦 海州 松禾 延安 甕津
	京畿道	○京城 仁川 江華 楊州 淸凉里 開城 坡州 長湍 拘川 加平 漣川 ○龍山 楊平 廣州 砥平 水原 安養 烏山 平澤 安城 利川 金良場
	江原道	伊川 安溪 佳灘川 平康 金化 新安 楊口 華川 麟蹄 原州 橫城 平昌 ○春川 洪川 江陵 襄陽 三陟 蔚珍
	忠淸北道	○忠州 堤川 鎭川 槐山 永同 報恩
	忠淸南道	○大田 川安 溫陽 稷山 公州 舒川 江景 鳥致院
	慶尙北道	安東 醴泉 禮安 英陽 聞慶 尙州 金泉 善山 義城 倭館 慶州 永川 浦項 寧海 ○大邱 慶山 高靈
	慶尙南道	釜山 蔚山 密陽 淸道 昌寧 宜寧 晋州 河東 三千浦 統營 居昌 陝川 山淸 咸陽
	全羅北道	全州 群山 金堤 任實 南原 高敞 淳昌
	全羅南道	光州 靈岩 海南 濟州 羅州 順天 筏橋

비고: 1. 本表에는 半小隊 이상 주둔 현지명만 든 것임.
　　 2. 본표 주둔지에서 다시 병력이 분파하므로 실제에는 두드러진 수에 달할 것임.
　　 3. 군사령관 직할로는 경성에 보병 3개 大隊, 기병대가 있음.
　　 4. ○印은 대대본부 이상의 본부사령부 소재지임.

3. 일본군경에 의한 대량학살

일본정부나 총독부의 방침은 위에 논급했듯이 표면으로 나타나는 운동은 병력에 의하여 살육 탄압으로 해결하자는 것이었다. 그러면 다음 문제는 구체적으로 무기를 가지 않은 시위군중을 얼마나 살육·부상시키면서 그들의 목적을 달성했던가 하는 것이다. 우선 몇 곳의 실례를 들어보기로 하자.

첫째, 안주(安州)에서는 3월 1일에 운동을 시작하여 3일까지 수천명이 시위를 반복하였는데, 1일에는 주동자라고 12명만 체포하는데 그치더니, 발포명령이 내린 다음날인 2일에는 당지 헌병대가 시위군중에게 일제히 총격을 가하여 수십명을 한꺼번에 쓰러뜨렸다. 그 중에 8명은 그들 기록으로도 즉사한 것으로 되어있다. 전날 운동시에는 그러지 않다가 이날 이같은 살상희생을 당함에 시위군중은 극도로 격분하였으며, 심지어 현지 군수 김의선(金義善)조차도 '이와같이 잔혹한 짓을 할터이면 왜 조선인 전부를 살육하지 않느냐'고 헌병분대장에게 항의하는 정도였다.[17]

둘째, 강서 사천(江西沙川)의 경우에서는 3월 3일부터 그 다음날까지 수천 명이 시위를 전개하였는데, 3일에는 발포하였으나 1명의 사망자를 내는 정도로 해산시켰다. 그러나 다음날인 4일의 시위에는 무제한 총격을 가하여, 그들의 줄잡은 기록에도 70여명을 살상시켰고, 그 중 십수명이 즉사자라 하였다. 기록에 따라서는 즉사자 43명, 중상자 20여명, 병원에서 죽은 자가 20여명이라 한 곳도 있다. 이같이 많은 살상을 시키고도 그들은 '사천에 있어서 70여인의 부상자를 낸 것은 진실로 당연한 일로서 오히려 우리(日本側)는 무력의 부족을 느낀(感)바 있다'[18]라고 하였다. 몸에 촌도(寸刀)도 걸치지 않은 시위군중에게 그들이 가진 총탄을 종횡무진으로 사용하여 현장에서 이렇듯 많은 사상자를 내고도 '무력의 부족'이라고 하는 정도의 잔혹한 학살이었다.

셋째, 맹산(孟山)의 경우를 보면, 3월 6일에 운동을 시작하여 9일과 10일에 시위를 계속하였는데, 10일에 약 백명이 전일에 피체되었던 사람을

---

17) 『朝鮮總督府文書』 大正 8년, 「騷擾事件復命書」(二) 寫本.
18) 위의 자료.

탈환하기 위해 헌병대에 몰려가 시위를 전개하자, 일군 제 77연대 이노우에(井上) 중위가 인솔하는 일군은 그들을 헌병대 내정(內庭)에 끌어들여 가두어 놓고 전원총살을 명하여, 즉사 54명, 부상 13명 이상을 내게 하였다. 조선군 사령관 우쓰노미야(宇都宮太郞)는 육상(陸相) 다나까(田中義一)에게 이 사실을 보고하면서, '사무실내 및 그 앞에서 총탄에 명중하여 즉사한 자 51명, 부상후 도주 도중에 사망한 자 3명으로 죽은자가 총 54명이며 부상자는 13명으로, 부상자는 수상(受傷) 후 도주하였다. 주모자 4명은 다 분견소(分遣所) 사무실내에서 즉사함'[19]이라 하였다. 한편 미국 기독교 연합 협의회(美國基督敎聯合協議會) 동양관계 위원의 결의서로 작성되어 미 상원 의사록에 기재된 자료에는 '3월 상순 맹산에서 민중이 독립만세를 절규한 후, 56명이 헌병 분견소에 오라하여 갔다. 그들 전원이 헌병대 구내에 들어가자 헌병은 문을 잠그고 담위에 올라가서 전부를 사격하여 쓰러뜨린 후, 그 옆에 가서 아직 살아남은 사람을 전부 단검으로 찔러서 56인 중 53인이 죽고 3명만이 시체더미에서 기어나올 수 있었다. 그들이 과연 살아남았는지 어떤지는 모른다. 신용있는 기독교 부인이 수일의 여행을 하고 와서 외국인 친구에게 가서 이상과 같은 진술을 하였다. 그 진실성을 의심할 수 없다'[20]고 하였다.

이 대량학살에 일군이 사용한 탄환수도 그들의 보고에 의하면 보병이 쏜 38식 보병총 실포 38발, 헌병이 쏜 38식 보병총 실포 10발과 26년식

---

19) 大正 8년 9월 29일, 「朝鮮騷擾事件에 있어서 死傷數의 件 報告」(조선군사령관 宇都宮太郞 發信 육군대신 田中義一 수신). 별지 '3월 10일 평안남도 孟山에서의 소요진압상황'.
20) 「美國基督敎聯合協議會 東洋關係委員會 決議書」,「朝鮮의 狀況에 關한 報告」. 朴殷植 저, 『韓國獨立運動之血史』.

권총 28발로 합계 76발에 지나지 않았다고 하였다. 따라서 76발을 쏘아 56명을 쓰러뜨린 정확한 조준학살이었다.

넷째, 수안(遂安)의 경우는 3월 3일에 시위를 전개하였는데, 그 중 약 150명 가량이 헌병분대에 몰려가 헌병대장에게 "조선은 독립되었다"고 말하며 헌병대를 인계하라 하고 시위를 하였더니, 일제 사격을 가하여 적어도 27명의 사상자를 내었다. 그 중 즉사자가 9명이고 나머지는 중상자로 18명 이상이었다.21)

다섯째, 천안 병천(並川)에서의 경우이다. 4월 1일에 시장에 수천명이 회집하여 시위를 전개하였는데, 거의 시위가 끝나고 해산될 무렵, 천안에서 온 철도 경비대가 시위대에게 사격을 가하여 즉사 20명 이상, 부상자는 쌍방이 통계를 낼 수 없을만큼 많은 수를 냈다.22)

여섯째, 이리(裡里)의 경우로서 4월 4일에 수백명이 시장에 모여 시위에 들어가기 전 모두 회집하여 독립선언서를 낭독하고 함께 만세를 고창하였는데, 이 순간 일헌병대는 이들 주위에서 미리 대기하고 있다가 일제히 발포를 하고, 이어 군중속으로 돌격하여 5명을 즉사시키고 10명을 부상시켜 해산시켰다.23)

일곱째, 3월 31일 정주(定州)의 경우이다. 수천명이 시위를 전개하자, 수비대장 카히토(飛日) 중위 이하 일군경의 총격과 총검 돌격으로 즉사 28명 이상, 부상 99명 이상을 냈다.24)

---

21) 국사편찬위원회 편, 『韓國獨立運動史』 권 2, p. 344.
22) 주 19)의 별지 '4월 1일 京畿道 天安郡 並川에서의 騷擾鎭壓情況'.
23) 『朝鮮總督府文書』 大正 8년 「騷擾事件에 關한 復命書」.
24) 주 19)의 별지 '3월 31일 平安北道 定州에서의 騷擾鎭壓狀況'.

이상과 같은 학살의 예는 두드러진 것이기는 하나, 그와 비슷한 사례는 3월 2일 이후 전국 도처에서 거의 매일같이 일어났던 것이므로 여기서 일일이 들 수는 없다. 따라서 단지 그 중 대표적인 것 몇가지를 들었을 뿐이다. 그러나 우리가 지적하여 둘 점이 있다.

  첫째, 일군경이 모든 시위에 있어서 빠짐없이 이같이 발포해산했던 것이라고는 할 수 없다. 장소와 경우에 따라서는 시위시에 현지 일군경의 수가 너무 빈약하여 시위군중의 위세에 눌려서 발포를 못했거나, 간혹은 현지 일군경들의 인간적인 자중(自重)으로 발포 또는 살육이 없던 곳도 적지 않았던 일이다.

  둘째, 위에도 약간 언급한 바 있듯이, 일제 당국으로서는 일본의 국제적인 위신과 외교상의 문제를 고려하여 처음부터 운동에 대하여 실제적으로는 가혹하고 엄중한 조처의 탄압책을 쓰지만, 표면상으로는 수상 하라(原敬)가 조선총독 하세가와에게 내린 훈령에 '금회(今回)의 사건은 내외에 대하여 극히 경미한 문제로 할 필요 있음'[25]이라고 보이듯이, 모든 사실 내용을 고의적으로 축소·은폐하고 있던 일이다. 그러므로 일제의 이런 모든 기록들은 실제보다 숫자에 있어서나 혹은 기타의 내용까지라도 그 일부만 말할 뿐 전부를 말하고 있지 않다고 보아도 좋을 듯하다. 이와 아울러, 우리는 3·1운동에 관한 사실구명을 시도할 때, 한국측 기록이 영성(零星)하므로 흔히 일본측 기록을 참고하는데, 이 점은 특히 주의를 요하는 것이라 하겠다.

  이같이 일본군경이 시위운동을 탄압하는데 발포 또는 총검으로 살육한 사실은 일일이 규명할 수 없으나, 다음과 같은 기록은 그들의 손에서 나온

---

25)『原敬日記』1919년 4월 11일.

통계로서 그 윤곽만이라도 우리에게 알려주는 자료라 하겠다.

(1) 조선 수비군측

(1 ㉠) '獨立運動을 위한 朝鮮不穩行動에 관한 狀況'
① 대정 8년 3월 11일調 (3월 1일~3월 9일)
② 대정 8년 3월 20일調 (3월 10일~3월 18일)
③ 대정 8년 3월 31일調 (3월 19일~3월 29일)
④ 대정 8년 4월 6일調 (3월 30일~4월 5일)
⑤ 대정 8년 4월 24일調 (4월 6일~4월 24일)

비고 ; 조선군 사령부에서는 일본육군성에 대하여 운동탄압 상황을 그날 그날 보고한 것이 있기는 하나, 5일 내지 10일간의 그것과는 별도로 수일 간격으로 운동 시일, 장소, 운동인원, 운동자의 행동, 운동자의 성질, 출동병력 상황, 사상자수 등으로 정리하여 일람표를 만들어 재차 보고한 것이 이 표이다.

(1 ㉡) '朝鮮騷擾事件 중 軍隊가 鎭壓에 從事할 시 彼我死傷表' (뒤의 표 A)
대정 8년 9월 26일調 (3월 1일~6월 1일)

비고 ; 이것은 1919년 9월 29일 조선군 사령관 우쓰노미야(宇都宮太郎)가 그들의 육군대신 다나까(田中義一)에게 운동 발생 후 군대가 출동하여 사상자를 낸 것에 한한 것을 종합하여 일람표로 만들어 보고했던 것이다. 또한 부록에는 그 중에서도 중요한 곳에 한하여 탄압 살육 상황에 대한 설명을 붙이고 있다.

(2) 조선헌병대와 경찰측

(2 ㉠) '朝鮮騷擾事件 經過槪覽表'

대정 8년 3월 1일~4월 30일

비고 ; 이것은 道別 및 日別의 2종이 있다. 조선헌병대 사령부와 조선총독부 경무총감부에서 운동 탄압 상황을 일자별로 총독에게 보고하고, 그 후 이를 다음과 같은 사항으로 정리하여 일람표를 만든 것이다. 운동 일시, 운동지, 운동자수, 출동군경의 수, 발포 개소, 사상·체포인원 등을 주로 하여 각 상황을 비교적 자세히 표시하고 있다.

(2 ⓒ) '朝鮮騷擾事件 日別調表' 및 '朝鮮騷擾事件 道別表' (뒤의 표 C)

대정 8년 3월 1일~4월 30일

비고 ; 이것은 위의 ㉠「朝鮮騷擾事件經過槪覽表」상황을 설명문구를 빼고 도별 및 일별 숫자로만 표시한 것이다.

(2 ⓒ) '朝鮮騷擾事件 死傷表'

대정 8년 3월 1일~4월 30일

비고 ; 이것은 헌병과 경찰이 관여하여 운동진압시 발생한 사상자만 발생지를 표준으로 하여 일헌병·일경찰관·일군대·운동자 등으로 구분하여 작성한 것이다.

(3) 일군경측(국외 한민족(韓民族)에 대한)

'在外朝鮮獨立運動槪況·朝鮮騷擾事件槪況 제 4'

대정 2년 3월 1일~6월 30일

비고 ; 이것은 조선군 헌병대 사령부에서 작성한 것이나, 해외의 일본 영사관을 비롯하여 그들의 모든 외교·군사·경찰 등 각 기관의 정보를 종합한 듯하다. 내용은 우선 ① 북간도 및 혼춘방면, ② 서간도방면, ③ 블라디보스톡浦潮)방면, ④ 하얼빈과 상해방면, ⑤ 기타 등으로 나누고 일별로 해외한민족의 시위 운동, 대한민국 임시정부와 항일단체의 조직,

독립군의 편성·훈련·활동 등에 이르기까지 광범위하게 취급하고 있다.
※ 이들 표를 참조함에 있어서 유의점은 위에서도 지적했듯이 사상자 수 등이 정확하지 못한 것이다. 그 이유는 일제측의 고의적인 면도 있지만, 그밖에도 운동자들을 일제측에 알리면 검거 등 박해가 따라오므로 숨겨서 일군경측에서 집계할 수 없던 경우도 있었다. 그러므로 이 숫자만 가지고 그대로 3·1운동의 희생자수로 보는 것은 큰 잘못이 될 수도 있다.

이밖에도 이같은 종류의 것은 적지않지만, 일제측이 만든 것은 거의 그 성질이 위에 든 범주내에 속하고, 또한 그 내용도 대개 위의 것을 기본으로 하여 만든 것이다. 이제 아래에 이들 문서 중 지면 관계상 비교적 서술분량이 적은 몇가지를 제시하여, 운동자의 희생된 상황의 일면을 살펴보기로 한다.

A. 朝鮮騷擾事件中 軍隊가 鎭壓에 從事하였을 時의 彼我死傷表 (1 ㉡)

月 日	場 所	部隊號	鎭壓에 從事한 人員	軍單獨 警察協 力與否	朝鮮人側 死傷數		軍隊側 死傷數		摘 要
					死	傷	死	傷	
3月1日	平南 平壤	步 77	將校以下 140	協力				1	民의 投石에 依하다(兵卒)
	平北 宣川		同 25	同		12			
〃 2日	平南 祥原	步 77	同 11	同		3			
〃 3日	同	步 77	同 18	同		43			

	平南 成川	步77	將校以下 24	同	25	23	1	軍隊到着前 憲兵分隊長 重傷後 死亡, 鮮人中 2는 歸宅後死亡
〃4日	平北 宣川	步77	同 44	同		3		
	同 車輦館		下士以下 8	同		2		
	同 東林		同 6	同		3		
〃5日	平南 成川	步77	將校以下 24	同	1	1		
〃6日	同 日屛里	步77	同 6	同	2	1		同1은 重傷後死亡
	同 溫井里		同 11	同	2	9		
〃7日	平北 鐵山	步77	下士以下 8	同	重7 輕49 女1			重傷 7은 危篤
	同 宣川		將校以下 30	同				
〃9日	平南 寧遠	步77	同 10	同	15	38	1	憲兵軍曹負傷
〃10日	同 孟山	步77	同 10	同	54	13	1	憲兵上等兵死亡, 補助員負傷
〃15日 〃16日	咸北 花臺洞	騎27	下士以下 13	同	3	男9 女2		死3, 傷9에는 憲兵側의 火器에 依하여 死傷된 것을 包含한다.
	咸南 新昌	步74	將校以下 16	獨立		4		不法을 說得할 際 毆打・死傷人員은 豫想數
〃17日	平北 大館	步77	同 15	協力		3		
	慶北 禮安	步80	下士以下 10	同		5		

일자	지역		부대	인원	종류	부상	사망	비고
3月18日	咸居	南山	步74	同 16	獨立		4	不法을 說得할 際毆打·死傷人員은 豫想數
	慶安	北東	步80	將校以下 20	協力		11	
〃19日	同盈	德	同	上等兵以下 3	同	4	18	
	慶郡	南北	鎭海輜重砲兵大隊	特務曹長以下 16	同	20 女 1	17 女 1	12	上記外 同地人 1流彈으로 死者 2名은 暴徒가 아니나 流彈으로 死傷
〃20日	忠江	南景	步80	上等兵以下 8	同		2	外人 1 輕傷
〃21日	慶新	北洞	步80	卒 2	同	2	4	
	同泉	旨		上等兵以下 4	同		女 1	
	慶草	南溪		同 5	同	1	10	
	同丹	城		同 3	同	8	10	
〃22日	京龍	畿山	步80	同 2	同	3	8	
	同三	嘉		同 5	同	5	20	
〃23日	慶安	北東	步80	將校以下 28	同	15	7	
〃27日	平義	北州	步77	同 10	同			鮮人 負傷 3은 豫想數
	忠伊	北院	步80	下士以下 5	同	1	1	
〃29日	平義	北州	步77	同 5	同		6	

日付	場所	步						備考
3月31日	同 定州		將校以下 48	同	27 女 1	99		輕傷者 58名을 包含
	同 新市		同 15	同		3		
	同 朔州	步 77	下士以下 3	同	7	40	6	憲兵의 負傷
	同 龜城		將校以下 13	同	2	2		
	同 南北		下士以下 6	同	6	12		
	東畿 平浦場	步 79	將校以下 5	獨立		2		
	平北 碧潼	步 77	同 7	協力		3		
4月1日	同 南市		下士以下 6	同		1		
	同 新市		將校以下 15	同	5	3		重傷後 死亡한 것. 兵卒2, 憲兵 2負傷, 鮮人의 投石에 依함.
	同 義州		同 20	同	1	4		
	同 九龍浦	步 77	下士以下 9	同		1		
	同 龜城		將校以下 15	同	2	6		死者는 重傷後 死亡
	同 朔州		同 11	同	6	12		
	同 碧潼		同 26	同	11	30		
	同 昌城		同 8	同	7	24	2	憲兵補助員 負傷
	同 泰川		同 15	同		6		
	忠南 立川		同 6	同	18	43		
	京畿 丙內川	步 79	同 12	同	2	4		
	江原 橫城		下士以下 10	同	3	3		

日	지역	부대	인원					비고
4月 1日	忠南 大田	步 80	將校以下 22	同	4	5		
	同 廣亭里		同 16	同		14		
" 2日	平北 大楡洞	步 77	同 13	同		14		
	同 楚山		同 48	同	1		1	憲兵負傷
	京畿 竹山里	步 79	上等兵以下 4	同		1		
	江原 洪川		同 3	同	1	1	1	傷者 1도 必是 死亡하였을 것임.
	忠南 廣亭里	步 80	將校以下 16	同	3	女 1		
	慶南 咸陽		特務曹長以下 30	同	1	5		
	同 彦陽		上等兵以下 11	同		5		
" 3日	忠北 廣惠院里	步 79	上等兵以下 5	協力	4	7		日暮로 確實치 아니하나 本表는 其後 面事務所에서 調査한 것임.
	京畿 竹山里		同 4	同	5	7		
	同 陽城面		將校以下 25	同	1	3		
	忠北 鋤山	步 80	下士以下 5	同		5		
	同 靑山		同 6	同	2	5		
	忠南 大川里		同 7	同	1	2		
" 4日	平北 朔州	步 77	將校以下 11	同	4	2		
	同 新義州		同 166	同	4	5		
	同 光城面		下士以下 10	同	4			

날짜	지역	병종	계급/인원	구분	사망	부상	기타	비고
4月 4日	忠北 永同	步 80	同 16	同	7	12		
	忠南 江景		上等兵 以下 7	同	3	1		
	同 他堂里		同 7	同	1	7		
	全北 裡里		下士 以下 6	同	5	12		
	同 南原		同 8	同	5	5		
〃 5日	平北 北鎭		將校 以下 22	同		8		
	同 鶴松洞	步 77	下士 以下 9	同	6	25		
	同 靑龍洞		同 9	同	7	5		
	慶南蔚 山兵營		上等兵 以下 5	同	2	5		
	同 古縣面	步 80	同 3	同		1		
	忠南 洪東面		同 5	同	2	2		
〃 6日	平北 大館	步 77	下士 以下 4	同	6	23		軍隊到着前鮮 人死約 30, 傷 者 60이었던 듯 하다.
	慶南 舟橋		將校以下 15	同	1	2	2	
	慶北 伽泉面	步 80	上等兵 以下 3	同		1		
	忠南 安心里		上等兵 以下 3	協力	2	7		
〃 7日	江原 庫底	步 79	下士 以下 6	同	7			
〃 8日	平北 江界	步 77	將校以下 46	同	4		1	鮮人側傷者不 明, 兵卒 1 輕傷
	忠南 山陽里	步 80	上等兵 以下 5	同		2		

日付	場所	部隊	階級·人員	區分					備考
4月8日	同 調琴里	步80	同 5	同	2	7			
	同 富長里		同 6	同	1	2			
〃9日	江原其土門里	步79	同 5	同	9				其他 傷者 若干 있을 模樣
〃10日	忠北 光德里	步79	下士以下 2	獨立	1				
	京畿 西炭面		將校以下 10	協力	1	12			
〃13日	全南 樂安	步80	上等兵以下 10	同	4				
〃15日	京畿 堤岩里	步79	將校以下 11	協力	29				
〃16日	京畿 西新面	步79	上等兵以下 7	同	1				
	慶南 二洞里	步80	下士以下 4	獨立	安 1				
〃17日	忠北 堤川	派步71	將校以下 23	協力	4				
〃18日	慶南 晋州	步80	下士以下 7	獨立	1	1			
〃19日	京畿 陽城面	步79	下士以下 30	協力	6				
5月4日	同 龍頭	步79	同 4	獨立	1				
〃7日	慶北 清道	步80	將校以下 8	協力	1	1 女 1			
6月1日	京畿 陽城面	步79	下士以下 36	同				1	犯人檢擧 應援의 際轉倒肩胛骨脫臼
部隊計		步 74				8			
		步 77			148	507	1	15	
		步 78			69	51	1	2	
		步 79			76	96		2	
		步 80			84	212		2	
		派步71			4				

部隊計	騎 27 輜 重 大 隊				3	11		
					21	18	12	
合 計					405	903	2	33	

B. 騷擾一覽表 (1919년 3월 1일~4월 15일)

『騷擾事件報告旬報』 대정 8년, 조선총독부 문서에 수록.

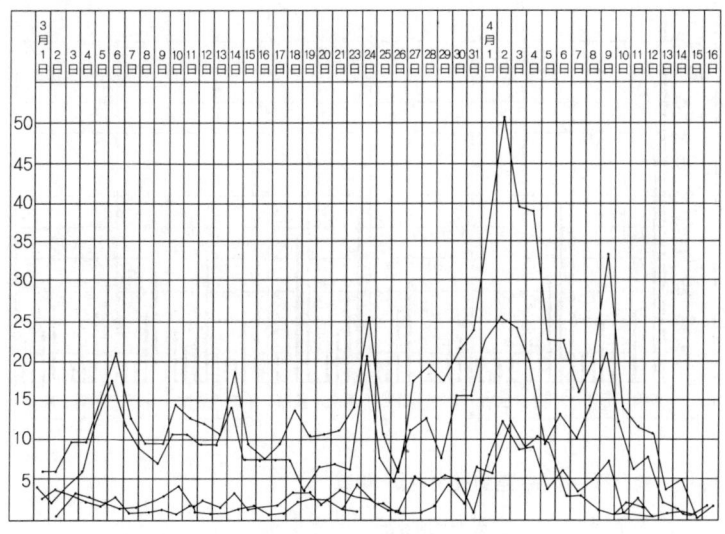

備考: 最上位線 …… 運動發生地點 總數
      第 2 線 ………… 示威展開地點數
      第 3 線 ………… 示威中 日軍警과 衝突한 地點數
      最下位線 …… 示威中 軍警의 銃擊으로 死傷者 發生한 地點數

全道死傷者數

	京畿	忠北	忠南	全北	全南	慶北	慶南	黃海	平北	平南	江原	咸北	咸南
死	67	24	54	13	·	15	39	21	40	58	42	6	10
傷	179	33	72	7	3	16	108	93	96	202	30	33	62

附. 原表 空欄에 圓形圖表로 表示되었던 것을 이곳에 그 數字만 表示한 것임.

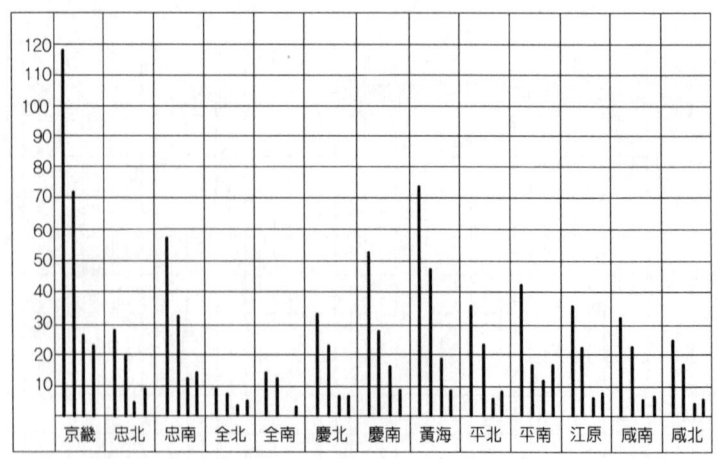

備考: 最左線 ········· 運動發生地點 總數
　　　第2線 ········· 示威展開地點數
　　　第3線 ········· 示威中 軍警과 衝突한 地點數
　　　最右線 ········· 示威中 日軍警의 銃擊으로 死傷者가 發生한 地點數

全道運動狀況

運動發生地點 ···················· 553개소
示威展開地點 ···················· 330개소

日軍警과의 衝突地點 ·················· 111개소

示威中 死傷發生者 發生地點 ······ 112개소

附. 原表 空欄에 圓形圖表로 表示되었던 것을 이곳에 그 數字만 表示한 것임.

C. 朝鮮騷擾事件道別表 (1919년 3월 1일~4월 30일) (2 ㉡)

區分 道別	示威運動以上					
	群衆數	日本軍隊出動		發砲箇所	死傷	
		兵力	箇所		示威群衆	日本警
京畿道	129,528	825	26	44(37)	228	28
忠淸北道	23,730	90	11	9(5)	57	11
忠淸南道	40,000	156	16	22(14)	87	14
全羅北道	3,710	—	—	2(2)	20	—
全羅南道	2,868	17	2	2(2)	3	—
慶尙北道	20,526	93	9	2(9)	22	4
慶尙南道	70,370	171	19	22(13)	134	17
黃海道	38,073	53	8	20(17)	87	21
平安北道	59,650	193	19	18(10)	230	19
平安南道	29,267	301	14	8(6)	182	9
江原道	16,712	60	9	14(10)	65	5
咸鏡北道	16,082	102	7	3(—)	33	3
咸鏡南道	12,570	10	1	10(10)	52	10
合計	463,086	2,071	141	185(135)	1,199	141

備考 : 發砲箇所欄의 括弧內는 憲兵

D. 朝鮮騷擾事件日別調表 (1919년 3월 1일~4월 30일) (2 ㄴ)

區別 日別	騷擾個所數	騷擾回數 單純	衝突	發砲	計	區別 日別	騷擾個所數	騷擾回數 單純	衝突	發砲	計
3月 1日	6	5	1	1	7	4月 1日	53	32	20	8	60
〃 2日	5	2	2	1	5	〃 2日	40	25	11	6	41
〃 3日	10	9	4	3	16	〃 3日	39	20	10	9	39
〃 4日	10	9	3	2	14	〃 4日	24	11	5	11	27
〃 5日	15	13	1	1	15	〃 5日	24	15	6	5	26
〃 6日	21	18	2	1	21	〃 6日	17	10	5	2	17
〃 7日	13	13	—	1	14	〃 7日	20	14	5	1	20
〃 8日	9	9	—	—	9	〃 8日	35	25	9	4	38
〃 9日	9	7	1	2	10	〃 9日	15	12	—	3	15
〃10日	15	12	1	3	16	〃10日	13	9	4	2	15
小 計	113	97	15	15	127	小 計	280	173	75	51	299
3月11日	13	13	2	—	15	4月11日	10	8	1	1	10
〃12日	13	11	2	—	13	〃12日	5	4	—	1	5
〃13日	11	15	1	—	16	〃13日	6	3	3	—	6
〃14日	19	17	3	1	21	〃14日	1	1	—	—	1
〃15日	10	10	1	1	12	〃15日	7	6	1	—	7
〃16日	8	9	—	—	9	〃16日	4	3	1	—	4
〃17日	10	9	2	—	11	〃17日	1	—	1	—	1
〃18日	14	8	4	3	15	〃18日	2	1	—	1	2
〃19日	11	4	6	1	11	〃19日	1	1	—	—	1
〃20日	11	7	2	2	11	〃20日	2	—	—	2	2
小 計	120	103	23	8	134	小 計	39	27	5	7	93
3月21日	12	7	4	1	12	4月21日	1	1	—	—	1
〃22日	14	8	6	2	16	〃22日	1	—	1	—	1
〃23日	27	26	4	1	31	〃24日	1	1	—	—	1
〃24日	11	9	4	—	13	〃29日	1	1	—	—	1
〃25日	6	7	1	—	8	小 計	4	3	1	—	4
〃26日	18	17	7	1	25						
〃27日	22	26	5	2	19	累 計	770	567	176	105	848
〃28日	19	7	6	6	33						
〃29日	22	17	5	1	19	備考: 1. 日을 달리한 것은 同一個所일지라도 別個로 計算함.					
〃30日	24	16	4	5	25	2. 個所數와 回數가 맞지 아니한 것은 同日 2回以下 騷擾가 있었음.					
〃31日	39	24	11	5	40						
小 計	214	164	57	24	245						

E. 騷擾事件負傷朝鮮人救護에 關한 報告(조선군 사령관 宇都宮太郎의 육군대신 田中義一에 대한 보고)

番號	傷病者	症狀及處理의 大要	受傷月日	住所	職業	氏名	年齡
1	右臀部軟部貫通銃劍	受傷部位 3個所에 있다. 各射入口는 旣히 結痂되었으나 射出口는 아직 僅히 化膿되다. 防腐帶를 施하다.	4月3日	安城郡 二竹面 唐木里	農	文聖原	44
2	右大肩胛部刺劍	拇指頭大의 射入出口 있으나 旣히 結痂되고 僅히 化膿하다. 沃丁塗布.	4月3日	安城郡 二竹面 唐木里	農	徐敬武	26
3	右腿軟部貫通銃劍	射入出口는 共히 小指頭大의 痂叉를 呈하였으나 不方에는 小化膿가 있다. 防腐帶를 施하다.	4月3日	同	農	柳重玉	25
4	右大腿骨折肯管銃劍兼大腿軟部貫通銃劍	深部筋層에 亘하여 化膿하고 又 高熱을 示하다. 防腐帶를 施하고 水原慈惠 醫院에 依托하다.	4月3日	同	農	朴永福	21
5	頭部刺劍左腰部貫通銃劍左膝關節部貫通銃劍兼當陰部刺劍	營養 크게 喪하여 ○瘵하고 高熱이 있다. 受傷部는 殆히 全部 化膿하고 兼하여 褪瘡이 있다. 防腐帶를 施하고 水原慈惠醫院에 依托하다.	4月3일	二竹面 德山里	農	金壽成	16
6	左前膊骨折貫通銃劍	左前膊上 三分의 一部에 있어서 邊緣不正不潔肉芽로 싸여서 挫滅된 骨折端을 露出한 劍面이 있다. 그러므로 上膊中央에 亘하여 炎症의 派及함을 본다. 防腐帶를 施하여 水原慈惠醫院에 依托	4月3日	二竹面 內唐里	農	李昇五	21
7	臀部軟部通貫銃劍	銃丸四個所에 射入되어 數個所의 劍口에는 結痂되어 殆히 治療되다.	4月3日	同	農	崔長鳳	21

8	左肩胛部刺劍	劍面은 旣히 肉芽로써 덮이다. 繃帶를 貼用하다.	4月3日	同	農	朴滿一	20
9	右下腿部刺劍	劍面은 小肉芽面을 存할뿐으로서 殆히 結痂하다. 防腐帶 施가.	4月3日	同	農	柳苞華	24
10	右足背軟部貫通銃劍	劍面은 殆히 結痂하여 全治에 近하다. 單只沃丁을 塗布하고 繃帶를 함.	4月3日	二竹面內唐里	農	韓成龍	23
11	右臀部盲管銃劍	勢弱한 霰彈을 受하였으나 着衣와 共히 彈子射入하여 受傷當初摘出하다. 現今 劍面化膿하였다. 防腐帶를 施하다.	4月3日	邑內面場基里	農	金顯周	23
12	右臀軟部盲管銃劍及右前膞軟部貫通銃劍	一見劍面結痂 되었으나 아직 化膿○를 存하다. 防腐帶를 施하다.	4月3日	邑內面西里	農	黃世熙	55
13	左上膞部刺劍	上膞中央部에 刀劍에 의하여 受傷한 二鐵銅傷大의 劍面이 있다. 不潔肉芽로써 덮이고 深部에 亘한 蜂窠纖炎이 있다. 化膿腐帶 甚하고 防腐帶를 施하여 水原慈惠醫院에 依托하다.	4月3日	元谷面艾文里		崔九傳	44
14	左上膞刺劍後機能障碍	上膞骨骨折은 旣히 不完全하게도 接合되어 現今 骨折部의 滑瘤를 觸하여 肘關節部의 不全强制를 貼하다. 溫浴按摩를 可타 하겠고 其方法을 施하다.	4月3日	元谷面外加川里	農	崔觀燮	22
15	左上膞部挫傷	一般으로 腫脹하여 一部 筋肉에 硬結하다. 前膞에 浮腫을 呈하다. 濕性器法을 施하다.	4月3日	同	農	皮今春	44

16	左上膊部挫傷右肘關節炎	關節部는 一般으로 腫脹하여 運動制限되어 疼痛이 있다. 濕性器法을 施하다.	4月3日	同	農	河童伊	49
17	左上膊部挫傷	筋肉에 鷄卵大의 硬結을 存하고 前膊에 溢血斑이 있다. 沃丁塗布하다.	4月3日	同	農	崔昌玉	22
18	左上膊部挫傷	腫脹 있으나 輕度의 疼痛이 있을 뿐 沃丁塗布하다.	4月3日	元谷面箱里	農	崔恒鎭	38
19	頭部挫傷	2個의 長約十仙米의 挫創面이 있다. 劍綠癒着하여 肉芽의 發生을 보다. 防腐帶를 施하다.	4月3日	元谷面外加川里	農	李用丹	25

備考: 以下(1)~(19)는 安城郡 各面事務所, 普通學校 등에서 臨時診療를 받은 例.

4. 운동자의 체포와 고문 및 태형

시위군중에 대한 학살탄압책과 아울러 또 한가지의 중요한 탄압방법은 운동전후에 시위운동자의 대량체포와 그들에 대한 잔혹한 고문 및 태형 등의 방법이었다. 때로는 민가·학교·교회 등의 방화 또는 파괴도 적지 않았다. 기실 일제의 탄압에 대한 한국민의 저주와 증오 그리고 공포 등은 시위 운동 중의 학살도 큰 요인이었음에 틀림없는 일이었으나, 그에 못지 않게 후자에 속하는 고문·방화 등 만행에 직면하여 가중되고 있었다.

이러한 운동자의 체포와 수색을 빙자한 살인·방화·구타 등의 행동으로 그 대표적인 것이 앞에 언급한 수원 제암리교회 사건이다. 제암리(提岩里)에서는 4월 15일 오후 2시경 일군 중위 아리다(有田俊夫)가 인솔한 일군경

혼성의 1부대가 마을에 진입하여, 그 지방의 천도교도와 기독교도를 교회당 속으로 몰아넣고, 출구를 봉쇄한 다음 일제 사격을 가하였다. 그 속에서 어떠한 부인은 자기는 희생이 되어도 자기 어린애만은 살려달라고 애원하였으나 일군은 그마저 남기지 않고 모조리 살육하였다. 살해된 자가 29명이었고 부상자도 몇 명 생겼다. 게다가 그들은 참살 후 그 교회당과 그 밖에 천도교당 및 민가 28호를 불사르고야 그곳에서 떠났다.

이날이 마침, 후술한바 있듯이 소위 제령(制令) 제 7호 '정치에 관한 범죄 처벌의 건'을 조선총독부에서 공포하던 날이었다. 이 사실은 총독부가 운동을 끝없이 계속하는 한국민을 전율(戰慄)시킬 목적에서 제암리 사건을 사전에 계획·감행한 것이라고 해석할 수 있는 증거가 될 것이다.

그런데 이 제암리교회 학살은 그 진상을 더 깊이 구명하고 보면, 일군경이 수원·안성 양군에 걸쳐 이미 4월 2일부터 운동자 체포를 빙자하고 감행한 일련의 방화·살인·체포·구타 등 행위의 일부분에 지나지 않는 것이다.[26] 즉 일본군은 헌병경찰과 합동하여 특별 검거반을 편성하고, 4월 2일부터 4월 17일까지의 15일간 수원군·안성군 전역의 64개 부락을 수색하고, 약 2천여명(체포 후 소위 엄중조처하고 방면된 자가 1,202명 —表備考 참조, 계속 체포 구금자가 803명 —表計 참조)을 체포하였으며, 이 수사중 일군경은 항거하는 자라는 명목으로 29명을 총살 또는 중상시켰다. 동시에

---

26) 주 27) (자료) 이 표도 그 숫자가 실제보다 훨씬 줄잡아 기록되었을 것이라는 의문점이 있다. 제암리교회 사건은 처음 외국선교사가 알게되고 이어 국제적으로 크게 보도되자 일본정부는 이를 변명코자 이 만행의 담당기관이었던 조선헌병대 사령관에게 사실의 전말을 보고시켰다. 그 결과 작성 제시된 것이 이 표인 것이다. 또한 이같은 만행은 그 표의 설명에 의하면 제암리에서와 같이 白晝에 감행되는 경우도 있으나 대개는 밤에 이루어졌다. 야간에 자행된 그들의 비인도적 행동을 그들 자신이 진실 그대로 다 기록하였다고 볼 수는 없다.

그들이 수사한 마을 곳곳의 민가에 방화를 하여 그들 기록으로도 276호를 소각하였다 한다. 그 일련의 사건은 3·1운동 피해중에서도 대표적인 것이 될 것이므로 아래에 그 통계를 일본측 기록에 의하여 수록 한다.

水原·安城地方檢擧及損害一覽表27)

檢擧地方			檢擧時의 被害			檢擧人員
郡	面	里·洞	燒失戶數	死	傷	
安城郡	陽城面	東恒·舊場·石花·德峯	−	−	−	361
	元谷面	外加川·七谷	9	1	3	
水原郡	松山面	沙江·陽智·馬山·冠峴·六一·六校·二一·鳳歌·文山·三尊·中松·長門	176	3	3	175
	麻道面	白谷·蘇谷·海門·仲潤	7	−	−	
	西新面	柴谷·智谷·前谷·尙安	4	−	−	
	長安面	水村·伊物·陽·石浦·野廣·密陽·花田·薪·篤亭·長安·德多·沙浪·麒麟·漁陰·枾木·錦衣·沙谷	50	−	1	240
	兩汀面	珠谷·覓裕·朝岩·馬山·花山·閑角·花樹·元安	30	5	−	
	八灘面	下楮·上楮·發安·昌谷	−	1	6	
	城湖面	烏山·園·闕·錦岩·水淸·細橋·紙串	−	−	2	63
	正南面	桂香	−	−	−	
	東灘面	金谷	−	−	−	
計		64개 里洞	276	10	19	803

비고 : 1. 本表外 '嚴重히 訓戒를 加하여 暴擧를 再次 하지 않겠다'는 서약서를 받고 서명 날인한 자가 1202명.

---

27) 대정 8년 4월 22일, 長谷川 총독이 原敬 총리대신에게 보낸 보고. 대정 8년 4월 23일, 朝鮮憲兵隊司令官 兒嶋摠次郞의 '特別檢擧班의 行動에 關한 件' 보고.

그리고 중요한 사실은 위와같은 수색체포상에 나타나는 일군경의 만행의 예가 비단 수원·안성 지방에만 한하였다고 할 수 없는 점이다. 거의 이와 비슷한 경우가 곽산(郭山)·의주(義州)·안동(安東) 등지에서 일어난 흔적이 있으며, 이러한 일군경의 검거를 빙자한 살인·방화·구타 등의 행위는 면밀히 검토하면 전국적으로 적지않았을 것으로 보여진다.

또한 운동자와 그 관련자를 체포한 후에 고문이 전근대적이고 비인도적인 잔인성을 지녔음은 더 말할 필요도 없다. 이에 대하여는 이미 그동안 여러사람에 의해서 많이 논급되어 온터이므로 이곳에서는 생략하는 바이나, 그러한 사례는 당시 운동자들이 비밀히 작성하여 배포한『朝鮮獨立新聞』또는 상해 임시정부의『獨立新聞』을 비롯하여 국내외 각 신문과 기타 문헌에 적지않이 기록되어 있다. 그 중에서도 특히 ① 박은식(朴殷植)이 지은『韓國獨立運動之血史』중 제 13장 '日人惡刑之蠻行'과 ② 미국 기독교회 연합협의회 동양관계위원회 결의서(미국상원 1919년 제 66회 국회 회의록 수록) 등이 비교적 종합적인 자료라 믿어진다.

다음 체포자에 대한 법적 처벌의 결과를 본다면, 그 절차는 우선 일본군대·헌병·경찰 또는 첩보기관 등에서 제각기 혹은 합동으로 체포하여, 멋대로 태형(笞刑) 내지 사형(私刑)을 가하고, 그후 일부는 석방하고 나머지는 검찰에 송치하여 검찰기소로 재판에 회부한 후 형을 확정지었다. 또한 검찰에 송치된 자에 대하여도 그들은 취조결과 그 중 약 50%는 태형을 가하고 석방하였다.

이렇게 보면, 운동자에게 가장 많이 적용하여 처리한 것이 태형이었음을 알 수 있다. 이러한 태형이 일본식민지인 한국에만 남은 전근대적인 행형제(行刑制)이고, 또한 그 수형(受刑)으로 많은 사람이 평생 불구가 되거나 그렇지 않으면 그로 인해 사망한 경우가 많았다. 조선총독부의 기록에 의하면 3·1운동 발발 전에도 한국인에 대한 태형이 매년 평균 1만 7천명 내외에게 가해졌다고 하므로, 하여간 태형이 민족운동자의 수형(受刑)중에서 가장 비율이 컸던 형종(刑種)인 것만은 사실이라 하겠다.[28] 여기서 부기할 것은 이 태형제는 3·1운동이 발발하자 조선총독부가 그동안 한인의 반감을 샀던 제도라하여 곧 폐지를 발표한 일이 있으나, 그것은 선전일 뿐이고 실제는 1920년 4월 1일까지 태형령(笞刑令)을 그대로 시행하고 3·1운동에 관계된 많은 운동자를 이에 근거하여 처리하였다는 점이다.

피체포자 중 태형 후 석방된 자를 제외하고 검찰에 송치된 자는 다음의 표에서 볼 수 있듯이 ① 보안법 위반, ② 소요죄(騷擾罪), ③ 내란죄, ④ 기타 살인·방화·구타 등의 죄목을 적용하여 재판에 회부하였다. 1919년 3월 1일 운동 발생 이후 그해 10월말까지의 기간 중 이런 일제 식민지 법조에 적용된 수형자의 내용의 한 통계를 들면 다음과 같다.[29]

受刑被告總數

1. 受刑被告總數		2. 起訴의 手續을 마친 被告數	
① 보안법 위반	12,924 명	① 보안법 위반	6,472 명
② 소요죄	4,481 명	② 소요죄	2,289 명
③ 내란죄	296 명	③ 내란죄	296 명
④ 기타범죄	594 명	④ 기타범죄	232 명
계	18,295 명	계	9,289 명

---

28) 『齋藤實文書』 문서번호 473. 제 42회 帝國議會說明資料, 朝鮮總督府 資料(法務局 所管分).

29) 위의 자료. 이들에 대한 상세한 적용법규와 그 刑期 내용 등에 대하여는 조선총독부 법무국이 작성한 '妄動事件分表'(조선총독부 법무국 편, 대정 9년 刊)에 각종표로 분류작성하여 제시한 것이 있다.

일제 군경이 취한 직접적인 운동탄압의 내용에 대하여는 위에서 몇가지로 논급한 바이나, 이 밖에도 예컨대 각지에서 운동을 사전에 예방하기 위하여 시위전개의 중심 집합지가 되기 쉬운 시장을 폐쇄한다든가, 또는 '조선인 여행자 취체령(取締令)' 제 7호 '정치에 관한 범죄 처벌의 건' 등을 시행하였다. 그중에서도 제령 제 7호는 만세시위를 비롯한 한인의 독립운동에 관한 크고 작은 언동까지도 최고 10년의 장기형까지 마음대로 형벌할 수 있게 규정하여 한인의 독립운동을 법률적으로 일체 금지하였다.

5. '문화정치'의 선전

 일제가 한국에 소위 '문화정치'를 시행한다고 국내외에 공식으로 선전한 시기는 운동이 발발한 뒤 6개월 만인 그해 8월 19일이었다. 이날 일본 천황 카히토(嘉仁, 大正帝)는 '짐은 일찍이 조선의 강녕(康寧)으로써 위념(爲念)하고, 그 민중(한국민)을 애무(愛撫)하기를 일시동인(一視同仁), 짐의 신민(臣民)으로서 추호도 차이 있는바 없고…'30)로 시작한 조칙(詔勅)을 발표하였으며, 또 하라(原敬) 수상은 '정부는 이번 소요에 처하는데 가장 공정한 것을 바라고, 그 관리든지 인민이든지를 불문하고 호(毫)도 가차(假借)할 의사가 없고, 수원사건(제암리교회 학살사건) 같은 것에 이르러서는 그 책임 장교에 대하여 이미 행정처분을 한 외 또한 군법회의에 부(附)

---

30) 『齋藤實文書』 문서번호 468. 「朝鮮總督府 官制改革에 關한 勅語」 1919년 8월 19일.

하여 현재 심리중에 있다. 그러므로 정부 진의(眞意)의 존(存)하는 일단(一端)을 볼 수 있을 것이다'³¹⁾라고 일본의 잔혹한 학살을 일부나마 시인하면서, '조선은 내지(즉 日本)와 지리상의 관계에서 밀접할 뿐 아니라, 인종은 물론 풍속·인정이 내지와 크게 차이가 없다. 그러므로 내지인(즉 일본인)과 조선인과는 똑같이 제국신민으로서 정사상(政事上)에서 차등이 없을 뿐 아니라, 사회백반(社會百般)의 일 원래부터 차이가 있을리 없다. … 요컨대 조선은 다같이 제국 영토 내로 하등 차이가 있을 근본적인 이유가 없으며, 점차 내지와 동양(同樣)으로 이르게 하는 것을 조선에 대한 종국의 목적…'으로 한다고 특별 성명서를 발표하였다.

이리하여 제시된 대한정책(對韓政策)의 골자는, 조선총독부의 관제와 제도를 고쳐 한국통치를 앞으로 일본인에게 하는 것과 동일하게 한다는 것이었다. 그러나 그 한계는 하라 수상이 이미 5월 15일에 한국에 있는 미국선교사 웰치(Welch, Bishop Herbert)에게, '일본과 조선은 전혀 동일국이므로 동일의 방침으로 통치하기를 바란다. 단, 문명의 정도, 생활의 정도 등으로 금일 곧 한꺼번에 내지와 같이 취급할 수 없는 것은 물론이다'³²⁾라고 설명한데서도 엿볼수 있듯이 앞으로 일본과 동일하게 하는 것을 목표로 하기는 하나, 지금은 차별을 하겠다는 내용이다.

이제 일제가 이같이 대한정책의 변화를 뜻하는 선정을 한 시기에 유의하면 우선 국내형편이 일본 본국에서 내원(來援)한 증원군의 배치·탄압 등으로 말미암아 운동이 한고비를 넘겨 표면상의 시위운동 같은 것은 없게 되

---

31) 『齋藤實文書』 문서번호 467. 「朝鮮總督府 官制改正에 就하여 原 總理大臣의 談」 1919년 8월 19일.
32) 『原敬日記』 1919년 5월 15일.

었으나, 그것은 운동의 표면적 양상에 지나지 않을 뿐, 저류(底流)에 흐르는 한국민의 운동은 가장 치열한 양상을 띠고 있었다. 총독 하세가와의 후임으로 변경된 문화정치를 시행한다고 선전하며 9월초 부임한 사이토(齋藤實)가 부임 초에 한국의 정황을 보고한 '최근에 있어서의 한국사정'[33])이라는 문건속에서 다음과 같이 논급하데서도 엿볼 수 있다.

> 친히 조선의 땅을 밟고 사방의 정세를 살피건대, 일반 鮮民의 인심은 의외로 험악하여 지난 관제개혁에 의하여도 하등 완화의 징조를 볼수 없다. 귀천·빈부·노소·남녀의 구별이 없이 모두 독립을 몽상하고, 不逞의 徒(독립운동자)는 이 기회를 타서 음모를 기획하고 혹은 폭탄으로써 총독 이하 顯官을 쓰러뜨리려 하고, 혹은 총독부를 불사르려고, 혹은 외인과 기맥을 통하여 鮮人殺傷凌辱의 사실을 과장하고, 언론·사진으로써 구미에 선전하고, 그들의 배일감정을 환기시키고자 하고, 혹은 소요죄에 의하여 刑辟에 걸린 사람은 志士라고 尊榮하고, 그 옥중에서 사망한 자의 葬儀에 巷列하는 자 萬으로 헤아릴 수 있는데 불구하고, 天長節 등 축제일에는 거의 國旗를 게양하는 자 없는 등, 더욱더 험악의 度를 加하고 있는 實況이다.

이같은 국내형편과 아울러 또한 주목한 사실은 국외 한인의 동향이었다. 첫째, 서북간도를 비롯한 동삼성(東三省) 일대와 러시아 연해주에서는 운동 발발 직후부터 편성되기 시작한 무장 독립군이 이 시기에는 두만강과 압록강의 국경선을 향하여 군사적인 활동을 개시하였고, 둘째, 상해에서는 대한민국 임시정부가 서울의 한성정부, 러시아의 국민의회, 동삼성의 군정

---

33) 국회도서관 藏, 마이크로필름, Japanese Ministry of Foreign Affairs 1868~1945. Accession No. MT 797 pp. 406~410.

부를 통합하여 독립운동의 지도체제를 세우는 한편, 국내에 연통제와 교통제, 구미에 주 파리위원부와 구미위원부를 설치하여 외교와 선전에 주력하고 있던 시기였다.

한편 이같은 한국민의 운동상황과 일제의 무단적 탄압은 그대로 국제여론에 반영되고, 이에 따라 미국·영국 등 열강은 일본를 비난하고 어느정도 이를 견제하려는 기세였던 것이다. 그러므로 일본 당국자는 병력에 의한 무단적 학살만으로 이 거족적인 운동을 뿌리째 진압시킬 수 없을 뿐 아니라, 일본의 국제외교상으로도 어떤 조치가 부득이한 형편이었다. 이같이 일제가 국제적으로 비난을 받으므로 어떠한 자기 선전의 필요가 절감되는 정황은 다음과 같은 미국정부측의 권고에 의하여도 그 일단을 볼 수 있다. 즉 미국무차관은 6월 하순 워싱턴 주재 일본대리대사 테부치(出淵)를 불러, '조선문제 및 산동문제에 미국여론이 작금(昨今) 아직 시끄럽고, 특히 조선문제에 있어서는 일층 재미없는 경향이 있다. … 차제(此際) 일본측에서는 세인으로 하여금 지금 좀더 명료히 조선의 현상 내지 일본 현정부의 공정한 방침을 알 수 있도록 적당한 조치를 내는 것이 득책(得策)일 것이며, 그 방법으로서는 책임 있는 정부당국의 공표서를 발하여 연합통신을 이용하여 널리 미국인에게 알리는 것이 가장 유효할 것이다'[34]라고 미국정부의 입장을 말하면서, 구체적으로 운동해결에 대한 그의 견해를 피력하였다. 그리하여 대리공사 테부치는 국무차관의 설명에 입각하여 적어도 다음과 같은 4개 사항에 대한 해결과 발표없이는 미국인이나 미국정부를 납득시킬 길이 없다고 본국정부에 청훈(請訓)하였다.

---

34) 위의 자료, pp. 231~232.

① 종래의 통치방법으로서 그 성적을 자랑할 수 있는 것은 충분히 이를 자랑하고, 그 결점으로 인정되는 것은 솔직히 고백하고 그 개선방침을 言明하고 또한 근번 騷擾에 관하여 도저히 부인할 수 없는 현저한 학살사건에 대하여는 淡白히 이를 인정하고, 더욱이 그 책임자에게 가한 재판상황을 공표한다.
② 제국정부(일본)은 기독교에 대하여 추호도 편파심을 가진 바 없다. 다만 다음의 사항은 세상사람들이 주의하는 바로서, 한국 시대에 외국선교사는 영사재판권하에 있어 한국관헌이 이에 대하여 한가지도 어찌할 수 없기 때문에, 조선인은 자칫하면 기독교도라는 가면하에 외국선교사의 세력에 숨어서 한국 관헌에게 반항하는 경향이 있었다. 조선인 중에는 병합후 금일에 있어서도 이를 이용하고 음모를 획책한 자 적지 않다. 이것이 일본관헌으로서는 부득이 누차 선교사의 가택을 수색한 까닭이다. 따라서 제국정부는 약간의 외국선교사가 간접 혹은 직접 금번의 운동에 성원을 준 것이라는 풍문을 들었으나, 결코 이를 輕信하는 것이 아님은 물론이다. 저들이 萬里異域에 있어서 조선인의 정신적 교화에 공헌하고 있는 공도 많으며 그 포교상 할수 있는 한 편의를 줄 각오이다.
③ 병합 후 아직 10년에 달하지 않아 통치상 개량을 요하는 것이 적지 않다. 이에 제국 정부는 교육에 중점을 두고 조선에 적합한 교육기관의 정비에 용의하고, 또 조선의 역사를 존중하여 그 민족적 개성의 보존 및 발전에 주력할 방침이다.
④ 교육의 보급을 꾀함과 동시에 한국시대 다년 전제통치하 압박을 받다 정치 사상이 결여한 조선인에 대하여 서서히 자치적 훈련을 하기 위해 먼저 지방행정에 있어서 될수 있는 한 그들(한국민)을 문화(文化)시킬 작정이다.[35]

---

35) 위의 자료, pp. 239~241.

이 대리대사 테부치의 건의문에 이어, 미국 국무차관의 숨김없는 설명이라 하여 '미국의회에서 영국에 대하여 취한 애란 독립승인 결의와 같은 일도 있으므로, 일본에 대하여도 오해 많은 금일 자기(미국무차관)의 말을 듣지 않으면 앞으로 어떤 형태이든간에 일본의 한국탄압과 한국독립의 문제가 의회에서 문제화할지 모른다'는 외교적인 견제의 발언도 있었음을 부기(附記)하고 있다.

이상의 논급으로써도 일본정부가 첫째는 당시의 한국민의 내면적인 열띤 독립운동에 대한 대책으로나, 둘째, 국제적인 비난과 그 견제에 의하여 부득이라도 위에서 언급한 소위 문화정치란 것을 들어 선전하지 않을 수 없는 절박한 상황에 있었음이 설명될 수 있다고 본다.

그러면 일본정부가 그같은 여건에서 국내외에 '문화정치'를 시행한다고 선전하면서 결정한 실제적인 대한정책(對韓政策)은 어떤 것이었던가.

결론부터 말하면, 그 표현이 바로 다음에 인용하는 '조선통치의 방침'인 것이다. 이것은 일제가 적어도 1904년 한국식민통치를 본격적으로 착수하던 시기에 결정하여 3·1운동 발발때까지 그들의 기본정책의 조문(條文)으로 쓰던 '대한방침(對韓方針)'36) 이래 일부이긴 하지만 처음으로 변경된 한국정책의 기본방침의 변화라 하겠다.

그러므로, 일제의 한국식민지 통치의 기본성격과 그 시기는 이 '조선통치의 방침'의 결정시행으로 양분되며, 구분은 이전의 '무단정치'의 시기와 그 이후의 '문화정치'의 시기로 구분지을 수 있는 것이다.

---

36) 『日本外交文書』 제 37권 제 1책. pp.351~356. 「對韓方針並對韓施設綱領決定의 件」.

조선통치의 방침[37]

(1) 조선의 독립을 허락하지 않을 것

조선인은 現時 모든 계급을 통하여 조선독립을 희망한다 하나, 어떠한 사정이 있어도 결코 이 독립을 허락할 수 없음은 自明의 義로서, 內地에 있는 자는 물론 在外使臣도 이 취지에 의하여 대응성명을 하고 조금도 애매한 태도를 표시치 말 것.

(2) 조선인의 조선자치를 허락하지 않을 것

조선독립이 불가능한 경우에는 조선차지(조선인에 의하여 조선을 통치한다는 뜻 - 필자)를 주장하는 자가 있다고 하나, 원래 자치론이라는 것은 독립론에서 생긴 幹枝이다. 그렇지 않으면 日鮮兩民族 대등이라는 견지에서 조선인은 조선을 자치하여 일본과 악수할 것이다라고 唱하는 것이다. 이 역시 불가하므로 결코 허락할 수 없다는 것을 성명할 것.

(3) 조선에 지방자치를 인정할 것

조선인의 참정권에 대한 욕구는 치열한고로, 面·郡·道에 대한 자치를 허락하여 그 일부의 욕구에 만족을 주는 것은 機宜의 조치라고 믿는다. 따라서 民度에 따라서 우선 이에 적응하는 簡易한 자문기관을 마련하고 예산 및 課稅 등에 관하여 인민의 의견을 開陳하는 방도를 열고 점차 그 자치권을 확장하는 것을 可하다고 인정한다.

(4) 在外鮮民에 대한 保護取締의 방침을 수립할 것

在外鮮民은 그 수가 불분명하나 50만 내지 150만이라고 칭한다. 就中

---

37) 한국연구원 藏 마이이크로필름. Japanese Ministry of Foreign Affairs 1868~1945. Accession No. 27. sp 44. pp. 1~7.

상해·만주·시베리아에 거주하는 불령선인(민족운동자)은 모든 방법으로 써 조선내지의 양민을 선도하고 있으므로 이를 艾除하지 아니하면 조선의 소요를 근절시킬 수 없다. 이들은 속히 그 소굴을 소탕할 필요가 있는 동시에 기타의 선인에 대하여는 일층 보호를 가하고 皇化에 均霑하는 방도를 啓할 필요가 있다. 이렇게 함에는 당분간 左(아래)의 방법을 실시하고자 하는 희망을 갖는다.

① 외무성 高等官을 상해·봉천·길림·블라디보스톡(浦潮)·니콜리스크(우수리스크) 등에 주재시켜, 영사와 협력하고 또 조선총독부와 밀접한 연락을 保하여, 재외선인의 취체와 보호에 힘쓸 것.
② 이상의 파견원은 支那·러시아· 기타의 관헌과 교환하고 그 양해를 얻어 그들로 하여금 우리 偵察保護取締의 활동에 대하여 충분한 편의를 주게 할 것.
③ 재외선인으로서 생업에 就하고자 하는 자에 대하여는 金融 기타의 편의를 도모할 것.
④ 온건한 선인단체에 대하여는 상당 보조를 주어 보호·지도할 것.
⑤ 求療·교육·감화의 시설을 할 것.
⑥ 각종의 방법을 강구하여 조선내지의 진상을 주지시킬 것.
⑦ 불령선인·유력자를 조종하는 수단으로는 혹은 이를 중추원의 議官으로 하고, 또는 기타 文官에 발탁·등용하는 방법을 강구할 것.

(5) 문명적 행정을 행할 것.

번쇄한 법령 및 수속을 간이하게 만들어 사무의 민활을 도모하고 뜻을 인재의 박탈과 민의의 창달에 기울여 不評怨嗟의 소리가 없게 하며, 교육제도를 개선하고 의료의 道를 넓혀서 民智를 進하고 민생을 안녕되게 하며, 구습을 존중하여 일일 그 선을 髿하고 행정으로 하여 선민의 실생활에 적응시킬 필요가 있다. 이들에 대하여는 착착 실행하고 있으나, 장래 실시하고자 하는 것은 대략 아래와 같다.

① 현재의 중추원을 개조하여 귀족 및 퇴직 관리 외에 13도로부터 유력자 2, 3인을 선임하여 조선의 舊慣制度 및 이에 필요한 사항을 자문하여 의견 발표의 기관으로 할 것.
② 교육제도를 개정하여 小學·中學은 대체로 내지(일본)의 제도와 동일하게 하고, 또 내지 고등학교·전문학교와 연락을 취하여 이들 고등의 제 학교에 입학할 수 있는 길을 열 것. 조선에 고등학교 및 대학을 설립하여 조선내에서 계통 있는 고등교육을 받게 하는 길을 열 것.
③ 고등시험령을 개정하여 조선고등보통학교(현 중학교정도) 졸업자에게도 수험자격을 줄 것.
④ 任用令을 개정하여 당분간 조선인에 대하여 널리 특별 임용의 길을 열 것.
⑤ 의료위생기관의 정비 확장을 도모할 것.

이 '조선통치의 방침'에 보인 기본방침과 이 방침에 의하여 취하여진 일제의 그 후의 구체적 시책의 평가는 두고라도 이 방침에 보인 뚜렷한 의도와 내용은 다음의 두가지로 요약하여 볼 수 있다. 그 첫째는 한국의 독립운동이나 또 독립운동으로 지향할 수 있는 자치운동 등 일체의 민족운동을 일제로서는 절대로 용인할 수 없다는 것을 표명한 것이다. 따라서 이같은 운동은 앞으로 철두철미 탄압 분쇄하겠다는 다짐을 한 것이 된다. 둘째는 한국민의 독립정신과 민족의식을 둔화시켜 일제의 식민지배를 계속하기 위한 당면시책으로 ① 한민에게 식민지 지배의 자문에 족할 한도에서 점차 도·군·면에 자치제를 시행하여 민족운동 발전의 중요면의 하나인 한국민의 정치 참여의식과 그 활동을 소모시키고, ② 서북간도와 러시아 연해주 또는 상해·일본 등지의 근 1백50만의 한민족을 각종 수단을 통하여 회유 혹은 탄압하여 민족운동의 국내외 관련을 절단하고, ③ 조선총독부의 한인교육·행정 등을 종래보다는 문명적인 방법과 절차를 채용하여, 한국민을 유화시키는 한편 민족의식을 말살하려는 것이었다.

'문화정치'란 이름의 이러한 내용으로 일제는 마치 한국민에게 은혜나 베푸는 양, 앞으로 한국인을 일본인과 차별하지 않고 또한 문화정치를 시행한다고 선전하였던 것이다. 한편, 이를 가지고 국제적으로 그들이 비난받는 한국 통치책과 운동 탄압책을 위장하기 위하여 십분 이용하였던 것이다.

일본정부는 이같은 새로운 통치책 내지 운동 탄압책을 선전하면서, 총독 하세가와(長谷川好道)를 퇴임하게 하고 사이토(齋藤實)로 교체시켰다. 이 문화 정치를 구체화한다고 부임한 사이토는 곧 한국에 부임하여, 첫째는 헌병 경찰제를 보통 경찰제로 변경하는 것을 비롯하여 일반관리 패검(佩劍)의 금지, 한인관리 임명 및 급여규정의 변경, 민적제도(民籍制度)의 변경, 묘지취체규칙(墓地取締規則)의 완화, 국문신문의 허가, 중추원의 활동 등 표면상 무엇인가 한·일인 사이의 차별을 없애고 한인의 대우를 개선하는 듯이 비쳤다. 이밖에도 이런 종류를 병렬하여 열거할 것이 적지 않으나, 그 어느 것이나 다 근본적인 의도가 한인의 민족의식과 독립정신에서 연유되는 일체의 독립운동을 탄압하기 위하여 한인과 세계여론의 초점을 '일본은 한·일 양인사이에 차별적 통치를 없애려고 노력하는 중'이라는 것에 맞춰 그 인상을 부각시키기 위한 선전적 효과에서 취했던 것이라 아니할 수 없다.

일제가 소위 문화정치를 선전하면서 취한 이같은 사항들은 기본적인 일제식민지 통치정책이란 입장에서보면 제 2차적인 것이었고, 그보다 그들이 주력하여 눈에 보이지 않게 변경·추진한 시책으로는 다음 몇가지 문제에 중점이 있었다고 하겠다.

첫째, 종래의 주한군경(駐韓軍警)의 병력을 증가시킨 일이다. 그 해 12월 사이토 총독은 주한일본군 병력의 배증(倍增)을 공식으로 그들 정부에 요청하였다. 그는 그 증병이유를 자신이 자필로 쓴 '조선에 육군병력의 증가를 요하는 건'[38]이란 건명(件名)이 달린 증병 요청서에서 다음과 같이 밝히고 있다.

> 조선에 있어서 현재의 육군병력은 통치상에 鑑하여 제국(일본) 위력의 유지상 더욱 그 증가의 필요를 認함으로써 상당의 군대(他文書에 의하면 2개 사단이라고 하였음 - 필자주)를 내지(일본)에서 移轉配備 하고자 茲에 이유를 具하여 의견을 제출함.
>
> 이유
>
> 본년 3월 소요이래 조선 全土의 민심안정을 결하고 조선인의 태도가 현저히 오만하여져 所在地 內人(한국에 있는 일본인)에 대하여 압박을 가하고 혹은 관청의 명령을 경시하는 풍이 일익 심하여 각지에서 빈번히 이를 호소하기에 이르렀음은 통치상 가장 우려를 느끼는 바이다. 대가 조선인의 性僻인 위력존재를 목전에 보이지 않으면 곧 자체력을 잃고 자아의 정신(민족정신)을 증진하여 마침내 흉포의 행위(독립운동)에 이르

---

38) 『齋藤實文書』 문서번호 714. 「朝鮮에 陸軍兵力 增加를 要하는 件」. 이 문건은 齋藤의 친필 기안본을 비롯하여 3종이 보인다. 내용주지는 동일하나 단지 몇몇 곳에 수식어가 다르다. 어느 것이 확정 채택되어 본국정부에 도달된 것인지 쉽게 가리기 어렵다. 따라서 이곳에는 齋藤 친필본을 인용하였다. 이곳에 인용된 것에는 증설 병력수가 약간 사단이라고 하였으나 나머지 한 것에는 2개사단이라고 明記하고 있다.

는 것은 과거의 실적에 徵하여 명백한 바이다.

일찍이 2개 사단을 설치하여 駐剳軍의 分屯을 철폐하고 근대 교육의 편의상 되도록 병력 집중을 행하자 마침 수春의 소요가 발발하고 전도가 翕然히 이에 악화되며 각지 수비의 허술한 틈을 타서 드디어 요원의 勢를 보이고 불령의 徒輩는 그 사이에 跳梁을 極하기에 이르렀다. 그리고 일단 병력을 (널리) 분포하고 새로이 내지(日本) 증견(增遣)부대가 부서에 취함에 미쳐서 到處洶湧하던 소요가 홀연히 진정되고 그 흔적을 남기지 않은 것은 전혀 선인이 군대의 위력에 畏怖한 까닭이다. 금일일지라도 아직 불온의 보고가 있을 때마다 각지 소재의 군대로 임시 경계 행군을 행하여 일반 인민의 경거망동을 예방하여 민심을 안정시킴에 있어서 효과가 현저한 것을 인정한다. 그러나 평상의 훈련 및 임무 이외에서 주야 불시의 경계에 종사하는 군대의 勤勞는 실로 말할 수 없는 바 있다. 도저히 장시일에 亘하여 그의 重荷를 감당할 수 없는 바이다.

생각건대 조선의 廣袤는 이를 내지에 비하면 廣島縣을 扣除한 면적보다 조금 크고, 그 인구 또한 1천 7백만을 넘는다. 그런데 이에 수비를 겨우 2개 사단을 둠에 지나지 않는다 … 하물며 조선의 民情이 금일과 같이 험악함에 있어서랴.

그들 조선인은 입을 열면 독립을 절규하고 자치를 요망하고 혹은 壬申 이래의 復仇를 이야기하고 日韓協約 및 병합의 굴욕을 논하고 민족자결로써 세계의 正義에 합한다는 不逞의 언동을 마음대로 한다. 지금 이에 대하여 세계의 대세에 昭하고 동양평화의 필요를 이야기하고 조선의 실력 및 현상을 고하여 그 망상을 설득하여도 毫도 이에 귀를 기울이지 않고 공연 반대하는 것도 충심 독립론에 공조하고 있는 실상인 까닭이다.

이를 良風에 順致하자면 一朝一夕으로는 어렵다 하더라도 이에 통치의 요체는 제국(일본) 위력(병력)을 목전에 보임과 동시에 선정을 시행하여 內鮮人(朝·日人)으로 하여금 각기 堵安시키어 서서히 인심의 歸一을 기도하는데 있음을 확신하여 의심치 않는다. 그런 까닭으로 이 목적을 위하여 속히 內地所在의 약간 사단을 조선에 이전하는 것이 가장 緊急 凱切한 시책이라고 인정한다.

그 달 9일 하라(原敬) 수상은 이 요청서를 가지고 다나까(田中) 육군상과 논의한 끝에 재한병력은 현재 그대로도 충분한 것같이 생각되며, 또한 증파에 관한 예산이 1920년도 예산에 포함되지 않아 곤란한 점이 있으나 이 문제는 일고(一考)하지 않을 수 없다는 의견을 말하고 있다.[39] 이 안이 그 후에 어떻게 결말지어져서 병력증강이 실현되었는지는 지금 자료가 수집되어 있지 않아 분명히 밝힐 수 없으나, 추측컨대 한국문제의 모든 권한은 총독에게 일임되어 있고, 또한 조선군 사령관도 일찍부터 재한병력의 부족을 말하고 있는 것이 몇몇 자료에 산견되는 점 등으로 미루어, 어떤 방도로든지 그것을 실현시킨 것으로 보인다.

다만 군대 뿐 아니라 경찰병력에 있어서도 매일반이었다. 당초 일본정부는 문화정치를 선전할 때, 종래의 헌병경찰을 폐지하고 보통경찰로 대체한다고 하였으나, 그 실시된 내용을 보면 종래의 헌병은 한인 무장독립군이 활동을 개시한 국경선지방의 방비를 강화하기 위하여 투입시키고,[40] 일반경찰은 다음의 표에서 볼 수 있듯이 우선 인원을 종래 헌병경찰시대의 250%로, 이에 따라 경비도 300%, 무기에 있어서도 300% 이상의 화력으로 각각 대폭 증강하고 있다.[41] 일제가 이같이 군대병력의 증강과 아울러,

---

39) 『原敬日記』 1919년 12월 9일.
40) 『齋藤實文書』 문서번호 519. 「朝鮮警察에 관한 議會 答辯資料」.

군대와 같은 전투력을 발휘할 수 있는 경찰을 대폭 확장한 이유는 말할 것도 없이 문화정치란 것이 당초부터 그들이 대내외에 선전하는 정책에 불과하고 실은 한민족의 민족운동을 종전과 같이 계속 탄압하는 정책의 지속을 뜻하는 것임을 보여준다.

둘째는 사이토(齋藤實)가 부임한 후 당시 한민족 총수의 10분의 1에 해당하는 국외한인에 대한 일본화의 적극적인 대책을 추진시킨 일이다. 국외한인은 국내보다 비교적 양호하다 할 조건에서 민족독립운동을 추진할 수 있기 때문, 3·1운동 발발 후 만주·러시아 등에서는 무장 독립군이, 상해·미주 등에서는 대한민국 임시정부가 중심체로 되어 장기적이고도 강인한 민족독립운동을 전개하고 있었으므로, 이에 대한 토벌책과 회유책을 쓰지

文化政治 宣傳 전후의 警察人員·經費·銃器의 비교

	制慶改正前		制慶改正後	
人員	警察官 憲兵 計	6,322人 8,178 14,500	警察官	20,147人
經費	警察經費 憲兵經費 憲兵費 憲兵補助費 計	3,551,343圓 3,800,612 2,511,045 1,289,567 7,351,955	警察·憲兵經費	22,658,891圓
銃器	小銃 拳銃	5,657挺 1,272挺	小銃 拳銃	13,894挺 4,563挺

備考 : 原表(註40자료)는 「制度改正前後의 定員比較」「制度改正後의 經費比較」「制度改正前後의 銃器配備比較表」이라는 名稱의 상세한 3種表와 增加百分比를 包含한 說明이 나와 있는 것인데 便宜上 그 綜合數字만 뽑아 한 表로 集計表示하였다.

---

41) 위의 자료.

않고는 한국의 독립운동을 근절시킬 수 없다고 인정하였던 것이다. 그러나 이 문제는 따로 논급되어야 그 전모를 밝힐 수 있을 것 같으므로 이 곳에서는 생략한다.

이밖에도 '문화정치'를 선전한 후에 그들이 취한 정책으로는 우선 3·1 운동 발발 후 보다 활발하여진 한인의 교육열과 언론문화의 향상운동을 이용하여 민족성을 말살하는 식민지 교육과 문화정책을 강행한 일을 들 수 있다. 전국에 보통학교와 중등교육기관의 수를 늘리고, 기독교·불교·천도교 등 종교에 간섭하고, 언론 기타 문화활동을 견제하여 일인화(日人化) 정책을 추진한 것 등은 다 그와같은 일련의 구체적 대책에 속한다. 또한 한국의 경제체제를 제 1차 세계대전 후 제국주의화한 일본자본주의 식민지 경제체계로 개편한 일이라든지, 또 민족운동을 종식시키기 위한 친일한인(부일파 - 필자)을 다량으로 만들어 내는 정책 등, 이곳에서는 일일이 거론할 수 없는 광범위한 부면에 걸치고 있다.

제11장
3·1운동중의 '독립신문'류

　　1910년대 일제 무단 통치 하에서 한민족의 언론은 극도로 봉쇄되어 있었다. 1910년 8월『대한매일신보(大韓每日申報)』가 조선총독부의 손으로 넘어가『매일신보(每日申報)』로 제호를 바꾼 이래 1919년 3·1운동 발발 때까지 한국에서 발간되던 신문은 단지 총독부의 충실한 기관지 역할을 수행한『매일신보(每日申報)』와 자신들의 권익을 위하여 발행하던『경남매일(慶南每日)』등에 불과할 뿐이었다. 일제는 그 동안 소위 광무신문지법(光武新聞紙法)[1](1907)과 융희출판법(隆熙出版法)[2](1909), 그리고 통

---

1) 新聞紙法, 光武 11년 7월 27일 법률 제1호. 이 법 중 주목할 몇 개 조항을 들면 다음과 같은 것이 있다.
　　제1조 新聞紙를 發行코저 하는 者는 發行地를 管轄하는 觀察使(京城에 在하야난 警務使)를 經由하야 內部大臣에게 請願하야 許可를 得함이 可함.
　　제2조 內部大臣은 新聞紙가 安寧秩序를 妨害하거나 風俗을 壞亂하난 者로 認할 時난 그 發賣領布를 禁止하야 此를 抽收하며 又는 其 發行을 停止 혹은 禁止함을 得함.
　　제34조 外國에서 發行한 國文 혹 國漢文 又 는 漢文의 新聞紙와 又는 外國人이 內國에서 發行한 國文 혹 國漢文 又 漢文의 新聞紙로 治安을 妨害하며 又난 風俗을 壞亂함으로 認할 時난 內部大臣은 該新聞을 內國에서 發賣發布함을 禁止하고 該新聞紙를 抽收함을 得함.
2) 出版法, 隆熙 3년 2월 26일 법률 제6호. 이 법 중 주목할 몇 개 조항을 들면 다음과 같은

감부의 신문지취체령(新聞紙取締令)(1908년 통감부령 제12호) 및 통감부 출판규칙(統監府出版規則)(통감부령 제20호) 등의 악법을 연달아 제정하여 근대 사회를 지향하고 민족 의식을 고취하던 자유로운 한민족의 언론과 사상을 말살하고 있었다.3)

이와 같이 억압된 민족 언론은 국치 후 10년째인 1919년 3·1운동을 전기로 활발한 재생운동(再生運動)을 벌였다. 민족 대표 33인이 서명한 독립 선언서 인쇄와 함께 천도교(天道教) 보성사(普成社)에서는 『조선독립신문(朝鮮獨立新聞)』을 창간하여 민족의 독립 결의와 자유 사상을 정당히 표현하기 시작하였다. 이를 뒤이어 경향각지에서는 『신조선신문(新朝鮮新

---

2) 出版法, 隆熙 3년 2월 26일 법률 제6호. 이 법 중 주목할 몇 개 조항을 들면 다음과 같은 것이 있다.
  제1조 機械와 其他 如何한 方法을 勿論하고 發賣 又난 頒布를 目的삼고 文書와 도서를 印刷함은 出版이라 하고 其文書를 著述하거나 翻譯하거나 又난 編纂하거나 又난 圖書를 作爲하난 者를 著作者라 하고 發賣 又난 頒布를 擔當한 者랄 發行者라 하고 印刷를 擔當한 者랄 印刷者라 함.
  제2조 文書 圖書를 出版코저 하난 者난 著作者 又난 其相續者나 及發行者가 連印하야 稿本을 添하야 地方長官(漢城府에 서난 警視總監)을 經由하야 內部大臣에게 許可를 申請함이 可함.
  제13조 內部大臣은 本法, 違反하여 出版한 文書 圖書의 發賣 又난 頒布를 禁止하고 該刻印本을 抽收함을 得함.
  제16조 內部大臣은 本法施行前 旣히 出版한 著作者로 安寧秩序랄 妨害하거나 又난 風俗을 壞亂할 處가 有함으로 認할 境遇에는 其發賣 又난 頒布랄 禁止하고 及該刻版 印本을 抽收 함을 特함.
3) 조선총독부는 한국인에게 민족 언론을 스스로 못하게 한 것은 말할 것도 없고 1919년 1월 17일에는 다음과 같은 명령을 발하여 민족자결주의를 알리지 못하도록 조처하는 신문 단속을 감행하였다. "민족자결주의를 조선에도 적용하고 독립을 하고자 하여 미국 또는 강화회의 등에 대하여 조선인이 종종(種種)의 운동을 하는 신문 기사는 치안을 방해하는 것이라고 인정하므로 신문지에 게재하지 않도록 발행 책임자에게 경고하였음. 이에 저해하는 것은 『수이입신문(輸移入新聞)』도 포함) 차압, 압수하고 그 제호 발행연월일 호수를 전보할 것"[(조선총독부기록 제2756호) 大正 8년 소요사건잡보)].

聞)』, 『조선민보(朝鮮民報)』, 『국민신보(國民新報)』, 『혁신공보(革新公報)』 등의 제호를 단 여러 종류의 '독립신문류(獨立新聞類)'를 잇달아 발행하였다. 또한 멀리 압록, 두만강 너머의 서북 간도와 시베리아 연해주의 한인 사회에서, 또한 임시정부가 들어선 중국 상해(上海) 한인 사회에서까지도 이와 같은 독립신문류들이 간행되어 국내까지 들어오게 되었다.

이들 신문은 물론 일제의 허가 따위는 받은 일이 없었으며, 일제의 허가를 받으려 생각지도 않았다. 이러한 신문의 발행을 독립 선언과 더불어 한민족의 당연한 기본권의 회복과 행사로 알았다. 일제측에서 보면 이 같은 신문들은 관헌의 눈을 속이는 불법의 지하 신문(地下新聞)이라 할 수 있겠으나, 한민족의 입장에서는 스스로 쟁취하는 민족 언론의 재생운동이라는 의의를 지녔던 것이다.

또한 이들 신문은 『조선독립신문(朝鮮獨立新聞)』의 창간호 등 몇 가지 경우를 제외하고는 대부분 지형(紙型)이 지금의 신문 호외판을 연상시키는 타블로이드판 정도에 프린트한 것으로, 물론 영리를 위한 판매를 목적으로 한 것도 아니었다. 그리고 신문 내용도 3·1운동 진행 관계 등을 간략하게 서술한 기사가 대부분이었다.

그러나 그 기사에는, 말미에 현존하는 실물의 신문 몇 개를 수록한 데서도 볼 수 있듯이, 민족의 자주적인 사상과 민족의 결연한 독립 의지가 담겨 있었다. 그러므로 그 전파는 놀라운 위력을 발휘하여 독립을 열망하는 전 민족 사회에 적지 않게 보급되었다.

조선총독부는 처음부터 이들 신문을 철두철미하게 탄압하고자 하였다. 그들은 관헌을 동원하여 신문을 압수하고 인쇄소를 수색하였다. 일제는 그러나 이때 도리어 한민족의 언론을 다시 봉쇄할 수 없음을 깨닫게 되었다. 일제 총독은 그 해 9월 한민족의 민간지 발행을 허가할 뜻을 내비친 뒤,

다음 해인 1920년 1월 6일에는 『동아일보(東亞日報)』, 『조선일보(朝鮮日報)』양대 민족지 발행을 허가하였다.

이들 신문은 비록 일제의 검열을 받고 발간되기는 하였지만, 식민지 치하에서 민족 언론이 공식적으로 등장하게 되었음을 뜻한다. 이와 같이『동아일보』, 『조선일보』허가에까지 이르게 한 독립신문류(獨立新聞類)의 발행과 보급은 겨우 80여 년 전의 일에 지나지 않는다. 그러나 계속된 일제의 철저한 압수 소각과, 혼란한 사회 정치적 여건으로 말미암아 그 실물(實物)들은 거의 인멸되어 희귀한 실정이다. 더욱이 이들 신문에 관련된 기록도 엉성하여 그 전모를 해명하고, 나아가 그 성격과 의의를 천명하기가 곤란한 점도 있다. 이런 점을 미리 염두에 두고 사실에 접근해 보고자 한다.

『조선독립신문(朝鮮獨立新聞)』은 1919년 3월 1일 독립 선언서를 인쇄한 천도교의 보성사(普成社)에서 창간되었다.[4] 이 신문 창간의 주도 인물은 33인 중의 한 사람인 천도교측 이종일(李鍾一)이었다. 그리고 그의 명을 받은[5] 천도교월보사(天道敎月報社)의 주필이던 이종린(李鍾麟)이 창간호의 원고를 집필하고 이어 간행에 따른 실무를 담당하였다.[6] 또한 천도교 대도주(大道主) 박인호(朴寅浩)와 이 신문의 사장이 된 보성법률상업학교장이던 윤익선(尹益善) 및 인쇄를 담당한 보성사 감독 김홍규(金弘奎) 등도 이 신문의 발간과 관련된 중요 인물들이라 할 것이다.[7]

---

4) 보성사(普成社)는 천도교에서 그와 함께 경영하던 보성법률상업학교 구내에 있었고 종로구 수송동 44번지임.
5) 윤익선 외 6인의 보안법 및 출판법위반 총독부경성지방법원, 大正 8년 8월 30일의 예심종결서(豫審終結書), 大正 9년 형사판결 원문 제7책 391호.
6) 위와 같음.

이종일(李鍾一)은 천도교에서 경영하던 보성사(普成社)와 천도교월보사의 사장에 재임하면서 48인이 주동이 된 독립 선언 계획에 참가하고 독립 선언서에 천도교 대표의 1인으로 서명하였다. 따라서 그가 독립 선언서의 인쇄와 전국적인 배부를 주관하였던 것은 당연한 일이었다. 그는 2월 27일까지 보성사(普成社)에서 독립 선언서 2만 1,000매를 인쇄해, 3월 1일에 태화관과 파고다 공원에서 독립 선언을 하기 직전까지 서울 시내는 물론 전국적인 배부를 마치도록 조처하였다.

한편, 이종일은 독립 선언서의 인쇄 배부와 아울러 2월 28일부터 이종린(李鍾麟)과 함께 그들이 계획하던 독립운동을 거족적으로 추진하기 위해 신문을 발행하였다. 독립 선언의 취지를 전민족에게 널리 알리고 운동의 전개 상황을 보도하여 민족의 독립 결의를 달성코자 한 것이다. 그리하여 이종일, 이종린 두 사람은 박인호(朴寅浩)와 상의하고 윤익선(尹益善)을 사장으로 하는 『조선독립신문(朝鮮獨立新聞)』 제1호를 만들어 김홍규(金弘奎)로 하여금 3월 1일 오전 중에 1만 매를 인쇄 배부토록 하였던 것이다.[8] 처음에는 이종일(李鍾一)이 스스로 사장이 되려고도 하였다. 그러나 독립 선언 후 일제에게 체포될 각오를 한 상황이었기 때문에 피고인(被告人)되는 사람이 자신이 포함되는 기사를 싣는 신문의 사장이 되는 것은 모순이 된다고 하여 대신 박인호(朴寅浩)의 의사를 좇아 윤익선(尹益善)이 사장이 되었던 것이다.[9] 사장을 누구로 할 것인가 하는 문제는 이종린(李鍾麟)이 쓴 창간호의 원고를 3월 1일 아침 인쇄에 회부할 때까지도 해결치

---

7) 윤익선 이하 72인의 경성복심법원(京城覆審法院), 大正 9년 2월 27일 판결문.
8) 위와 같음. 경기도경찰부(京畿道警察部) 『사찰휘보(査察彙報)』, 大正 8년 3월 12일 제16회.
9) 이종린의 보안법 및 출판법위반 경성지방법원, 大正 8년 6월 10일자 예심조서.

못하고 인쇄 중에 사장이 결정되었기 때문에, 제1호 가운데 몇 부는 사장 명의가 빠진 것도 있다.10)

제1호는 보통 신문지의 4분의 1(지금의 호외판) 정도 되는 크기에 『조선독립신문(朝鮮獨立新聞)』이란 제호를 초호(初號) 활자로 넣고, 본문은 4호 활자, 기사 제목은 1호 활자로 만들었다. 내용은 전부 세 가지 기사를 간단하게 수록한 것이었으나 중요한 의미를 지녔다. 말미에 수록하는 원문에서 볼 수 있듯이, 첫째 기사는 33인의 민족 대표가 태화관에서 3월 1일 오후 2시에 독립 선언서를 발표하는 것이고, 둘째 기사는 민족 대표들의 순국결사(殉國決死)의 결의와 민족에게 보내는 대표들의 '신탁(信託)'을 밝히고 있고, 마지막 기사는 자신들의 운동 계획이 전국적 거족운동(擧族運動)으로 확대될 것을 전망하는 내용이었다.

여기서 특히 주목할 점은 이 같은 기사가 만들어진 시점이 독립 선언 전이었다는 점이다. 그러므로 그 기사 내용들은 48인의 운동 지도자들의 계획과 사상을 표현한 것으로 해석할 수 있는 것이다. 이로써 볼 때 창간호는, 비록 소형판에 짧은 기사가 세 가지 밖에 들어 있지 않고 또한 발행부수가 1만 매에 지나지 않았지만, 거족운동의 언론지로서 의의 있는 출발을 했다고 평가할 수 있는 것이다.

『조선독립신문(朝鮮獨立新聞)』의 창간호를 낸 보성사는 3·1운동 발발 직후 일제에 의해 폐쇄당하고 말았다. 뿐만 아니라 주동자인 이종일(李鐘一)은 태화관에서의 독립 선언 직후에, 또한 사장 윤익선(尹益善)은 그날 밤 6시에 각기 일경에게 체포되었다. 그러므로 이 신문의 속간은 창간의

---

10) 위와 같음.

실무를 담당하였던 이종린(李鍾麟)이 몸을 숨겨 타처에서 계속할 수밖에 없었다. 이종린은 3월 1일 밤 경성서적조합 서기 장종건(張倧鍵)과 논의하여 프린트판으로 속간하기로 계획하였다. 이종린은 원고의 집필과 배부를 책임지고 장종건으로 하여금 관훈동 155번지 서적조합사무소 안에서 은밀히 프린트 간행을 시도하였다. 이에 따라 3월 2일에 이종린은 그가 쓴 제2호의 원고와 간행 비용 20원을 장종건에게 전하여 제2호를 발행할 수 있었다.[11] 그 후 그들은 같은 방법으로 동일 장소에서 제3호와 제4호를 역시 발행하였다. 그러나 이종린도 3월 10일 일경에게 발각되어 체포되었으며, 원고와 등사 기구 등도 압수당하고 말았다.

그 후 이 신문은 장종건 등이 다시 계승하여 그 맥락을 이어갔다. 3월 10일 서적조합에서 몸을 피한 장종건 등은 경성전수학교(京城專修學校) 학생인 최치환(崔致煥)과 최기성(崔基星)·강태두(姜泰斗) 등과 함께 광화문통 85번지 유병륜(劉秉倫) 집으로 인쇄 장소를 옮겨 제5호에서 제7호의 세 호를 발행하였다.[12] 제5호는 장종건이 직접 원고를 만들었으나 제6, 7호는 김순경(金順敬)이 다른 곳에서 원고를 가지고 와 발행했던 것이다.

장종건 등에 의한 신문 발행도 일군경의 단속으로 오래 계속되지 못하였고, 그들은 발행 장소를 옮겼다. 이번에는 당시 서울 교외였던 마포의 공덕리 195번지[13] 남정훈(南政勳) 집으로 하였다.[14] 이때 이들에게 자금 등을 제공한 사람은 경성 무역상(京城貿易商)의 김장노(金章魯)와 지물상(紙物

---

11) 앞의 이종린의 예심조서.
12) 앞의 윤익선 외 6인의 예심종결서(豫審終結書).
13) 당시 주소는 경기도 고양군 공덕리 196번지이다.
14) 앞의 윤익선 이하 72인의 경성복심법원 판결문.

商)을 하던 김성환(金聖煥) 등이었다.15) 그러나 이곳도 3월 25일 일경에게 발각되어 장종건과 최치환이 체포되고 인쇄 기계와 신문 수백 부를 압수당하고 말았다.16)

공덕리에서의 수난으로 이 신문을 창간한 이종일(李鍾一)과 이종린(李鍾麟) 등의 직접 후계자가 끊어진 셈이었다. 하지만 그 후에도 『조선독립신문(朝鮮獨立新聞)』은 그 후계자들이 스스로 나타나 끈질기게 그 생명을 이어갔다. 이 같은 사실은 이 신문을 단속하던 일군경의 기록에

> "일설에는 독립신문(獨立新聞) 기타 각종 인쇄물은 17조로 나뉘어 제1조가 체포되면 다음 조가 계속되는 방법으로, 2조까지는 체포되었으나 아직 15개조가 있다. 그러므로 엄탐중(嚴探中)17)"

이라는 것에서도 그 일단을 엿볼 수 있다.

3월 25일 장종건 등이 체포된 이후 이 신문을 스스로 계승 발행한 계통을 들면 다음과 같이 몇 갈래가 있다. 그 가운데 하나가 배재고등보통학교 교사(敎師) 강매(姜邁)를 비롯하여 보성전문학교 교사(敎師) 고윤훈(高允勳), 보성고등보통학교(普成高等普通學校) 교사(敎師) 김일(金馹), 광주이씨대동보소(光州李氏大同譜所) 총무(總務) 이풍재(李豊載) 등이 발행한 것이다.18) 원고는 주로 강매(姜邁)가 썼다고 한다. 단, 이들도 3월 27일까지는 체포되었고, 어디서 몇 회를 발행하였는지는 분명치 못하다.

---

15) 大正 8년 3월 28일 高警 제8874호 獨立運動ニ關スル件(제27호).
16) 위와 같음.
17) 위와 같음, 『사찰휘보』, 大正 8년 3월 19일 제23회.
18) 大正 8년 3월 27일 高 제8946호 獨立運動ニ關スル件(제28호).

다음은 평남 출신인 김일선(金一善)이 배재고등보통학교 학생 장용하(張龍河), 경성고등보통학교 학생 이춘봉(李春鳳) 등과 3월 27일에 제16호를 만들어 배부한 것이다.[19] 김일선(金一善)이 집필한 제16호는 관훈동의 이기찬(李基燦)이라는 변호사 집에서 등사하여 서울시중에 배부한 듯하다. 이들은『조선독립신문(朝鮮獨立新聞)』제16호 외에도 이미 3월초부터 여러 학교 학생들과 모여『반도(半島)의 木鐸(목탁)』이란 신문과 기타 각종 격문 등을 발행하여 오고 있었다.[20]

또 다른 계통은 3월 1일 이전에 48인을 도와서 3·1운동을 기획하던 시내 여러 학교 학생 대표 중에서『조선독립신문(朝鮮獨立新聞)』을 속간한 것이다. 즉, 보성고등보통학교 학생 대표이던 장채극(張彩極)·이철(李鐵), 세브란스의학전문학교 학생 대표이던 이용설(李容卨) 등이 4월 23일에 국민 대회(國民大會)를 개최하고 한성 정부(漢城政府)를 건립하는 데 주동자의 1인으로 참가하는 김유인(金裕寅)과 함께 3월말부터 4월 26일 사이에 이 신문을 계승 발행한 것이다.[21] 또 이들은 이 무렵 서울 시내에서 발행되던 각종 제호(題號)를 딴 여러 독립신문류를『조선독립신문(朝鮮獨立新聞)』으로 통합하여 거족운동을 추진하는 민족 언론으로 더욱 발전시키고자 도모하기도 하였다. 그리하여 김유인(金裕寅)·이용설(李容卨)·장채극(張彩極)·이철(李鐵)·전옥결(全玉玦) 등이 인쇄와 발행의 책임자가 되어 3월 28일자 제17호부터 격일 또는 3, 4일 간격으로 4월 27일까지 제27호까지 총 11호를 발행하였던 것이다.[22] 이들은 인쇄처를 시내 여러

---

19) 大正 8년 5월 8일 騷密 제1779호 不穩文書印刷配布者檢擧件.
20) 위와 같음.
21) 앞의 경성지방법원의 김형기 이하 210명의 1919년 8월 10일 예심종결서.

곳에 두고 이전의 발행 부수보다 훨씬 많은 부수를 인쇄하여 경향 각지에 배부한 듯하다. 이때 자금과 용지를 제공한 이는 시내 관훈동 20번지 동양 용달회사(東洋用達會社)의 차영호(車榮鎬)로, 그는 한때 백지 2만 매를 제공한 일도 있다.23) 또한 이때 이들에게 원고를 가져다 준 사람은 조민언(趙敏彦)으로, 그는 신원 미상의 운동자로부터 매번 신문 원고를 받아 넘겨주어『조선독립신문(朝鮮獨立新聞)』을 계속 간행될 수 있게 했던 것이다.24)

이와 같이『조선독립신문(朝鮮獨立新聞)』제9호까지 발행한 이종린과 장종건 등이 체포된 이후 그들을 이어 자진하여 이 신문을 계속 발행한 계통은 위에 언급한 것 이외에 지금 더 밝힐 수는 없다. 그러나 이 신문의 속간자들은 그 후에도 끊이지 않고 나왔다. 이 신문은 그 후에 발행된 것을 분명히 확인할 수 있는 것만 들어도 5월 27일자 제30호25)가 있고 또한 6월 11일자 제33호26) 및 6월 18일자 제35호,27) 6월 22일자 제36호28) 등의 여러 호가 있는 것이다.

뿐만 아니라 같은 8월 29일자의 호수 미상의 국치기념호(國恥記念號)도 있다.29) 이 같은 사실은『조선독립신문(朝鮮獨立新聞)』이 장채극(張彩極) 등의 제27호 이후에도 호수가 끊어지지 않고 누구인가에 의하여 8월 29일까지 속간된 것을 의미하는 것이라 하겠다.

---

22) 위와 같음.
23) 위와 같음.
24) 이들도 제17호까지를 발행하고는 일경에게 체포되었다.
25) 앞의『사찰휘보』, 大正 8년 5월 28일 제90회.
26) 위와 같음, 大正 8년 6월 12일 제102회.
27) 위와 같음, 大正 8년 6월 20일 제109회.
28) 앞과 같음, 大正 8년 6월 23일 제111회.
29) 大正 8년 8월 29일 高警 제25124호 最近ニ於ケル民情ト 京城鮮人ノ閉店.

『조선독립신문(朝鮮獨立新聞)』 발간 상황

호수	발행일	발행 장소	관계자	비고
1	3월 1일	수송동 44번지 보성사	이종일·이종린 등	실물
2	3월 2일	관훈동 155번지 경성서적조합사무실	이종린·장종건 등	〃
3	3월 5일	〃	〃	① 일문 요지
4	3월 10일	〃	〃	
5	3월 13일	광화문통 85번지 유종륜 댁	장종건·최치환 등	일문 요지
6	3월 15일	〃	〃	실물
7	3월 17일 발견	〃		
8	3월 23일 경	경기도 고양군 용강면 공덕리 195번지 남정훈 댁	장종건·최치환 등	일문 요지 있음
9	3월 24일 경	〃	장종건·최치환 등	① 실물 ② 3월 18일
10	3월 19일	미상	미상	발행의 별개 호 있음
11	3월 21일	〃	〃	실물
12	3월 22일	〃	〃	〃
13		〃	〃	
14		〃	〃	4월 2일 발견
15		〃		3월 27일 발견
16	3월 21일	관훈동 이기린	김일선·장용하	
17	3월 28일		김유인·장채극	실물 2종 있음
18			김유인·장채극	
19			〃	
20			〃	
21			〃	
22			〃	
23			〃	
24			〃	
25				

26	4월 16일			일문 번역 자료 있음
27	4월 26일			
28				
29				
30	5월 27일			호외 있음
31				
32				
33	5월 11일			
34				
35	6월 18일			
36	6월 22일			
국치 기념호	8월 29일			일문으로 번역된 자료 있음
호수 미상 호				실물 2종
호수 미상 특별호				실물

　이제 이종일 등이 발행한 3월 1일의 창간호 이래 8월 29일자의 국치기념호(國恥記念號)에 이르기까지 발행된 것 가운데 필자가 확인한 이 『조선독립신문(朝鮮獨立新聞)』의 발간 상황을 표로 작성하여 보면 앞의 표와 같다.

　3월 1일 이후 6개월 간에 걸친 『조선독립신문(朝鮮獨立新聞)』의 간행에는 이상에서 언급한 내용 외에도 몇 가지 주목할 사실이 있다. 첫째, 앞에서 든 발행 관계자들과는 별도로 신원 미상의 발행자와 신문들이 있다. 그러한 예는 장종건 등이 공덕리에서 제8호와 제9호로 발행한 것은 3월 23일과 3월 24일이었는데, 이와는 별도로 3월 17일부터 3월 27일경 사이에 같은 호수인 제8호부터 제14호까지 발행한 일이다.30) 이런 경우 내용도 다르고, 또한 보통 국한문 혼용의 문장인데 순국문판을 내는 경우 있었던 것이다.31) 이와 같은 현상은 3·1운동의 주도자들이 『조선독립신문(朝鮮獨立新聞)』의 발행을 운동 추진의 중요 방편으로 생각한 데 그 주된 원인이 있다고 보인다.

둘째, 『조선독립신문(朝鮮獨立新聞)』에는 호외(號外) 또는 부록(附錄) 등을 발행하고 있는 것이다. 그러한 예로는, 3월 5일자 발행의 제5호와 3월 19일자의 제10호, 5월 27일자의 제30호32)에는 호외(號外)가 있고 또한 장종건 등 발행의 3월 24일자 제9호에는 언론·결사·출판 등의 3대 자유와 민족 자유주의론을 논술한 부록이 달려 있다.33)

셋째, 『조선독립신문(朝鮮獨立新聞)』의 발행자들은 거의 이 신문을 발간하면서 한편으로 각종 격문이나 또는 선언문 때로는 타제호(他題號)의 신문을 발행하고 있다. 3차에 걸쳐 발행 장소를 옮겨가면서 제2호 이하 제9호까지 낸 장종건(張倧鍵) 등은 '동포(同胞)여 일어나라', '순경제군(巡警諸君)' 등의 격문을 발행하였다.34) 또한 제16호를 발행한 김일선(金一善) 등은 앞에 언급한 바 있듯이 『반도의 목탁』을 4월 1일부터 간행하고 있었다. 이와 같은 예뿐만 아니라 때로는 독립운동에 관한 일반의 게시문도 조선독립신문사의 명의로 작성하여 게시하는 경우까지 있었다. 4월 5일 수창동 게시판에다 '독립보고문(獨立報告文)'35)이란 격문을 내걸어 고종

---

30) 앞의 『사찰휘보』, 大正 8년 3월 19일 제23회.
31) 앞과 같음. 大正 8년 3월 29일 제33회.
32) 앞과 같음. 大正 8년 3월 23일 제27회.
33) 앞의 윤익선 이상 72인의 경성복심법원 판결문.
34) 앞의 『사찰휘보』, 大正 8년 3월 21일 제36회.

호(高宗鎬)·심상익(沈相翊) 등이 소위「대정친목회(大正親睦會)」란 친일 단체를 만들어 부역친일하고 있다고 규탄하였다.36)

넷째,『조선독립신문(朝鮮獨立新聞)』은 될수록 신속하게 배부되었을 뿐만 아니라 서울 시내는 물론 전국적으로 배부되어 독립운동을 추진하던 민족운동자들에게 널리 읽혀졌다. 3월 1일 전후에 독립 선언서를 배부하고 또한 3월 1일과 3월 5일에 만세 시위에 앞장섰던 서울 시내 각 학교 학생들이 이들 신문을 나누어 맡아 배부하여 시내는 비교적 골고루 퍼졌다.37) 또한 공덕리에서 장종건 등이 발행할 때는 배포를 책임진 김경순(金敬順)의 밑에 중요 인물 수십 명이 배부 관계에 종사하고 있었고, 다시 그들 배하에 수백 명이 있어 신문의 보급을 담당하였다는 기록도 있다.38) 총독부는 그들 군경을 다수 동원하여 신문 배부를 탄압하였다. 그 결과 3월 6일에는 송현동 63번지 이인식(李仁稙) 집에서는 한꺼번에 63명이 일경에게 체포되는 일이 있었고,39) 3월 15일 밤부터 3월 16일 아침까지는 서울 시내 일원에서 330명에 달하는 배부 관련자가 체포되었다.40) 이렇듯 일군경의 단속이 극심하였기 때문에 배달 중에는 의외의 일까지 생기는 경우가 있었다. 예컨대 속히 배달하려는 염원에서 배달원이 사람이 살지 않는 빈 집에도 신문을 넣는가 하면, 단속하는 일경이나 혹은 일인 가옥에까지 배

---

35) 이와 같은 예는 서울에서뿐만 아니라 지방에서도 있었다. 동년 6월 1일에는 황해도 수안(遂安)에서 같은 '獨立新聞告'란 제목의 게시문이 나붙었다(大正 8년 5월 8일 騷擾事件二關スル道長官報告綴).
36) 앞의『사찰휘보』, 大正 8년 4월 9일 제44회.
37) 앞의 경성지방법원의 김형기 이하 210인의 예심종결서.
38) 大正 8년 3월 26일 高제8874호 獨立運動二關スル件(제27報).
39) 앞의『사찰휘보』, 大正 8년 3월 6일 제10회.
40) 앞과 같음, 大正 8년 3월 17일 제21회.

달되어 일경에게 압수당하는 경우가 있었다.[41]

지방으로의 신문 수송도 활발하였다. 그러므로 각 지방에 배달되는 신문이 무더기로 압수당하는 경우가 있었다. 때문에 말미에 수록하는 제2호 원문은 함북 성진군 학동면에서 일경에게 압수당한 것이다.[42] 또한 제17호 원문은 충북 영동군 상양강면 흑승리에서 3월말 경 압수된 것이고,[43] 제26호는 황해도 사리원에서 나온 것이다.[44] 이와 같이 각 지방에 배달된 『조선독립신문(朝鮮獨立新聞)』은 일반에게 많이 읽히게 하기 위하여 이웃 간에 돌려보는 경우는 흔히 있는 일이었다. 더욱이 지방에 따라서는 현지에 배달된 신문을 원본으로 삼아 다시 많은 부수를 만들어 다시 배부하는 경우까지 있었다. 그와 같은 예로는 앞서 언급한 함북 성진군 학동면에서 면서기인 김홍종(金洪鐘)·유명식(劉命寔) 등이 면사무소 등사판으로 제3호를 다수 등사해 면내 각 동에 고루 배달한 것을 들 수 있다.[45] 때문에 아직 만세 시위가 일어나지 않았던 그 곳에서도 이를 계기로 면민이 모두 호응하여 3월 13일과 14일에 걸쳐 만세 시위가 일어났던 것이다.[46]

『조선독립신문(朝鮮獨立新聞)』의 보급은 서울에서의 첫 발행 부수가 창간호를 제외하고는 많아야 몇 천 부 적으면 수백 부 때로는 수십 부까지 떨어지는 경우가 있을 지라도,[47] 실제 읽히기는 수천 부를 발행한 효과를

---

41) 大正 8년 3월 29일 제33회.
42) 大正 8년 3월 22일 高제257호 騷擾事件ニ關スル件 咸鏡北道長官.
43) 大正 8년 5월 18일 騷擾事件ニ關スル道長官報告綴 7冊. 7.
44) 앞과 같음.
45) '주 42'와 같음.
46) 앞과 같음.
47) 일제측 재판 기록에 의하면 창간호는 위에 언급했듯이 1만 부를 발행하였으나 제2호 이하는 훨씬 줄어들어 제2호가 600부, 제3호가 900부, 제4호가 600부, 제5호가 700부,

올릴 수 있었던 것이다.

 3월 1일 이래의 『조선독립신문(朝鮮獨立新聞)』의 발간은 민족 언론을 일변시켰다. 위에서 언급하였듯이 경향 각지에서는 각종 이름을 붙인 독립신문류가 쏟아져 나와 막혔던 언론이 재생의 길을 열었다. 비단 국내에서뿐 아니라 대규모의 한인 사회가 형성되어 있던 서북 간도와 연해주 지방에까지, 또는 임시정부가 선 상해(上海), 혹은 세계 열강에게 조국의 독립을 호소하는 구미 한인 사회에까지 이 같은 풍조가 퍼졌다. 이와 같은 사실은 3·1운동 관계 일제측 재판 기록 중에,

  "3월 1일 손병희(孫秉熙) 등이 앞에 든 독립선언서(獨立宣言書)를 발포하여 인하여 그 선언서 발포의 전말을 기술하고 또 조선독립사상을 고취하여 국헌(國憲)을 문란케 하는 취지를 기재한 조선독립신문을 일반에게 반포하니 경성(京城)에서는 각처에서 이에 의하여 조선독립에 관한 황당무계한 사실을 함부로 만들고 또는 전 조선에 걸쳐 봉기한 독립운동의 풍문을 과장하는 등 불온한 문사(文辭)로서 독립사상을 고취 선전함과 같이 문서(文書)를 간행 반포하여 찬게(讚揭)하는 자 속출하였더라.[48]"

라고 한 데서도 그 일단을 엿볼 수 있는 것이다.

 이와 같이 국내 각 지방 또는 국외 한인 사회에서 간행된 많은 신문 중에

 제7호가 수백 부, 제8호가 600부, 제9호가 2,000부 등의 숫자를 보이고 제17호 이하는 전보다 훨씬 많은 부수를 발행하였다. 그러나 이들 숫자는 관계자들이 일제 관헌의 취조 중에서 적당히 대답한 데서 나온 것이므로 그대로 믿기는 어렵다. 따라서 실제 숫자는 보통 수천 부에서 적을 경우 수백으로 떨어진 것으로 생각된다.
 48) 앞의 김형기 이하 210인의 예심종결서.

서도 특히 주목할 것은, 첫째『조선독립신문(朝鮮獨立新聞)』이란 똑같은 제호의 신문이 각 지방과 국외에서도 발행되고 있었다는 사실이다. 경기도 광주, 평안도 평양, 함경도 함흥 등지에서 나온 것도 있다. 부산에서는 간행을 기획한 일이 있다. 국외에서는 북간도 용정(龍井)과 吉林(길림)에서 발행되었다.

경기도 광주의『조선독립신문(朝鮮獨立新聞)』은 그 지방의 장덕균(張德均)이 김준회(金俊會) 등과 함께 3월 21일경 자기 집인 광주군 중대면 송파리에서 조선독립단 선언문(朝鮮獨立團 宣言文)과 함께『조선독립신문(朝鮮獨立新聞)』을 작성 그 지방에 배부하였던 것이다.49) 단 1, 2면밖에 못 낸 듯하다. 평양의 신문은 33인 중의 1인인 길선주(吉善宙)의 아들 길진경(吉鎭京)이 발행하다가 일경에게 체포되어 3·1운동 중 부자(父子)가 함께 일경에게 체포되고 말았다.50) 한편 함흥의 신문은 연전생(延專生)이던 최형택(崔淳澤)이 귀향하여 그 곳 영성중학(永成中學)의 박영봉(朴永鳳) 등 8, 9명과 함께 발행하였던 것이다.51) 이 밖에도 함흥군 내에서는 경포면에 사는 김양훈(金良勳)이 동면의 김상일(金相日)·김춘식(金春植)·지태흥(池台興), 박경오(朴景悟) 등과 함께 5월 초부터 6월에 걸쳐 면사무소의 등사판으로 함흥면의 신문과는 별도의『조선독립신문(朝鮮獨立新聞)』을 만들어 면 내에 배부하였다.52) 이들이 발행한 것 중 호외 제2라고 표제한 한 매의 실물이 현존한다.53) 부산(釜山)의 신문은 부산진보통학교 교사(敎

---

49) 서울 지방검찰청보관, 大正 8년 형사판결원문 오책 장덕균판결문.
50) 大正 8년 10월 6일 高警 28470호『지방민정휘보(地方民情彙報)』.
51) 大正 8년 5월 3일『소밀(騷密)』제1446호, 騷擾事ニ關スル『민정휘보(民情彙報)』제 14보.
52) 앞의, 大正 8년 5월~8월 騷擾事件ニ關スル道長官報告綴.

師) 홍재문(洪在文)이 부산진(釜山鎭)에서의 만세 시위를 주도하고 이어 『조선독립신문(朝鮮獨立新聞)』 발행을 꾀하다가 일경에게 체포되어 미수에 그치고 말았다.54)

국외에서 발행되고 『조선독립신문(朝鮮獨立新聞)』이란 제호를 가진 것 가운데 용정(龍井)의 것은 4월 17일 용정에서 독립 시위를 벌인 후 대한국민회(大韓國民會)에서 발행하였다. 주필은 유하천(柳河天)이고 4월 27일까지 제10호를 냈으며, 북간도 일대는 물론 국내에까지 일부 보급되었다.55) 길림(吉林)의 신문은 박모(朴某)56)가 발행한 것으로 4월 22일 이전에 북간도 지방까지도 그 일부가 들어 왔다고 한다. 특히 중국 상해에서 대한민국 임시정부의 기관지로 8월 21일부터 『독립신문(獨立新聞)』이 발행되어 국내까지 다수 보급되고 또한 수년 계속되었다. 그러나 이 신문은 제호가 『독립신문(獨立新聞)』으로 되어 있어 '조선(朝鮮)'의 두 글자가 없다.

『조선독립신문(朝鮮獨立新聞)』은 위에서 살펴본 바와 같이 보성사(普成社)에서 창간호를 낸 이래 이를 본받아 각종 신문이 적지 않게 발행되어 3·1운동을 추진하는 한민족의 언론으로 중요한 의의를 지녔다. 그러한 일단은 다음과 같은 당시 서울의 유언(流言)의 한 기록에서,

"시베리아에서는 조선독립신문 및 태극기 수만 매를 인쇄하여 이를 비행기에 싣고 동서양 각국에 비산(飛散)하고 조선독립신문을 배부할 계획57)"

---

53) 앞과 같음.
54) 조선총독부 慶尙南道警察部 編 高等警察摘錄.
55) 大正 10년 1월 17일 朝參 제12호 在間島敎會當燒却 ノ 證據書類送付 ノ 件通牒.
56) 日文記錄에 朴サンユク라고 보임.

이라고 한 데서도 엿볼 수 있는 것이다.

『조선독립신문(朝鮮獨立新聞)』의 발행이 계기가 되어 3월 1일 이후 국내외에서 발행되던 각종 제호의 신문들은 그 제호만 들어보더라도 국내의 것이 다음 표와 같이 28종을 헤아릴 수 있다. 그 밖에 3·1운동 후 국외 한인 사회에서 간행된 것이 27종이다. 그리고 3·1운동 이전부터 국외 한인 사회에서 발행되었으나 국내에 들어오지 못하던 『신한민보(新韓民報)』와 『국민보(國民報)』 등도 3·1운동 중 더 활발히 발행하게 간행되고 국내에까지 비밀히 들어오게 되었다.

『조선독립신문(朝鮮獨立新聞)』이래 간행된 독립신문류(獨立新聞類)

1. 국내

제호	발행일	발행처(자)	비고
조선독립신문	3. 1	보성사 사장 윤익선	
국민회보	3. 1	양재순	
각성호회보	3. 1	서울 광희동	
국민신보	3. 1	서울 청년독립단	제5호 실물
혁신공보		혁신사	제50호 실물
신조선신문	3. 5	서울	
신조선민보	3. 5	서울	
진민보	3. 7	서울	실물
노동일보	3. 20	서울 한위건	
독립신문	2. 12 이전	서울	
대동보	3. 16	김만소	
대동신보	8월	대동단 정필성	
자유종	3. 29	서울	
국민신보	3월초	서울 김응걸	

---

57) 앞의 『사찰휘보』, 大正 8년 4월 4일 제39회.

제호	발행일	발행처(자)	비고
반도의 목탁	4. 1	서울 장용하	
충북자유보	4. 1	충북 김건방	
자유민보	4月	서울 유윤화·박광필	실물 2종
국민신보		서울 대한민단 김재운	
반도청년보	6. 30	서울	
자유진종보	6월초	서울 이의경	제16호 실물
신대한보	10. 2	평양 대한민국총회	
독립신보	3. 28	서울	
대한청년보	미상	미상	
학우보	〃	미상	
우리의 소식	6, 7월 이전		
자유민보	4월	강화 조귀원	
강화독립회보	4월		
신한민보	7. 1	서울	

2. 만주(滿洲)

제호	발행일	발행처(자)	비고
조선민보	3월 중순	국자가 김영학	
대한독립신문		간도 국자가국민회 유하천	
조선독립신문	4월 이전	길림	
조선독립신문	3. 17	용정촌 조선독립기성회 유하천	
일민보	4월	정의단	
국민보	5월	정의단	
우리의 편지	4월 초순	간도한족독립기성회 이홍준	
독립신보	4. 1	용정촌동산야소병원 내 이익찬	
조선신보	4월	유하현삼원포한족회 주필 이시열	
신민보	7월	신민회후신신민단	
중앙통신	8. 18	대한청년단련합회	
도노시보			
대한청년보		대한청년단련합회	

3. 러시아 연해주

제호	발행일	발행처(자)	비고
자유보	5. 14	블라디보스토크, 한교녀자 발행	매주2회
독립신문		블라디보스토크, 신한촌, 장기영, 김학현	
한인신보		블라디보스토크, 장기영, 김하구	
일세보		일세당	
청구보		송왕령에서 조완구, 박은식, 윤해, 공선	

4. 중국

제호	발행일	발행처(자)	비고
우리의 소식	3월 하순	상해고려교민회 김홍서	
독립	8. 21	임시정부 독립신문사	
신독립	10월	독립 폐간 후 감시	
독립신문		독립 폐간 후 임정 기관지	
신대한	10. 17	신채호 주필	
중외통신	10. 28 이전	북경	
신한일보	11월 상순	상해	격일제

5. 구미

제호	발행일	발행처(자)	비고
태평양 시사		태평양시보사 하와이 박용만, 독립단	
국민보		대한민국민회 하와이지방총회	
신한민보		상항 대한인국민회 순국문	
통신전		파리, 기회 있는 대로 편집	'한국의 독립과 평화' 이후
자유한국	민국 2년 4월부터	파리	월 1회 간행

『조선독립신문(朝鮮獨立新聞)』의 발행은 지금으로부터 80년 전의 일이지만 지금 필자가 확인할 수 있는 것은 위에서 논급한대로 3월 1일자의 창간호 이래 6월 22일자의 제36호까지와 8월 29일자의 국치기념호(國恥記念號)에 지나지 않는다. 이밖에 몇 개 호가 더 발행되었는지 자료 관계상 밝힐 수 없는 일이나 대체로 보아 이 범위를 크게 넘지 않는다고 생각된다.

그러나 그 중에서도 현재 기사 내용을 그대로 실은 것을 볼 수 있는 것은 아래에 수록하는 바와 같이 제1호를 비롯한 제 2, 3, 5, 6, 8, 9, 11, 12, 17, 26호와 국치기념호(國恥記念號) 등의 10여 개 호뿐이다. 이것도 따지고 보면 제1호와 제2, 6, 9, 11, 12, 17호만이 당초 원문대로 된 전기사(全記事)가 실린 완전한 것이다. 그 밖에는 제26호와 국치기념호(國恥記念號)와 같이 일문으로 기사 내용이 번역된 것이 전하거나 또는 제3, 5, 6, 8호 등과 같이 요지만이 다른 기록 속에 일문으로 요약된 것이 남아 있을 따름이다.

하지만 이 속에는 3·1운동 당시의 한민족의 독립 사상이 담겼고 일제와 대항하여 민족 독립을 달성하려는 민족 결의가 의연하다고 할 것이다. 비록 지금의 신문들과 비교하면 질과 양 어느 면에서나 보잘 것 없는 것이다. 그러나 3·1운동 중의 민족 언론이라는 특수한 입장에서 보면 적지 않은 의의를 발견할 수 있는 것이다.

구체적으로 내용 기사를 검토하면 기사에 따라서는 과장이나 선동 또는 오보(誤報)까지 보이는 것이 있으며 게다가 문장이 난잡한 점이 있는 것도 사실이다. 하지만 이런 점으로도 이 신문이 갖는 의의와 그 시대적인 역할을 손상시키는 요인은 될 수 없을 것이다.

아래에 수록한 10개 호의 내용 중 다른 기록에서는 그 발행 시점에서는 찾을 수 없는 몇 종의 귀중 기사를 들어보면 우선 제1호에는 위에 언급한 바 있듯이 민족 대표들의 굳은 순국 결사(殉國決死)의 결의와 그들이 민족에게 보내는 신탁(信託)이 수록되어 있다. 제2호에서는 태화관에서의 민족 대표들의 독립 선언 관계 기사와 파고다 공원에서 발단한 만세 시위운동의 발발 모습이 생생하게 기술되어 있다. 뿐만 아니라 제2호에는 '가정부(假政府)', 즉 임시정부의 조직계획을 발표하고 있다. 국내외에서 임시정부의 건립이 구체화되기는 3월 하순부터인데, 이 신문에서는 이미 운동 초에 이를 예고하고 있다.

제3호에는 3월 5일 서울의 제2차 대시위의 광경을 보도하고 있으며 또한 48인 속에는 참여치 않았던 유림층(儒林層)의 운동 참여를 전망하는 기사가 실려 있다. 또한 제4호에는 당시 일반에게는 잘 알려지지 않았던 파리강화회의에 보낸 문서가 있었음을 보도하고 있다. 3월 15일자 발행의 제6호에는 이미 파리강화회의에 한민족의 대표가 가서 활동하고 있음을 알리어 운동을 전개하는 일반에게 희망을 불어넣고 있다. 또한 한민족은 민족자결주의에 의하여 독립되지 않으면 반드시 세계 전쟁의 원인이 될 것이라는 전망 논설을 수록하고 있다.

3월 23일자의 제9호에는 연해주의 블라디보스토크 한인(韓人)의 시위운동 사실과 북간도의 무장 독립군의 독립 선언 광경을 수록하여 국외 한인의 독립운동 상황을 보도하고 있다. 또한 3월 28일자의 제17호에는 김규식(金奎植) 파리강화회의 대표의 활동 상황을 수록하고 있다.

부록

1. 3·1운동 관계 日誌

범 례

(1) 이 일지는 3·1운동전개에 중요사항과 그에 관계되는 국내외 중요사건을 수록하였다. 다만 3·1운동의 태동과 그 전개 및 영향까지를 참작할 수 있도록, 3·1운동 이전(1910년의 '한일합병'부터)과 3·1운동 이후 (1929년의 광주학생운동까지)의 중요사항도 아울러 수록하고 편의상 다음과 같이 나누어, 1919년 전후인 제 2, 3부는 상세히, 그 전후인 제 1, 4부는 간략히 적었다.

제1부 3·1운동이전 (1910년 8월 합방~1918년 11월 운동태동 전후)
제2부 3·1운동 (1918년 11월~1919년 9월 임시정부의 일원화 및 임시 헌법공포 전후)
제3부 3·1운동 이후 ① (1919년 9월~1922년 2월 워싱턴 군축회의폐막 전후)
제4부 3·1운동 이후 ② (1922년 2월~1929년 11월 광주학생운동 이후)

(2) 1919년 3월 운동발발 후 몇 개월간은 국내외를 막론하고 각지에서 동시적으로 시위운동을 전개하였기 때문에 일일이 기록할 수는 없고, 그

중 대규모의 운동을 일으킨 경우, 일제군경과 열띤 항쟁을 전개하여 살상희생이 많은 경우를 '큰 시위'라고 일괄 수록하고 그밖에 중요운동이라고 생각되는 경우만을 수록하였다.

(3) 1919년 3, 4월의 만세시위운동과 호응하여 상해에서 건립된 대한민국임시정부의 활동과 중국령 동삼성 및 러시아지역 연해주에서 편성되어 항일전을 전개한 독립군의 활동도 3·1운동의 연관운동으로 보아 함께 수록하였다. 또한 만세시위운동에 곧 잇따라 일어나는 교육향상·산업진흥·문화계몽 등의 민족실력배양운동의 중요사항도 함께 수록하였다.

(4) 운동의 중요사항일지라도 발생년월일이 불확실하여 추정할 수 없는 것은 생략하였고, 수록사항 중 발생일이 명확하지 않은 것은 그달 말에, 발생월이 명확지 않은 것은 해당년도 말에, 그리고 상순이라고만 확인되는 것은 그달 10일자 다음에, 중순은 20일자 다음에, 하순은 월말에 배열하였다.

제1부

1910년 8월 22일   일제가 '**한일합병조약**' 늑결.
1910년 8월 25일   통감부 경무통감부령 '집회취체에 관한 건' 공포.
1910년 8월 27일   러시아 연해주에서 이상설(李相卨), 유인석(柳麟錫) 등이 **성명회(聲明會)** 조직, 한일합병반대와 독립혈전 선언.
1910년 8월 29일   양국조서(讓國詔書)로 '한일합방조약'을 공표, '**韓國**'을 '**朝鮮**'으로 개칭, 조선총독부(朝鮮總督府) 설치 (이 뒤로

		金奭鎭, 黃玹 등 순국자 속출)
1910년	8월 30일	『大韓每日申報』가 『每日申報』로 개칭하여 총독부 기관지로 (國文紙) 발행.
1910년	10월 1일	일본, 육군대신(韓國統監兼) 테라우치(寺內正毅)로 초대 조선총독을 겸임케 함.
1910년	12월 27일	안명근사건(安明根 事件) 발생(이를 이어 1911년 1월 1일부터 신민회계 민족주의자 대량체포에 착수, 600여명 체포, 120명 기소, **105인사건**)
		△ **이 해** 말 이회영(李會榮), 이시영(李始榮), 양기탁(梁起鐸) 등 동삼성(東三省)에 독립운동기지 설치를 위하여 집단이주를 추진. 서간도 유하현(柳河縣) 삼원보(三源堡) 주지갈(鄒家街)에 선발대 정착.
1911년 초		서간도에 이시영, 이동녕(李東寧), 이상룡(李相龍) 등 '경학사(耕學社)'를 조직 (다음해에 '扶民會'로 고침), '**신흥강습소**(**新興講習所**)'(후에 '**新興武官學校**')를 설치.
1911년	10월 10일	중국 **신해혁명**(이어 1912년 1월 1일 孫文을 임시대통령으로 하는 중화민국임시정부를 난징(南京)에 수립. 1912년 2월 12일 宣統帝 퇴위로 淸朝가 망함. 1912년 2월 대총통에 袁世凱. 1912년 4월 '중국국민당' 조직하고 이사장에 孫文)
1911년	11월 19일	연해주에서 이상설(李相卨), 김학만(金學萬) 등이 '**권업회**(**勸業會**)' 조직.
1912년	4월	신규식(申圭植), 박은식(朴殷植) 등 재중지사(在中志士)들이 '**동제사**(**同濟社**)'를 조직.
1912년	7월 30일	일본 明治帝 죽음. 大正帝 즉위.

1912년 11월	미국 샌프란시스코(桑港)에 '대한인국민회'(Korean National Association) 중앙총회 결성(총회장 安昌浩).
1913년 1월	청년 터키당 쿠데타, 신정부 수립.
1913년 5월 13일	미국 샌프란시스코에서 안창호 등 '흥사단(興士團)' 조직.
1913년 7월	중국 제 2 (反袁) 혁명운동이 일어남 (혁명 실패하자 袁世凱 强權으로 정식대통령에 취임).
1913년 9월	임병찬(林炳瓚) 등 '독립의군부(獨立義軍府)' 조직.
1914년 7월 28일	오스트리아·세르비아 개전. 제 1차 세계대전 시작.
1914년 8월	일본, 대독선전(對獨宣戰) (10월 남양군도 점령, 11월 청도점령).
1914년 11월	성낙형(成樂馨), 이상설 등 '신한혁명당'조직, 중한의방조약(中韓誼邦條約) 89개 조약안을 작성, 덕수궁의 광무황제에게 전달. △ 같은 해 제 1차 세계대전 직전 연해주에서 **이상설, 이동휘 등이 '대한광복군정부'를 조직.**
1915년 1월 18일	일본, 중국에 21개조 요구(1915년 5월 9일 중국에서 승인, 이 뒤로 중국의 배일운동 고조)
1915년 2월	달성군에서 윤상태(尹相泰), 서상일(徐相日) 등, '조선국권회복단' 조직.
1915년 11월	체코슬로바키아 독립선언.
1915년 12월	중국에 제 3(反袁) 혁명운동이 일어남(1916년 6월 袁世凱 죽음. 대통령에 黎元洪).
1916년 8월 15일	대종교도사도(大倧敎都司徒) 나철(羅喆)이 구월산에서 일본정부에 보내는 장서(長書)를 남기고 자결.

1916년 10월	조선총독 데라우치(寺內正毅)를 하세가와(長谷川好道, 제 2대)로 교체.
1916년 11월	폴란드 독립선언.
1916년 11월	일본육군, 조선 상치(常置) 2개사단(羅南에 제 19師, 서울 용산에 제 20師) 편성에 착수.
1917년 3월 12일	**러시아 2월(러시아력) 혁명. 케렌스키 정부 수립**. 황제 니콜라이 2세 퇴위.
1917년 3월 23일	평양에서 장일환(張日煥)·배민수(裵敏秀)·김형직(金亨稷) 등 '조선국민회' 조직.
1917년 5월	문창범(文昌範) 등이 러시아 연해주 스챤에서 '전로한족회(全露韓族會)'를 조직.
1917년 9월	미국 뉴욕에서 열린 세계 25개 약소민족대표회의에 박용만(朴容萬)이 참가.
1917년 10월	박상진(朴尙鎭), 채기중(蔡基中) 등 **'광복회(光復會)'를 조직**(동삼성에서 독립군 양성을 목적으로)
1917년 11월 7일	**러시아 10월(러시아력) 혁명, 레닌정부 수립**.
1917년 11월 10일	광복회원 채기중 등이 군자금 출자에 불응하는 장승원(張承遠) 등을 사살.
1917년 12월 15일	**러시아, 독일과 단독 강화**.
1918년 1월 18일	**윌슨 미대통령이 민족자결원칙을 포함하는 14개조** 대전 강화조건을 **발표**.
1918년 1월	미국 워싱턴에서 서재필(徐載弼), 정한경(鄭翰景), 민찬호(閔讚鎬), 안창호, 이승만 등 '新韓協會'(New Korea Association)를 조직.
1918년 1월	러시아 연해주와 흑룡주(黑龍州) 일대가 볼세비키화.

1918년 4월 5일		일본군이 시베리아에 파병을 시작.
1918년 6월 26일		이동휘 등이 러시아 하바롭스크에서 '**한인사회당(韓人社會黨)**'을 조직(1919년 4월에 '高麗共產黨'으로 개칭).
1918년 6월 하순		구라파 전선에서 시베리아를 경유해 본국으로 돌아가는 체코군이 블라디보스톡까지 동진(東進). 이 무렵 만주와 러시아 일대의 반공산주의자들이 **백로군(白露軍)을 편성함**(8~9월에 치타·하바롭스크 등을 점령).
1918년 8월		상해에서 여운형 등이 '**신한청년당(新韓靑年黨)**'을 조직.
1918년 9월 26일		일본의 쌀 소동 (이로 인하여 寺內正義 내각이 倒壞하고 原敬 내각이 성립).
1918년 10월		**미·독(美獨) 휴전.**
		△ 유고슬라비아, 체코슬로바키아 독립, 헝가리 독립선언.

제2부

1918년 11월 11일		독일휴전, **제1차대전 종결**.
	11월 15일	윌슨 대통령 특사 크레인, 상해에서 신한청년당원 여운형과 회견.
	11월 20일	미주 한인단체가 윌슨대통령에게 한국독립을 요망하는 진정서를 제출.
	11월 29일	조선총독부는 **토지조사사업을 완료함**(1910년~).
	11월 30일	여운형이 크레인에게 청탁하여 파리 강화회의와 미국 대

　　　　　　　통령에게 조선독립을 요망하는 건의서를 제출함.
12월 28일　동경유학생들이 동서연합 웅변대회를 개최함. 서춘(徐椿), 이종근(李琮根), 윤창석(尹昌錫), 김상덕(金尙德) 등이 한국독립문제로 강연.

　　　　　△ 같은 해 (戊午년이므로 1919년 初일 수도 있음) 여준(呂準), 김교헌(金敎獻), 김규식, 이동녕, 이범윤(李範允) 등 해외 민족운동자 39인의 명의로 **대한독립선언서(大韓獨立宣言書)**를 발표함(최초의 독립선언서라고 하나 선언 절차가 없으므로 시일이 불명함.).

1919년 1월 6일~1월 9일　동경유학생들이 간다구(神田區) 조선기독청년회관에서 독립선언에 대한 방침과 실행 위원을 선출함. '조선독립청년단'명의로 '독립선언서'를 발표하는 방안 등을 결정함.
1월 17일　조선총독부는 윌슨의 민족자결주의와 파리 강화회의에 관한 일체의 신문기사 게재를 금지함(일본 기타 국외 신문으로서 이 기사가 있는 것은 차압).
1월 21일　덕수궁에서 광무황제 승하. 독살이라고 전파됨.
1월 하순　동경유학생 송계백(宋繼伯) (2·8선언 실행위원), 조선독립청년단 명의의 독립선언서를 갖고 入京, 현상윤(玄相允)에 전함.

　　　　　△ 손병희(孫秉熙), 최린(崔麟), 권동진(權東鎭), 오세창(吳世昌) 등 천도교 간부는 서울 손병희 집에서 독립운동논의, 독립선언과 시위운동 전개 등의 방침을 결정함. 최린이 천도교측 실행책임을 담당.
1월　　　최린, 송진우(宋鎭禹), 현상윤, 최남선(崔南善) 등 중앙학교에 회합하여 구한국 요인(박영효, 윤용구, 한규설, 김윤식, 윤치호)을 민족대표로 하는 독립선언을 할 것과 선언서 등 기초를 최남선이 담당할 것을 결정함.

1월   **파리강화회의 개회**.

2월 1일   **김규식(金奎植), 신한청년회 대표로 상해에서 파리 강화회의 향발(向發)**. 이와 전후하여 신한청년당원들이 독립운동 연결차 국내외로 향발. 노령 연해주에 여운형, 일본에 장덕수(張德秀), 국내에 선우혁(鮮于爀), 김철(金徹), 서병호(徐丙浩).

2월 7일   구한국 요인에 대한 교섭의 실패로 천도교와 기독교의 제휴를 위하여 최남선, 현상윤이 정노식(鄭魯湜), 김도태(金道泰)를 중개하여 정주(定州) 이승훈(李昇薰)에게 교섭 시작.

2월 8일   **동경유학생 2·8독립선언**. 동경유학생 600명, 조선기독교청년회관에서 '대한청년독립단' 대표 명의로 '독립선언서' 발표함. 시위에 들어가려던 중 일본 경찰과 충돌하여 60여명 체포됨.

2월 10일   한용운(韓龍雲) 등 불교측 운동참여 결정.

2월 12일   동경유학생 수백명이 히비야(日比谷)공원에서 다시 회집. 시위운동을 전개하고자 하다가 일경찰과 충돌하여 10여명이 피체됨. 이후 일본유학생 귀국자가 많아짐.

2월 12일~2월 14일   서울 시내 학생대표가 회집하여 운동추진을 계획.

2월 20일   서울 시내 각 학교 대표자 제 1회 간부회를 열어 운동을 계획하고 부서를 결정.

△ 상해에서 신규식이 국내 운동 호소차 보낸 밀사 장덕수(張德秀)가 인천에서 피체됨.

2월 21일　기독교측의 이승훈, 박희도(朴熙道), 오기선(吳箕善), 오화영(吳華英), 신홍식(申洪植), 함태영(咸台永), 김세환(金世煥), 안세환(安世桓), 현순(玄楯) 등이 회합하여, 천도교측과 합동운동을 논의함. 이갑성(李甲成)과 김세환을 경상도·충청도 방면에 파견키로 함.

△ 천도교 49일 연성기도회(練性祈禱會) 종료, 손병희가 천도교 간부에게 운동의 뜻을 전달함.

2월 22일　최린이 천도교 금융관장 노헌용(盧憲容)으로부터 5천원을 받아 기독교측 운동자금으로 이승훈에게 전달.

2월 22일~2월 23일　학생대표자 김원벽(金元璧 ; 延專), 강기덕(康基德 ; 普專), 한위건(韓偉健 ; 京醫專) 등이 박희도와 협의, 학생운동을 48인 중심 운동과 합류키로 결정함.

2월 24일　이승훈, 함태영 두 사람이 최린을 방문하여 기독교와 천도교의 합동운동을 최후 합의함.

△ 최린, 한용운이 불교측의 합류를 최종 합의함. **불교측 대표에 한용운, 백용성**(白龍城)을 선출.

2월 25일　재미 대한인국민회 중앙총회 임시위원회는 이승만, 정한경의 명의로 윌슨 대통령에게 '열강은 한국의 독립을 보증하고 당분간 국제연합 치하(治下)에 두라'는 내용의 위임통치 청원서를 제출.

2월 25~2월 27일　**천도교측 민족대표 15명을 선정**. 손병희, 최린, 권동진, 오세창 그밖에 서울에 모인 간부 임예환(林禮煥 ; 평양), 나인협(羅仁協 ; 평양), 홍기조(洪基兆 ; 龍岡),

박준승(朴準承 ; 임실), 서울의 양한묵(梁漢默), 권병덕(權秉悳), 김완규(金完圭), 나용환(羅龍煥), 이종훈(李鐘勳), 홍병기(洪秉箕), 이종일(李鍾一).

2월 26일~2월 27일 **기독교측 민족대표 16명을 선정**. 이승훈(정주), 박희도(서울), 이갑성(서울), 오화영(서울), 최성모(해주), 이필주(서울), 김창준(서울), 신석구(서울), 박동완(서울), 신홍식(평양), 양전백(선천), 이명룡(정주), 길선주(평양), 정춘수(원산), 유여대(의주), 김병조(안주).

2월 27일 **보성사(普成社)에서 독립선언서** 2만 1천매를 **인쇄함**. 전국에 배포를 시작함.

△ 임규(林圭)·안세환(安世桓)이 일본내각 및 귀중(貴衆) 양원에 제출할 독립청원서를 갖고 동경으로 떠남. 현순(玄楯)이 미국 대통령과 강화회의위원에게 보낼 독립원조청원서 등을 영문으로 번역, 전송키 위하여 상해로 출발.

2월 28일 야간에 손병희 집에서 재경 민족대표일동(33인 중 지방인사 8명은 참석하지 못함) 최종회담을 엶. 독립선언의 장소를 인사동 명월관 지점인 태화관으로 변경함.

△ 승동(勝洞)과 정동(貞洞)예배당에 시내 각 학교 대표자들이 회집함. 독립선언서 분배를 각각 담당함.

△ 『朝鮮獨立新聞』 제 1호, 1만매를 보성사에서 인쇄.

2월 러시아 니콜리스크(우수리스크)에서 **'대한국민의회'(회장 문창범)를 조직함**. 윤해(尹海), 고창일(高昌一)을 파리강화회의 대표로 선정하여 파견함.

2월 미국 '대한인국민회 국민대회'를 개최함. 이승만, 민찬호, 정한경을 파리강화회의 대표로 선출함(출발하지 못함).

3월 1일 **3·1운동 발발**. 오후 2시~2시 30분에 파고다 공원에서 학생과 일반인들이 회집하여 독립선언서를 낭독하고, 독립만세를 고창한 후 시위를 시작함. 서울 시내 수십만이 시위를 어둡기까지 계속하고 교외로 확대.

△ 같은 시각 33인 중 29인(기타는 지방운동 주최와 연결관계로 참석하지 못함), 인사동 명월관 지점인 태화관에 모여 선언서를 열람하고 만세 3창을 불러 독립선언을 함. 총독부에 의견서를 송부하고 일경에 통고함. 이어 총독부 경찰총감부에 구금됨.

△ 평양, 의주, 선천, 원산, 진남포, 안주, 정주 등지에서도 서울에서와 거의 비슷한 시각에 독립선언식을 개최한 후 시위를 시작함. **선천에서 일본군이 시위군중에게 발포**하여 12명 이상의 살상희생자가 생김(**3·1운동 최초의 살상 희생자**).

△ 김지환(金智煥)이 강화회담 및 미국대통령에게 보낼 문서를 만주 안동현(安東縣)에서 상해(먼저 파송된 현순)로 우송함.

△ 총독부가 운동발발관계 기사를 일절 지면상에 게재하지 못하도록 금지함(3월 6일에 제한을 해제).

3월 2일 이날 큰 시위가 황주(黃州 ; 체포 80명), 황주 겸이포(兼二浦), 진남포(사상 8), 안주, 중화 상원(祥原), 함흥(咸興 ; 체포 88명)에서 있음. 그밖에 서울, 선천 가물남(宣川嘉物南), 강서 증산(江西甑山).

3월 3일 光武皇帝因山.

△ 이날 큰 시위가 중화 상원, 안주, 수안(遂安 ; 사상 70여명), 개성 등지에서 일어남. 그밖에 함흥, 의주 비현(枇峴), 선천, 평양, 중화, 황주 겸이포, 봉산 사리원(沙里院)에서도 일어남.

3월 4일 이날 큰 시위가 강서 소천(沙川 ; 사상 70여명), 성천(成

川 ; 사상 68명, 그중에 즉사가 30명이고 피체가 300명)에서 일어남. 그밖에 개성, 함흥, 신의주, 용천 양시(楊市), 선천, 순천 자산(慈山), 평양, 광천, 곡산 등에서도 일어남.

3월 5일 **서울에서 계획된 제 2차 시위운동**이 남대문 역전에서 학생주동으로 시작됨. 이날의 큰 시위는 양덕(陽德 ; 사상 40명)에서도 일어남. 그밖에 군산, 선천 고군영(古軍營), 철산 차련관(車輦館), 의주 수구진(水口鎭), 신의주, 용천 양시, 선천 삼봉(三峰), 선천 신미도(身彌島), 선천 가물남(嘉物南), 덕천, 순천 신창(新倉), 평양, 강서 등에서도 일어남.

3월 6일 이날의 큰 시위는 선천(살상자 다수)에서 일어남. 그밖에 개성, 함흥, 함흥 지경(地境), 함흥 오노리(五老里), 철산, 용천 남시(南市), 의주 영산시, 덕천, 맹산(孟山), 장수원(長水院 ; 郡 미상), 대동 선교(船橋), 평원 어파(魚坡), 평원 순안(順安), 강서 증산(甑山), 강서 함종(咸從), 강서, 대동 대평(大平), 용강 온정(溫井), 황주, 옹진에서도 일어남.

3월 7일 이날의 큰 시위는 철산(사망 6명, 부상 57명)에서 일어남. 그밖에 영원(寧遠), 덕천(德川), 대동 선교(船橋), 용강 온정(溫井), 영흥 동인리(東仁里), 의주 옥구진(玉口鎭), 보암(保岩 ; 郡 미상), 정주 고읍(古邑), 수안 석달(石達)에서도 일어남.

3월 8일 이날의 시위는 대구(경상도지방에서 운동시작)에서 일어남. 그밖에도 북청(北靑), 함흥 퇴조(退潮), 삭주(朔州),

정주(定州)에서도 일어남.

3월 9일 서울 상인들이 일제히 동맹하여 철시함(이후 4월 초까지 근 1개월간 계속).

△ 이날의 큰 시위는 재령(載寧), 영원(寧遠 ; 사상자 50여명)에서 일어남. 그밖에 인천, 대구, 철원, 함흥 동흥(東興), 의주 가산(加山)에서도 일어남.

3월 10일 이날의 큰 시위는 맹산(孟山 ; 사망 54명, 부상 13명), 해주, 철원. 광주(光州), 성진(사상자 8명), 서천(사상자 14명)에서 일어남. 그밖에 양평 문호(汶湖), 성진 임명(臨溟), 서흥 능리(陵里), 재령 내종(內宗), 옹진, 강경(江景)에서도 일어남.

△ 친일은행인 한성은행에서 예금인출 격증(9일과 10일 양일간 45만원 청구)으로 파산위기.

△ '한국남녀소년단(韓國男女少年團)' 명의로 파리강화회의에 독립청원서를 제출함.

3월 11일 일본 하라(原敬) 수상이 하세가와(長谷川好道) 총독에게 '운동탄압을 엄중히 하여 재발이 없도록 할 것이며, 표면상은 사건이 경미한 것처럼 만들어 외국의 비판을 받지 않도록 하라'고 훈령함.

△ 이날의 큰 시위는 성진(城津)에서 일어남. 그밖에 안성, 의성 비암(義城比安), 금천, 철원, 북청, 성진 임명, 용천 남시, 옹진 온정(溫井), 신천 문화(文化), 장연(長淵), 해주 청단(青丹), 공주(公州), 부산진에서도 일어남.

3월 12일 **서간도 유하현 삼원보**(三源堡)와 통화현 금두부락(金斗伙落)에서 한인동포들이 **모여 독립연설회**를 개최함(이후 서간도 일대에 운동확대).

△ 이날의 큰 시위는 길주(吉州)에서 일어남. 그밖에 금화 청양리(金化靑陽里), 은율 장연(殷栗長連), 송화(松禾)에서도 일어남.

△ 일본이 조선수비군 병력을 재배치함.

3월 13일 **북간도 용정 3·13운동**, 북간도 용정촌에서 1만여명의 한인동포(朝鮮族)들이 모여 '조선독립축하회'를 개최하고 시위(일제의 사주를 받은 중국군 발포로 사망 17명, 부상 30명). 이후 북간도 전역에 파급됨.

△ 조형균(趙衡均), 문일평(文一平) 등 10여인이 조선총독부에 독립청원서를 제출하고 보신각 앞에서 낭독함.

△ 김규식이 파리에 도착함. 샤토당거리 36번가에 한국대표관을 설치함.

△ 이날의 큰 시위는 전주, 순천 낙안(樂安)에서 일어남. 그밖에 연기(燕岐) 전의(全義), 예산 대흥(大興), 광주, 밀양, 창령 영산(靈山), 동래, 칠곡 인동(仁同), 경주, 정평 신상리(新上里), 길주 해자포(海子浦), 성진 송흥(松興)에서도 일어남.

3월 14일 이날의 큰 시위는 풍산(豊山 ; 사상자 10명), 길주 해자포(海子浦)에서 일어남. 그밖에 양주 평내리(坪內里), 아산, 공주 유구(維鳩), 영광(靈光), 밀양, 의령(宜寧), 장진 고토리(古土里), 정평 선덕양(宣德陽), 성진 하천(荷川), 길주 용원(龍原)에서도 일어남.

3월 15일 이날의 큰 시위는 명천 화대(明川花臺 ; 사상 15명), 경성 수역(輸域)에서 일어남. 그밖에 가평 목동(沐洞), 양주 덕소(德沼), 아산, 공주 유구, 천안, 목천, 영광, 의령(宜寧), 장진 고토리(古土里), 덕원 중평장(仲坪場), 성진, 하천, 의주 광평(廣坪)에서도 일어남.

3월 16일   이날의 큰 시위는 대전 유성, 홍원(사상자 8명), 홍천에서 일어남. 그밖에 의성 비안(比安), 가평 목동(沐洞), 북청 창성(昌星), 의주 광평(廣坪), 연백 연안(延安), 신천 달천(達泉)에서도 일어남.

3월 17일   이날의 큰 시위는 안동 예안(禮安)에서 일어남. 그밖에 홍원, 북청, 거산(居山), 영흥, 송화 수교(水橋)에서도 일어남.

△ 서울 시가에서 독립연설회.

△ 러시아 블라디보스톡에서 '대한국민의회(大韓國民議會)'(회장 문창범)가 독립선언서를 발표하고 시위운동을 전개함(이후 러시아 각지에 운동이 확대).

3월 18일   일본중의원(日本衆議院)이 3·1운동에 대한 대정부 질의를 함.

△ 이날의 큰 시위는 강화, 안동(사망 15명, 부상 20명), 양주 마석우리(磨石隅里 ; 사망 10명), 영해(盈海 ; 사망 4명, 부상 18명), 진주(晋州)에서 일어남. 그밖에 의성(義城), 영덕(盈德), 동래, 합천 삼가(三嘉), 연백 연안에서도 일어남.

3월 19일   이날의 큰 시위는 괴산(槐山, 이후 충청북도 전도내에 확대됨), 의성 탑원(塔院), 합천(陜川), 함안(咸安), 명천 운사장(雲社場)에서 일어남. 그밖에 안동, 의성 안평(安平), 영덕 영해(寧海), 진주, 진주 내평(內坪), 장진 덕실(德實), 명천 보촌(寶村), 신천 문화(文化), 수안 율리(栗里)에서도 일어남.

△ 일본 오사카(大阪) 한국교민들이 운동을 계획하다가 피체됨.

3월 20일   북간도 **혼춘(琿春)**에서 한국교포(朝鮮族) 수천명이 모여서 **독립축하회**를 열고 시위함.

△ 이날의 큰 시위는 이원(利原 ; 사상자 9명), 함안 군북(咸安郡北 ; 사망 21명, 부상 18명)에서 일어남. 그밖에 천안 양대(良垈), 무안(務安), 협천 창리(倉里), 신천 달천(達泉)에서도 일어남.

3월 21일   러시아 연해주에서 대한국민의회가 독립혈전을 포고한다는 5개조의 결의문과 대통령 손병희, 부통령 박영효, 국무총리 이승만 등 각료명단을 발표함(**露領政府**).

△ 이날의 큰 시위는 합천 초계(草溪 ; 사상자 12명), 산청 단성(丹城 ; 사상자 7명), 마산(馬山)에서 일어남. 그 밖에 제주 조천리(朝天里), 연천 두일(斗日), 산청 일곡(一谷), 진주, 안동 편항(鞭巷), 안동 신덕(新德)에서도 일어남.

3월 22일   이날의 큰 시위는 합천에서 일어남. 그밖에 서울, 연천 마전(麻田), 강화 교동(喬桐), 김포 통진(通津), 안동 편항(鞭巷), 안동 신덕(新德), (신덕안동 천지(泉旨), 안동 망호(望湖), 연일 청하(淸河), 안동 예안(禮安), 거창(居昌), 단천 대신(大新), 홍원 평포(平浦), 부산동(富山洞 ; 군미상).

3월 23일   이날의 큰 시위는 합천 삼가(三嘉, 사상자 25명), 임실 오수리(獒樹里), 안동(사상자 9명)에서 일어남. 그밖에 서울 교외(공덕리, 노량진, 영등포, 당산리, 녹번동, 합정동, 양화진, 수색), 수원 서호(西湖), 김포 양촌(楊村), 시흥 동산(洞山), 양평, 시흥, 양진, 상주, 화천, 안주 입석(立石), 연백 벽란도(碧瀾渡)에서도 일어남.

3월 24일   서울 시내와 교외 각처에서 시위함. 서울 정동, 어의동(於義洞) 보통학교에서 졸업식 중 만세 제창함. 이날부터 서울 각 학교 졸업식 중지. 이밖에 고양 신주(幸州), 고양 능내(陵內), 고양 일산(一山), 고양 대한강리(大漢江里), 부천 장기(場基), 양평(楊平), 선천 계양(桂陽), 김포, 영양 청파(靑把), 안동 풍산(豊山), 김천, 청송 진보(眞寶), 하동 안계(安溪), 연백 금곡(金谷)에서도 일어남.

3월 25일   서울 시내 여러 게시판과 전주에 각종 격문과 태극기가 붙고, 또 서울 각처에서 시위가 일어남. 이밖에 부천 계양(桂陽), 시흥 잠실(蠶室), 수원(水原), 고양 덕이(德耳), 진주 소문(蘇文), 사천 삼천포(三千浦), 용천 용암포(龍岩浦), 금산 제원(濟原), 영양(英陽), 회령(會寧)에서도 일어남.

3월 26일   이날의 큰 시위는 고양 독도(纛島 ; 사상자 8명)에서 일어남. 그밖에 서울 각처, 파주(坡州), 광주 송파(松坡), 양주 동두천(東豆川), 고양 일산(一山), 고양 안감(安甘), 파주 문산(汶山), 부천 동장(東場), 시흥 양재(良才), 김포 감정(坎井), 양평 광탄(廣灘), 고양 산성(山城), 금산 제원(濟原), 의주 월화(月華), 영천 금소(琴韶), 사천 삼천포, 회령, 은율에서도 일어남.

△러시아 연해주에서 '**노인동맹단**(**老人同盟團** ; 대표 金致寶)' 조직함.

3월 27일   이날의 큰 시위는 양산(梁山), 의주에서 일어남. 그밖에 서울 각처, 고양 안감, 양주 장흥, 광주 낙생(樂生), 파주, 교하, 고양, 광주 동부면(東部面), 광주 서부면(西部面),

옥천 이원(利院), 연기(燕岐), 신천(信川), 횡성(橫城)에서 도 일어남.

3월 28일 김윤식(金允植), 이용직(李容稙)이 총독부에 대하여 독립 승인 최고장(催告狀)을 제출함.

△ 이날의 큰 시위는 수원 사강(沙江)시장, 광주(사상자 15명), 천안 양대(良垈)에서 일어남. 그밖에 파주 봉일천(奉日川), 양주 광적(廣積), 양주 가납(佳納), 시흥 영등포, 부천 오류동, 부천 남동(南洞), 통영, 창원 고현(古縣), 창원 오서(五西), 함양, 하동, 청송 화목(和睦), 신천, 안악, 재령 청석두(靑石頭), 화천 상서면(上西面), 금화 금성(金城).

△북간도 연길현 수신사(守信社) 구사평(九沙坪)에서 한국 교포(朝鮮族) 4천명 이상이 모여 독립선언식 후 두만강을 따라 시위.

3월 29일 이날의 시위는 시흥 구로(九老), 시흥 안양(安養), 시흥 장곡(長谷), 강화 월곶(月串), 양주 장흥(長興), 시흥 박달(博達), 시흥 신길(新吉), 시흥 관계(寬溪), 시흥 주암(注岩), 양주 금곡(金谷), 수원 오산(烏山), 양주 창동(倉洞), 양주 퇴계원(退溪院), 용인 내곡(內谷), 포천 무봉(茂峯), 포천 좌무(佐茂), 포천 신북(新北), 괴산, 영동 학산(鶴山), 동래 구포(龜浦), 서천 신장(新場), 대전 가수원(佳水院), 천안, 안악 동창포(東倉浦), 금화 창도(昌道), 회령 남산(南山) 등에서 일어남.

3월 30일 이날의 큰 시위는 의주 남산(南山 ; 사상자 15명), 청주 미원(米院), 괴산 청안(淸安 ; 사상자 11명), 연천 왕청(旺淸 ; 사상자 9명)에서 일어남. 그밖에 포천 신북(新北), 안성, 포천 송우(松隅里), 용인, 용인 기흥(器興), 양주 주

| | 내면(州內面), 양평 광탄(廣灘), 시흥(始興), 대구, 연백 옥산포(玉山浦), 연백 백천(白川), 안악 강창포(康倉浦), 해주, 연기 조치원(鳥致院), 천안 풍서(豊西), 천안 입장(笠場), 강동(江東), 귀성(龜城) 등에서도 일어남. |

3월 31일 이날의 큰 시위는 창성(昌城 ; 사망 7명, 부상자 24명), 함흥, 삭주(朔州 ; 사망 7명, 부상자 24명), 용천 남시(南市 ; 사상자 7명), 정주(定州 ; 사망자 28명, 부상자 99명), 이천 장암리(長岩里 ; 사상자 24명), 수원 발안장(發安場 ; 사상자 3명)에서 일어남. 그밖에 용인 사암(沙岩), 용인 송전(松田), 양평 광탄(廣灘), 수원 의왕(儀旺), 수원 군포장(軍浦場), 안성, 수원 고천(古川), 예산, 대전 유성(儒城), 아산 탕정(湯井), 연백 백천(白川), 해주, 연백 용현(龍峴), 평산 기린(麒麟), 평산 한포(汗浦), 강동(江東), 청진 신암동(新岩洞), 의주 영산시(永山市), 귀성 신시(新市), 초산(楚山), 벽동(碧潼), 창성 대유동(大楡洞).

3월 말 곽종석(郭鍾錫), 김창숙(金昌淑), 장석영(張錫英) 등 유림 137명, **파리 강화회의에 보낸 장서(長書)를 작성**, 김창숙이 상해로 떠나 그곳에서 영역하여 우송함.

△ 귀족, 관계, 유림, 종교계, 상공인, 청년, 학생, 부인 등 각계를 망라한 '**대동단(大同團)**'(총재 金嘉鎭)을 조직(5월 23일경 발각).

3월 하순 상해 **프랑스 조계에** 국내외 민족운동자들이 집결하여 **독립 임시사무소**(총재 玄楯)를 설치하고 각국에 대하여 한국독립을 통보함.

3월 북간도에서 연길·화룡·왕청·혼춘 4현의 교민단체 '**조선**

　　　　　　　독립기성회(朝鮮獨立期成會)' 조직함. 3·13서전대야 시위운동 추진. 상해에 임시정부가 수립되자 '대한국민회(大韓國民會 ; 회장 具春先)'로 고침(뒤에 洪範圖, 安武 등 부대를 지원).

3월　　　　모스크바에 코민테른(제 3 인터내셔널) 결성.

4월 1일　이날의 큰 시위는 의주(義州 ; 사상자 수십명), 벽동(碧潼 ; 사망자 11명, 부상자 30명), 안성, 안성 원곡면 및 양성면(陽城面), 음성 한천(寒泉 ; 사망자 12명, 부상자 40), **천안 병천**(並川 ; 사망자 20명, 부상자 43명, 유관순 피검), 홍천, 횡성(사상자 다수), 평택 등에서 일어남. 이밖에 개성 풍덕(豊德), 장단 진동(津東), 이천 수광(水廣), 여주 삼관(三串), 인천, 연천 객현(客峴), 강화 양오(陽五), 장단 구화장(九化場), 여주 이포(梨浦), 괴산 청천(靑川), 대전 유성, 대전 치마(馳馬), 공주 도계(道溪), 논산 두계(豆溪), 대전, 연기 대평(大平), 공주 광정(廣亭), 광양, 양산, 고성, 김천 합탄(合灘), 평산 기린(麒麟), 해주, 안주 인풍(仁豊), 성천 능중(陵中), 용천 양광(楊光), 용천 외하(外下), 의주 중도(中島), 의주 구룡포(九龍浦), 의주 청성진(淸城鎭), 용천 남시(南市), 창성 대유(大楡), 초산, 창성, 귀주 신시(新市), 귀성(龜城), 부령 포항(浦項), 청진, 부령(富寧) 등에서도 일어남.

　　　　　　△ 『半島의 木鐸』 제 1호 간행.

4월 2일　이날의 큰 시위는 창성 대유동(大楡洞 ; 사상자 14명), 의주 수진(水鎭 ; 사상자 13명), 안성 필산(筆山), 안성, 죽산(사상자 22명), 이천 덕평(德坪), 이천(사상자 17명), 홍천 걸물리(傑物里 ; 사상자 9명), 함양(사상자 11명), 창원, 통영, 연기 대평(大坪), 의주 비현(枇峴)에서 일어남. 그밖에 부천 사천장(蛇川場), 진천 광혜원, 음성 천평(泉坪), 괴산 장연(長延), 청주, 아산 신창(新昌), 공주 쌍신(雙新), 성주, 밀양, 진주, 울산 언양(彦陽), 김해, 재령, 평산 누천(漏川), 금천 합탄(合灘), 안악, 해주 서변(西邊), 강릉, 요인 원삼면(遠三面), 용인 남곡(南谷), 여주 일원(一圓), 진천 석현(石峴), 지천 장양(長楊)에서 발생.

4월 3일 이날의 큰 시위는 여주(사상자 20명), 진천 광혜원(사상자 9), 영동 학산(鶴山 ; 사상자 10), 창원 오서(五西 ; 사상자 14), 홍천 도관(道寬 ; 사상자 9명), 양평(사상자 7명)에서 일어남. 그밖에 안성 이죽(二竹), 개성, 포천 노곡(蘆谷), 수원 화수(花樹), 시흥 영등포, 영동 괴목(槐木), 옥천 청산(靑山), 공주 탄천(灘川), 공주 경천(敬天), 논산 천동(泉同), 논산, 논산 노성(魯城), 예산 대천(大川), 예산 신예원(新禮院), 연기, 남원 덕과(德果), 장성 북이면, 예천 금곡(金谷), 선산 해평(海平), 성주, 부산진, 김해 봉림(鳳林), 산청 대포리, 김해 진영(鎭永), 창원 마천(馬川), 진주 창촌(倉村) 봉산, 은파(銀波), 안악, 성천 능중(陵中), 양구 용호(龍湖), 통천 장전(長箭) 등에서 일어남.
△ 거창군 이규환(李奎煥) 윤봉의(尹鳳儀) 광무황제 따라 순사.

4월 4일 이날의 큰 시위는 수원 화수리, 익산 裡里(裡里 ; 사망자 5명, 부상자 12명), 영동(永同 ; 사망자 47명, 부상자 8명), 양양(사상자 19명), 남원(사망자 12명), 양평 곡수(曲

水 ; 사상자 7명), 의주 광성면(光成面 ; 사상자 9명)에서 일어남. 그밖에 연천 삭녕(朔寧), 음성 장호원(長湖院), 아산 선장(仙掌), 강경, 홍성, 예산 德山, 서산 천의(天宜), 예산 선시면(先時面), 김제 만경(萬頃), 강진, 영덕 남정(南亭), 밀양 태룡(台龍), 울산 하상(下廂), 김해 봉림(鳳林), 남해, 합천 가야, 재령 해창(海昌), 김천, 서흥 신촌(新村), 의주 하단, 태천 서면, 금화 하소리(下所里), 강릉, 온성 북창평(北蒼坪) 등에서도 일어남.

△ 48인에 대한 경성 지방법원 예심개시.

△ 일본각의(日本閣議), 운동탄압을 위하여 증원병력(보병 6개대, 헌병 65명, 보조헌병 약 350명)을 일본 본토에서 긴급파한(派韓)키로 결정함(신문게재 금지).

4월 5일 이날의 큰 시위는 창성(사상자 31명), 울산 하상(下廂 ; 사상자 10명), 음성 장호원, 철산 차련관(車輦館)에서 일어남. 그밖에 양평 석곡(石谷), 양평 문호, 연천 동면, 개성, 예산, 청양 정산(定山), 양양 안심, 사천 금성(金城), 동래 기장(機張), 김해 진영(鎭永), 평산 두무(斗武), 평산 물개(物開), 장연 태탄(苔灘), 중화 간동(看東), 운산 북진(北鎭), 양양 손양(巽陽), 이천 지하(支下), 원주 소초(所草), 평강(平康) 등에서도 일어남.

△ 중국 광동성 국민의회 의원 331명이 한국독립승인을 북경정부에 권고함.

4월 6일 **인도에서 간디의 지도하에 불복종 대중운동이 시작됨.**

4월 6일 이날의 큰 시위는 창성 청룡(靑龍), 삭주 대관(大館 ; 사망자 6명, 부상자 23명)에서 일어남. 그밖에 개성 양합리

(兩合里), 부천 영흥면(靈興面), 영동 추풍령(秋風嶺), 청주 문의(文義), 음성, 청양 운곡(雲谷), 김천 개녕(開寧), 영천 신령(新寧), 신천, 해주 죽천(竹川), 통주 고저(庫底), 양양, 이천(伊川) 등에서도 일어남.

4월 7일　재미한인들이 워싱턴에 모여서 조선임시정부 외무대신의 명의로 '조선은 미국의 제도와 동일한 정신으로 기독교 독립국을 건립했다'고 선언서를 발표함.

△ 이날의 큰 시위는 하동 선교(船橋 ; 사상자 10명)에서 일어남. 이밖에 부천 영흥면(靈興面), 양평 석곡(石谷), 청양 와림(瓦林), 홍성 장곡(長谷), 남해 고현(古縣), 하동, 해주 문정(文井), 안악 용순(龍順), 신천 신환포(新換浦), 신천 유천(柳川), 신천, 재령, 옹진 장현(長峴), 철산 백양면(栢梁面), 강릉, 통천 고저(庫底), 평강, 정선 횡계(橫溪), 양양, 평강, 이천(伊川) 등에서도 일어남.

4월 8일　상해 독립 임시사무소에서 임시관제를 선포함.

△ 상해에 경성 독립단 본부로부터 임시정부 헌법 원문과 이동휘를 집정관으로 하는 각원 명단을 강대현(姜大鉉)이 가져옴.

△ 이날의 큰 시위는 강계(사상자 6명)에서 일어남. 이밖에 보은, 옥천 오동(梧洞), 청양 비봉(飛鳳), 서산 수당(壽堂), 홍성 상촌(上村), 함평 문장(文場), 목포, 선산 임온(林穩), 상주 운공(雲工), 영천 신녕(新寧), 동래 기장(機張), 마산, 평산 남천(南川), 신천 속우(棗隅), 송화, 협천 해봉(海峰), 함안 칠원(漆原), 해주 취야(翠野), 김천 구이면(口耳面), 수계, 송화 수교(水橋), 안악 동창(東倉), 해주 이목(利木), 김천 산외(山外), 철원 내문면(乃文面), 원주 등면(登面), 함흥 덕천(德川), 명천 우동(雩東) 등에서도 일어남.

4월 9일　서울에서 조선국민대회와 조선자주당의 명의로 된 '조선

민국 임시정부 조직 포고문(朝鮮民國臨時政府組織布告文)' 과 '조선민국 임시정부 창립장정(朝鮮民國臨時政府創立章程)' 등이 일본경찰에게 발각됨.

△ 이날의 큰 시위는 양양 기토문(其土門 ; 사상자 16명)에서 일어났다. 그밖에 보성 벌교(筏橋), 영주 풍기(豊基), 상주 중벌(中伐), 평산 산막(山幕), 신천 원동(院洞), 서흥 흥수(興水), 서흥 녹안(綠鞍), 신계 무대랑(武待郞), 재령 신유(新鍮), 원주 흥업면(興業面), 경성 어대진(漁大津), 명천 수남(水南) 등에서도 일어남.

4월 10일 국내외 민족운동자 29인이 **상해 프랑스 조계에서 임시의 정원(臨時議政院)**(의장 李東寧, 부의장 孫貞道)을 개원함.

△ 이날의 큰 시위는 성천(부상자 68명, 체포자 300명 이상)에서 일어남. 이밖에 연천 사정리(射亭里), 진위 금곡(金谷), 괴산 광덕리(光德里), 서산 부장(富長), 서산 갈산(葛山), 영암 구림(鳩林), 동래 기장(機張), 동래 좌천(左川), 김해 중리(中里), 밀양 청도면(淸道面), 자성 호하(湖下) 등에서도 일어남.

4월 상순 서간도에서 **'한족회(韓族會)'의 주동으로 '군정부(軍政府)'** 건립(총재 李相龍, 총장 李沰). 이 전후에 서북간도를 비롯한 동삼성 전역과 연해주 각 지역에서 많은 항일단체가 조직되었고, 또한 그 소속 독립군이 편성되어 무기확보와 군사훈련이 활발하여짐.

4월 11일 **상해에 대한민국 임시정부(大韓民國 臨時政府)가 건립됨.** 임시의정원은 국호 관제를 제정하고, 국무총리에 이승만(李承晩) 등 국무원을 선출하고, 대한민국 임시헌장 10조를 발표함.

△ 이날의 시위는 양평, 강화 길정(吉亭), 보은 구인(求仁), 해남, 창원 가덕진(加德鎭), 김해 진목(眞木), 은율 장련(長連), 장연 남호(南湖), 송화 풍천(豊川), 장연, 울진 매화(梅花), 홍천 도관(道寬) 등에서도 일어남.

4월 12일　이날의 시위는 보은 무서(畝西), 논산 한삼천리(汗三川里), 진안 도통리(道通里), 순천 인월(仁月), 청도 장연동(長淵洞), 선산, 김해 무계(茂溪) 등에서도 일어남.

4월 13일　**대한민국임시정부 건립을 내외에 선언함**. 파리주재 김규식에게 외무총장 겸 전권대사의 신임장을 발송함.
　　　　△ 미국선교사, 일인의 한인학살을 미국 대통령에게 보고함.
　　　　△ 이날의 시위는 강화 두운리(斗雲里), 보은 선곡(仙谷), 옹진 안악(安樂), 울진 부구(富邱), 횡성 서원면(書院面) 등에서 일어남.

4월 14일　이범윤(李範允), 이동휘(李東輝) 등이 독립군편성을 위하여 북간도 왕청현 두도구(頭道溝)에 도착하여 24일에 동녕현 동지와 회집 후 국내 진입을 계획함.
　　　　△ 이날의 시위는 명천 산성동(山城洞), 명천 고성동(古城洞)에서 일어남.

4월 14일~16일　재미한인이 **필라델피아 독립관에서 '한인자유대회(韓人自由大會)'**(의장 徐載弼)를 개최하고, 독립선언과 임정수립을 축하함.

4월 15일　서간도 유하현 삼원보에서 **'대한독립단(大韓獨立團)'**을 조직함(국치 이후 서간도에 도강하여 기회를 기다리던 한말의병이 중심이 되어 국내에 진입할 독립군을 편성함).
　　　　△ 조선총독부는 만세운동에 엄한 형벌로 임하는 **제령(制令) 제 7호 '정치에 관한 범죄처벌의 건'**을 포고함.

△ 수원군 제암리교회 양민 학살사건. 일본군 한 무리가 제암리에 침입하여 부근 양민 29명을 교회에 가두고 집중총격과 방화로 학살함. 이 전후(4워 2일~4월 17일) 수원군·안성군내에 64개 부락에서 방화 살육을 자행하면서 약 2천명을 검거함.
△ 이날의 시위는 수원 발안장(發安場), 문경 갈평(葛坪), 김해 식여(食餘), 은율(殷栗), 삼척, 삼척 하북면(下北面) 등에서 일어남.

4월 16일   이날의 시위는 김해 이동리(二洞里), 옹진 원산(院山), 장연, 회양(淮陽) 등에서 일어남.

4월 17일   이날의 큰 시위는 제천(사상자 4명)에서 일어남.
△ 일본정부는 각 국가에 주재하는 대사·공사 및 영사에게 '한국독립에 관한 것은 당국의 공식발표 외에 일체 보도를 금하였고, 조선총독이 보내온 전보는 적의참작(適宜參酌) 운동이 적은 것으로 하라'고 훈령함.

4월 18일   이날의 시위는 진주, 장연 송천(松川)에서 일어남.

4월 19일   이날의 시위는 제천 송학(松鶴)과 청진(淸津)에서 일어남.

4월 20일   서울 주재 미국영사는 미국신문기자에게 '조선인이 일본에 동화된 줄 믿은 결과, 이번 운동이 일어났다'고 발표함.

4월 21일   이날 시위는 영월 금화(金化)에서 일어남.

4월 22일   이날의 시위는 장연 몽금포(夢金浦)에서 일어남.
△ 미국선교사는 이화학당에서 선교사 연합협의회를 개최하고자 한국독립운동에 관한 사항을 협의함.

4월 23일   **13도대표가 서울에서 '국민대회'를 열고 집정관총재에 이승만(李承晩), 국무총리총재에 이동휘(李東輝) 등으로**

	된 한성정부(漢城政府)를 선포하고, 서울 시내에서 시위함.
4월 24일	이날 시위는 마산에서 일어남.
4월 27일	이날 시위는 합천 반포(班浦)에서 일어남.
4월 29일	이날 시위는 창원(昌原)에서 일어남.
4월	주 파리 위원부 월간『자유한국(自由韓國)』제1호를 간행함.
4월	조선총독부 경찰총감부는 경무총감령 제3호 '조선인 여행취체(朝鮮人旅行取締)에 관한 건'을 시행.
5월 4일	**중국에서 5·4운동 발발**.
5월 12일	김규식이 민족대표로 **파리 평화회의에 독립을 주장하는 '공고서(控告書)'를 제출**함.
5월 20일	임시정부 내무총장 안창호(安昌浩), 미주에서 상해에 도착함(이후 국무총리대리로 임시정부를 주도함).
5월 31일	러시아 노인동맹단(老人同盟團) 대표 이승교(李承僑) 등 5명이 入京하여 보신각 앞에서 만세를 부름.
5월	이승만이 워싱턴에 집정관총재부를 설치함(9월에 구미위원부로 고침).
6월 상순	서울 시위관계 체포자 중에 260여명이 경성지방법원 예심계에 회부됨(예심중 355명으로 증가함).
6월 상순	서울 합동(蛤洞)에서 이병철(李秉澈), 송세호(宋世浩), 연병호(延秉昊) 등이 '**대한민국 청년외교단(大韓民國 靑年外交團)**'을 결성함.
6월 24일	러시아 노인동맹단이 '독립선언서'를 블라디보스톡 일본 영사관에 보냄.

6월 28일	**베르사유 강화조약 조인. 국제연맹규약 성립.**
6월	서울 연지동(蓮池洞)에서 '혈성단애국부인회(血誠團愛國婦人會)'(吳玄州 등) 및 '대조선독립애국부인회(大朝鮮獨立愛國婦人會)'를 조직하고 임시정부에 운동자금을 보냄.
7월 7일	미국 윌리위스市에서 국민협회(國民協會)가 경영하는 비행학교 제 1회 졸업식(교장 盧伯麟).
7월 10일	임시정부는 국내에 연통제(聯通制) 실시를 공포함.
7월 13일	상해에서 안창호 등이 독립전쟁의 후원체로 **'대한민국적십자회(大韓民國赤十字會)'를 조직**함.
7월 17일	미국 상원 멕코오믹 의원의 동의로 '미국기독교 연합협의회 결정서'를 의사록에 수록함.
7월	영국 하원이 한국독립문제 대정부질의(그 후 1920년 4월 8월에 걸쳐 3차 논의).
8월 4일	조소앙(趙素昻), 이관용(李灌溶)이 프랑스 루쩨론에서 개최된 제 2 인터내셔널 회의에 참석함(8월 9일에 한국독립승인 결정안이 통과됨).
8월 8일	김규식이 파리에서 미주로 향함.
8월 상순	경성지방법원은 '48인'에게 내란죄 적용 관할이 다르다고 고등법원에 회부(高法에서 다시 예심).
8월 12일	조선총독 하세가와(長谷川好道)를 사이토(齋藤實)로 교체 임명(제 3代).
8월 19일	일본은 일본천황의 조서와 수상 하라(原敬)의 명의로 성명서로 한국에 대한 소위 **'문화정치(文化政治)'를 시행**한다고 각국에 선전.

8월 21일	상해 프랑스 조계에서 임시정부 기관지『우리의 편지』가 발간되고, 이를 이어『독립(獨立)』이 발간됨(곧『독립신문(獨立新聞)』이라 개칭함).
8월 29일	국치기념일. 서울 시내 철시, 대한민국 청년외교단은 경고문을 산포. △ '대한청년단' 발각(安秉瓚 등이 안동현에서 6월경 조직, 임시정부에 자금을 보내고『반도청년보(半島靑年報)』를 간행하여 영국인이 경영하는 이륭양행(怡隆洋行)을 통하여 임시정부와 연결하여 옴).
8월 하순	임시정부는 프랑스에서 개최되는 국제연맹에 독립을 청원할 계획이라고 결정.
8월	서일(徐一) 등이 북간도에서 '正義團'을 발전시켜 '독립군정회(獨立軍政會)'를 조직함(11월에 西路軍政署로 고침).
9월 2일	노인동맹단의 **강우규(姜宇奎)는 신임총독 사이토(齋藤 實)**에게 남대문역에서 폭탄을 투척함. 37명이 중경상을 입음(9월 17일 체포, 11월 29일 순국). △ 대한민국청년외교단『외교시보(外交時報)』를 발행.
9월 11일	**대한민국 임시정부는 임시헌법을 공포함.** 한성 상해 노령의 각 임시정부의 一元化를 실현함. **임시대통령에 이승만.**

제3부

1919년	9월 17일	대동단(大同團), 상해에 본부를 둠.
	9월 18일	**이동휘(李東輝)**가 연해주에서 상해에 도착하여 **국무총리**에 취임함.
	9월 26일	러시아 국민의회대표 윤해(尹海)와 고창일(高昌一) 등이 노르웨이와 영국을 경유하여 파리에 도착하였고, 임시정부 대표단과 합류함.
	9월 27일	미국 스펜서·노리스 의원 등이 상원에 한국독립문제 토의안을 제출함(그후 10월 19일에 필란 의원이 상원에 한국독립찬조 결정안을 제출함. 윌리엄 의원과 메슨 의원이 상원에 한국독립의 상세한 獻議案을 제출함. 모두 하원 외교위원회에 위임).
	9월	주 파리 위원부는 월보『한국독립(韓國獨立)과 평화』를 발행함.
	9월	북간도의 독립군 일단(一團)이 두만강을 건너 갑산(甲山) 지방에 진입작전.
	9월	관전(寬甸)서 '대한청년단연합회'를 조직(총재 安秉瓚).
	10월 3일	서울 서대문 뒷산에서 독립만세를 고창함. 용천군(龍川郡) 윤원산(尹元山)에서 봉화와 만세 고창.
	10월 6일	평양의 박승명(朴承明)·박인관(朴寅寬) 등이 목사 수십명과 계획하여 11월 17일 전국에 일제히 만세고창 대신에 통곡(痛哭)운동을 일으키려 하다가 이날 체포됨.
	10월 8일	봉산군 양동리(養洞里)에서 100여명이 만세운동.
	10월 17일	상해에서『대한신보(大韓新報)』제1호를 발행함.

10월 24일	북간도의 독립군 한 부대가 만포진(滿浦鎭)에 진입하고, 자성(慈城)에서 일본과 교전을 벌임.
10월	안도현(安圖縣)에서 '대한정의군정사(大韓正義軍政司)'를 조직함.
11월 10일	김원봉 등이 길림에서 '**의열단(義烈團)**'을 조직하고, 공약(公約) 10조와 '칠가살(七可殺)'을 결정함.
11월 18일~29일	일본정부의 요청으로 임시정부의 여운형(呂運亨)이 동경에 가서 한민족의 절대독립을 신명(申明).
11월 19일	대동단에서 상해로 망명시키려한 이강(李堈 ; 純宗의 弟)이 안동현(安東縣)에서 발각됨.
11월 19일	파리에서 '재법한국민회(在法韓國民會)' 조직.
11월 21일	임시정부는 '국채통칙(國債通則)' 급 '독립공채조례(獨立公債條例)'를 공포함.
11월 27일	'청년외교단(靑年外交團)' 발각. 이병철(李秉徹) 등 10명이 피체됨.
11월 28일	'대한애국부인회(大韓愛國婦人會)' 발각. 오현주(吳玄洲) 등 23명이 피체됨.
12월 6일	서울 실업계와 원 일본유학생 등이 농상공 진흥과 생활개선을 통한 배일을 목표로 '조선경제회(朝鮮經濟會)'를 조직.
12월 9일	평양부(平壤府) 신창리(新倉里)에 설치한 임시정부 교통부 관서지부가 발각됨. 지부장 김동환(金東煥) 등 체포.
12월 중순	임시정부의 함북연통제가 발각되어(8월 하순부터 鏡城에 통감부, 회령에 감독부를 두고 활동중) 관계자 54명이 체포됨.

12월		임시정부 구미위원부는 독립공채 50만 달러 모금에 착수.
1920년 1월 4일		북간도 용정촌 남쪽 동양구(東梁口)에서 윤준희(尹駿熙), 김강(金剛), 임국정(林國禎), 김하석(金夏錫) 등이 일본 군경이 수송중이던 조선은행권 15만원을 군자금으로 탈취(1월 31일 블라디보스톡에서 독립군무기 2천정을 구입하려다가 일관헌에게 체포됨).
1월 6일		조선총독부는 『朝鮮日報』·『東亞日報』·『時事新聞』 발행을 허가.
1월 7일		박중화(朴重華) 등은 서울에서 국내최초의 노농단체로 '조선노동공제회(朝鮮勞働共濟會)'를 결성(金思容 외 50인 발기로 된 '조선노동연구회(朝鮮勞働研究會)'의 개편.
1월 16일		김영한(金榮漢)·민원식(閔元植) 등이 친일본주의를 주장하고 '유교진흥회(儒道振興會)'를 조직함.
1월 16일		미국·영국·일본 3국이 러시아 연해주지역에서 철병을 결의함.
1월 18일		정안립(鄭安立) 등의 '고사연구회(古史研究會)' 해산.
1월 23일		임시정부 안동교통사무국이 발각됨. 홍성익(洪盛益) 등 5명이 체포됨.
1월 24일		임시정부 군무부는 포고 제1호로 '이천만 남녀는 누구나 독립군이 되어 독립전쟁에 참가하라'고 주장함. 이 전후에 동일내용의 국무원 포고 제1호를 발포함.
1월		파리에서 국제연맹 제1회 이사회를 개최(U.N 첫 총회개회)

1월	대한민국 임시정부 국무부 지부를 러시아 니콜리스크(우수리스크)에 설치(美良五).
2월 2일	임시정부 내무부는 포고 제1호에서 '3월 1일은 대한인의 부활일이므로 다시 궐기하라'고 주장함.
2월 5일	민원식(閔元植) 일파의 '국민협회(國民協會)'가 일본 중의원 의장에게 조선인 참정권 청원서를 제출함.
2월 16일	'조선노동대회(朝鮮勞働大會)' 조직. 노동계의 생활·교육·질서를 주장함.
2월	서간도 삼원보에서 온 문식(文植) 등이 대구에서 폭탄제조중에 피체됨.
2월 중순	러시아 흑룡주에서 볼셰비키 정권이 수립됨에 따라 출병 중이던 **일본군이 흑룡주에서 연해주로 철군을 개시함.**
3월 1일	3·1운동 1주년. 서울·평양·선천·황주 등지에서 학생들이 만세운동을 일으킴. 상해·해삼위 등지에서는 기념대회와 시위를 엶.
3월 5일	『朝鮮日報』 창간
3월 10일	임시정부는 '지방선전부규정(地方宣傳部規程)'을 공포함. 국내외 각지에 파견할 지방선전대(宣傳總辦 安昌浩)를 조직함.
3월 15일~27일	북간도지방의 독립군 한 부대(병력 200명)가 두만강을 건너 풍리동(豊利洞) 일본 경찰 주재소를 공격하였고, 이어 온성읍(穩城邑) 남양(南陽) 등지에 수백 내지 수십명이 진입하여 일본군과 교전함.
3월 22일	브뤼셀에서 열린 만국사회당회의에서 '국제연맹과 열국은 한국이 독립공화국임을 승인하라'고 요구함.

3월 22일   총독부 고등법원은 '48인'의 예심을 종결하고, 내란죄는
          구성되지 않고 보안법 및 출판법 기타 소요죄에 해당된
          다고 하여, 지방법원을 다시 관할 법원으로 결정함.

3월 23일   박처후(朴處厚) 등이 체코군으로부터 군총 60정을 매입
          (한 정당 40루블). 이 전후에 서북간도와 연해주의 독립
          군은 체코군으로부터 무기를 구입하여 무장함.

3월 23일   미국 상원 찰스 토마스 의원·케리 의원은 일본과 영국에
          대하여 각각 한국 및 아일랜드의 독립을 승인할 것을 요
          구하고 한국 및 아일랜드를 국제연맹 회원국으로 하라는
          결의안을 상원에 제출함(제 4차 제출안). 한국독립안 34
          대 46으로 부결됨.

4월 1일   『東亞日報』창간. 『時事新聞』창간.
          △ 회사령(會社令) 철폐.

4월 4일~5일 블라디보스톡에서 4월 참변 일어남. 일본과 러시아군
          이 충돌함. 일본군은 신한촌(新韓村)을 습격하여 한민학
          교 한인신보사 등을 불태우고 한인지도자 수십명을 체포
          함(4월 6일 崔在亨 등 4명을 총살함).

4월 19일   대한청년단연합회 제 2회 정기총회(59개 단체 대표 108
          명), 임시정부를 받들어 항일전쟁의 준비를 결의함.

4월   상해 독립신문사에서 미국인 나다니엘 파이퍼가 『韓國
          獨立運動의 眞相』을 간행함.

4월   웨르흐네우진스크(바이칼호 동쪽)에서 日·蘇간의 완충국
          으로 볼셰비키의 '극동공화국(極東共和國)'을 수립함(이
          해 9월에 치타로 이전하고, 12월에는 블라디보스톡 방면
          까지 지배함).

5월 9일   독립군은 철산군(鐵山郡) 여한(餘閑)면소를 습격한 후 소각함. 이 전후부터 평안남북도에 독립군의 진입이 잦아져서 일본행정기관이 마비됨.

5월 13일~8월 18일   일본 군경 2개반으로 장작림(張作霖)군과 합동하여 서간도 일대의 이른바 **독립군 토벌작전**을 감행함. 독립군 및 민족운동자의 체포가 265명 이상, 피살이 8명 이상.

5월 25일   월간 『開闢』 발행 허가(6월 창간).

5월 27일   독립군 30명이 함경북도 운무봉(雲霧峰)에서 일본 헌병대와 우송차를 습격함.

6월 2일   독립군 60명이 이어 일본 경찰 합동수색토벌대와 1시간 교전.

6월 4일   **봉오동(鳳梧洞)승첩**. 홍범도(洪範圖)가 지휘하는 독립군은 온성군(穩城郡) 상탄동(上灘洞)에서 일본군을 공격하고, 혼춘현 봉오동으로 일본군 1개 대대를 유인 포위함. 전투결과 사살 일본군 157명, 독립군 6명.

독립군이 삭주군(朔州郡) 신안동(新安洞) 주재소를 습격하였고 이후 평안남북도 각지에 독립군 출동이 잦아짐.

6월 7일   대한독립단 총재 백삼규(白三奎)가 피살됨.

6월 10일   독립군은 창성군(昌城郡) 대창면장을 면소에서 사살함.

6월 21일   고학생들이 '갈돕회'를 조직함.

6월 26일   이상재(李商在) 등 91명의 발기로 **'조선교육협회(朝鮮敎育協會)'** 조직(창립총회에 전국에서 320명이 참석함).

6월 28일   독립군 30명이 삭주군(朔州郡) 양산면(兩山面) 서흥동(書興洞)에서 일본 경찰대와 교전함.

6월	서간도에서 '광복군총영(光復軍總營)'을 조직함(營長 吳東振).
6월~7월	기독교 장로회계통이 조직한 '대한국민회(大韓國民會)' 의 전국 하부조직인 군회(郡會) 향촌회(鄕村會) 등이 발각되어 100여명이 체포됨.
7월 7일	의열단원 곽재기(郭在驥)·이성우(李成宇) 등 17명이 총독부 등의 파괴와 총독 등의 암살 등을 꾀하다가 발각되어 체포됨.
7월 10일	임시정부 안동교통국을 후원하던 이륭양행(怡隆洋行) 주인 J. L. 쇼(愛蘭人), 대한청년단연합회 교통부장 오학수(吳學洙) 등이 체포됨.
8월 3일	상해 의용단의 김석하(金錫河) 등이 평안남도청 새 청사에 폭탄을 투척하여 일부가 파괴됨.
8월 5일	상해에서 임시정부 각원들이 미국 의원단 환영회에 참석.
8월 상순	임시정부 서울 연통기관(都染洞 소재)이 발각됨. 경성 교통국장 이원식(李元植) 등 10여명이 체포됨. 승동(勝洞) 종교(宗橋)예배당에 숨겼던 다수의 문서와 독립신문이 발각됨.
8월 13일	한국에 오는 미국의원단에게 줄 임시정부의 독립청원서 100부가 의주(義州)에서 발각되어 양기탁(梁起鐸) 등 5명이 체포됨.
8월 13일	독립군 30명이 의주군 옥상(玉尙)면소와 경찰관 주재소를 습격하여 일본인 경찰을 사살함.
8월 15일	대한독립군 한 부대가 황해도에 진입하여 친일 은율(殷栗) 군수를 사살함. 그 후 32명이 신천군에서 일본 군경

과 교전후에 체포됨.
8월 21일 미국 의원단이 한국에 올 때 총독부 등에 폭탄을 투척하기로 한 결사대 대장 김영철(金榮哲 등 광복군총영 소속) 10여명이 체포됨.
8월 21일 '대한민족자결국민회(大韓民族自決國民會)' 발각.
8월 24일 J. H. 몰 의원을 단장으로 한 미국 의원단 일행(의원 9명 및 가족)이 서울에 도착함. 미국 의원단이 경유한 의주, 곽산(郭山), 안주(安州), 개성 등에서 만세환영. 서울에서는 남대문역 조선호텔 사이에 1만여명이 모여서 환영함. 몇 곳에서 만세를 부름.
8월 25일 YMCA 회관에 이상재(李商在), 신흥우(申興雨) 등의 주최로 800여명이 모여서 미국 의원단 환영회를 엶. 총독부의 방해가 있었으나 해리스 의원이 참석함.
8월 27일~9월 2일 『朝鮮日報』제 1차 정간(논설「自然의 化」).
9월 1일 북간도의 중국군이 대한국민회·서로군정서 등을 수색함.
△ 대한독립단 황해도 지단이 발각됨. 이계영(李癸永) 등이 체포됨.
9월 1일 독립군이 후창(厚昌)군수를 총살함. 광복군 결사대원 이학필(李學弼) 등이 선천경찰서와 선천군청에 폭탄을 투척함.
9월 5일~11월 5일 『朝鮮日報』제 2차 정간됨(논설「愚劣한 總督府當局은 何故로 우리 日報를 停刊시켰나뇨」).
9월 9일 북간도 왕청현 십리평 삼림중에서 **서로군정서의 사관연성소**(士官鍊成所) **필업식**(畢業式 ; 298명이 졸업함. 이들이 청산리 전투에 참가).

9월 10일　북간도 북로군정서에서 파견된 김동순(金東淳) 등이 피체(3월 10일부터 국내에 들어와 파괴암살대를 조직하여 의열 활동하던 중).

9월 12일　**혼춘사건(琿春事件)** 일본군이 만주출병의 구실을 만들기 위하여 마적(馬賊)으로 하여금 혼춘성(琿春城)을 습격하게 함(제 1차).

9월 14일　의열단원 박재혁(朴載赫)이 부산경찰서에서 일본인 서장에게 투탄.

9월 16일　대한독립단원은 자성(慈城) 군수와 장연(長淵) 군수를 총살함.

9월 19일　일본군의 중국인 밀정 2명이 북간도 왕청현 서대파의 북로군정서 무관학교 병사(兵舍) 11개소에 방화.

9월 23일　김상한(金相翰) 등 일심단(一心團)의 주동으로 원산에서 400여명의 민중과 학생이 시위하고 원산경찰서를 습격하여 피살 2명, 부상 4명, 체포 54명.

9월 25일~1921년 1월 10일　『東亞日報』제 1차 정간(논설「祭祀 問題를 再論하노라」).

△ 연해주에 한인보병자유대대(韓人步兵自由大隊)가 편성됨.

10월 2일　독립군 20명이 선천군 북면에서 일본 경찰대와 교전함.

△ 일본군이 마적으로 하여금 제 2차로 혼춘성(琿春城)을 습격시킴.

10월 5일　일본 관헌이 최정규(崔晶奎)·이인수(李寅洙) 등을 시켜 간도(間島)에 '보민회(保民會)'를 조직하여 첩보와 테러로 항일운동을 방해함.

10월 7일　**경신참변(庚申慘變)** 시작됨. 혼춘사건(琿春事件)을 빙자하여 일본군이 만주에 출병하여 독립군과 교포를 대량학살하기 시작함.

10월 12일 　강동군(江東郡)에서 '농민단(農民團)'(임시정부 후원단체)이 발각되어 이항욱(李恒郁) 등 5명이 체포됨.

10월 14일 　강서군(江西郡)에서 '한민회(韓民會)'(大同郡 중심)가 발각되어 김병옥(金炳玉) 등이 체포됨.

10월 15일 　평양의 '대한애국부인회(大韓愛國婦人會)'가 발각됨(1919년 6월 이래 장로교도와 감리교도 100여명이 임시정부 후원활동).

10월 20일 　**청산리(靑山里)대첩**. 20일 오전 9시 화룡현 삼도구에서 북로군정서의 김좌진 부대(병력 2,500명)와 만주출병 일본군(1개 연대)이 대전(對戰)함. 21일 아침부터 격전을 벌려 26일까지 크고 작은 교전이 10여 차례 계속됨. 일본군 사살 1,200명 이상.

10월 26일 　영국에 '한국친우회(韓國親友會)'(회장 Sir Robert Newman)가 창립되어 한국독립을 후원하기로 결의함.

△ 평양에서 친일단체 '대동동지회(大東同志會)' 조직.

10월 30일 　48인에 대한 경성복심법원(최종심)판결. 보안법, 출판법 위반 및 소요죄 등을 적용하여 손병희(孫秉熙), 최린(崔麟), 권동진(權東鎭), 오세창(吳世昌), 이종일(李鍾一), 이승훈(李昇薰), 함태영(咸台永), 한용운(韓龍雲)에게 각 3년 징역형을 언도함.

11월 8일 　간도 '광복단(光復團)'에서 온 남한(南韓) 6도책임자는 총독부 정무총감을 죽이려고 계획하던 중 공주에서 피체됨.

11월 11일   서간도의 대한독립단원 김기한(金起漢) 등이 서울에 국내 중앙기관을 설치하고 활동중에 피체됨.
△ 러시아 스챤의 대한신민단원 6명이 국내에 지단(支團)을 설치하다가 서울에서 피체됨.
△『東亞日報』기자 장덕준(張德俊)이 혼춘사건 취재 중에 일본군에게 피살됨(한국 최초의 기자순직).

12월 1일   오상근(吳祥根)·장덕수(張德秀) 등의 주동으로 서울에서 '조선청년회연합회(朝鮮靑年會聯合會)'를 조직하고, 전국적인 청년단체의 단결과 민족운동을 추진함(후에 '서울靑年會'와 '靑年總同盟會'로 분열됨).

12월 27일   의열단원 최봉수(崔鳳壽) 등이 밀양경찰서에 투탄.

12월 28일   이승만(李承晩) 임시대통령이 상해에 도착함.

12월 하순   김립(金立)이 레닌이 준 공산당 공작금 40만 루블을 가지고 상해에 도착함.

12월   신덕영(申德永) 등 32명이 군자금 수집 중에 체포됨.

12월   간도방면에 출동한 대병력의 일본군 작전으로 북로군정서의 김좌진(金佐鎭)부대와 서로군정서의 지청천(池靑天)부대를 비롯하여 서북간도의 여러 독립군부대가 북진하여 영안현(寧安縣) 밀산(密山)에서 합류하여 '**대한독립군(大韓獨立軍)**'(총재 徐一, 부총재 洪範圖, 池靑天 등)를 조직(병력 3,600명)하고, 러시아 이만 방면으로 월경(그 중 일부는 흑룡주 자유시 방면으로 북상함).

1921년 1월 2일   미국 메리온시에서 서재필(徐載弼)이 미국대통령 당선자 하아딩과 회견하고, 한국독립문제를 협의함.

1월 25일   임시정부 임시국무총리 이동휘의 후임으로 총리대리에 이동녕.

1월 27일   조선청년회연합회 좌계(左系)는 **'서울청년회'를 조직**함 (국내에 공산주의운동의 점차 유력해지고 좌우분열이 시작됨).

2월 15일   양근환(梁槿煥)은 참정권 청원서를 일본 의회에 제출한 국민협회장 민원식(閔元植)을 동경에서 자살(刺殺)(민원식을 발행인으로 하는 『時事新聞』은 곧 자연 폐간됨).

3월   중국 장사(長沙)에서 '한중호조사(韓中互助社)'를 조직함.

4월 20일   박용만(朴容萬)·신숙(申肅)·신채호(申采浩) 등이 북경에서 **'군사통일주비회(軍事統一籌備會)'**를 개최.

5월 6일   한명세(韓明世) 등이 러시아 이르쿠츠크에서 '고려공산당(高麗共産黨)'을 조직하여, 이동휘 등의 상해파(上海派)와 대립(상해의 呂運亨 등 反이동휘파는 이르쿠츠크파에 가담함).

5월 16일   임시정부 국무총리대리에 이동녕의 후임으로 신규식(申圭植)이 선임됨.

5월   중국 동삼성 순열사 장작림(張作霖)이 관내 한족취체(韓族取締)에 관한 '감찰한교장정(監察韓僑章程)'을 공포함.

6월 28일   **자유시참변(흑하사변)**. 러시아 당국은 흑룡주 알렉세프스크시(自由市)에 있는 한인 혁명군에게 무장해제를 통고하고 이에 불응한 독립군과 교전하여 수백명의 살상 희생자를 냄.

7월(일설에는 5월)	상해 프랑스조계에서 **중국공산당 제 1차 전국대회**가 열림.
10월 12일	김익상(金益相)이 총독부 청사정면에 투탄.
10월 19일	상해에서 『선전(宣傳)』 제 1호 발행.
10월	장백현(長白縣) 일대의 여러 독립군부대가 '대한국민단(大韓國民團)'으로 통합함(회장 金虎, 부회장 李殷卿). 이와 전후하여 북간도에서 대한국민회의 군사부와 서간도군비단(西間島軍備團)이 '대한의용군사회(大韓義勇軍事會)'로 통합(金燦, 李繼 등).
10월	전군정서총재 서일(徐一)이 밀산현에서 마적의 습격을 받고 자결.
10월	**시베리아 출병중인 일본군이 철수**(11월에 극동공화국은 소련에 합류 해소)
11월 11일	**워싱턴에서 군비축소 회담**이 개회.
11월 18일	임시정부 외무총장 신규식(申圭植)이 중국 광동정부 대통령 손문(孫文)을 회견하고 중·한국교관계를 확인함.
1922년 1월 5일	독립군 85명이 경원군(慶源郡) 도원면(桃原面) 일본 수비군대 및 주재소를 공격함.
2월 6일	**워싱턴 군축회의 개회**. 이 동안(1921년 12월 28일) 한국특파단(단장 이승만, 부단장 서재필)이 국내 13도 260군 대표와 각 사회단체 대표가 서명한 '한국인민치태평양회의서(韓國人民致太平洋會議書)'를 제출(이 회의에서는 한국문제 토의가 없었음).

11월 12일	하와이에서 열린 만국기자대회에 참석한 『東亞日報』 김동성(金東成)기자는 워싱턴 군축회의도 취재하고 귀국함.

제 4부

1922년 3월 28일	의열단원 오성륜(吳成崙), 김익상(金益相), 이종암(李鍾岩) 등이 상해 황포탄(黃浦灘)에서 일본대장 다나카(田中義一)을 저격, 불중(不中).
1922년 6월 경	서로군정서 대한독립단 등 수개 단체대표가 환인현(桓仁縣)에 모여 남만통일회(南滿統一會)를 개최하여 '대한통군부(大韓統軍府)'로 통합(총장에 蔡尙悳, 의용군사령관 金昌煥).
1922년 7월 26일	일본 나카다현(新潟縣) 노부고시전력(信越電力) 공사장에서 한인노동자 800명이 부당한 학대를 받은 사건이 표면화됨(이로부터 한인노동자문제가 민족문제화됨).
1922년 8월 23일	대한통군부는 조직확대를 위해 환인현에서 남만한족통일회를 개최하여 '대한통의부(大韓統義府)'로 개편(총장 金東三, 부총장 채상덕, 의용군사령관 김창환). 이로써 남만 17개 단체 통합하여 압록강연안 일대에 걸치는 한인(韓人)의 자치행정 및 항일투쟁을 수행함.
1922년 9월 12일	의열단원 김익상(金益相)은 총독부에 폭탄 3개를 투척함.
1922년 10월 28일	김구(金九), 박은식(朴殷植) 등 16명이 독립전쟁의 준비기관으로 '한국노병회(韓國老兵會)'를 상해에서 발기함.

1922년 10월	이탈리아 **무솔리니 내각이 성립함.**
1922년 11월 23일	이상재 외 46명이 '조선민립대학기성준비회(朝鮮民立大學期成準備會)'를 조직함(1923년 4월 1일 기성회총회).
1922년 11월	**중국은 대일 21조약의 파기를 결정함.**
1922년 12월 10일	안창남(安昌男)은 일본에서 모국방문비행.
1922년 12월 20일	유성준(兪星濬)·이종린(李鍾麟) 등이 '조선물산장려회(朝鮮物産獎勵會)'를 조직함.
1923년 1월 3일	임시정부 내분을 수습하기 위해 상해에서 국내외 70여 단체 160여명이 회합하여 '**국민대표자대회(國民代表者大會)**'를 개최함(의장 金東三).
1923년 1월 5일	임시국무총리에 노백린(盧伯麟).
1923년 1월 12일	의열단원 김상옥(金相玉)이 종로경찰서에 폭탄을 투척함.
1923년 1월 22일	김상옥이 효제동(孝悌洞)에서 일본 경찰대와 단신교전하고 전사함.
1923년 1월	신채호(申采浩)가 의열단의 '**조선혁명선언(朝鮮革命宣言)**'을 작성.
1923년 3월 1일	**소비에트 사회주의 연방공화국(소련) 성립.**
1923년 5월	흑하사변 후 북간도로 돌아온 독립군 일단이 연길현에서 '고려혁명군(高麗革命軍)'을 조직함(총사령 金奎植).
1923년 6월 7일	'국민대표자대회' 폐회. 임시정부 분규는 임시정부 '개조파(改造派)'와 신정부 '창조파(創造派)'의 대립으로 더욱 격화됨(공산당 이르쿠츠크파를 포함하는 창조파는 곧 따로 '**조선공화국(朝鮮共和國)**'을 선포하였으나 오래지 않아 소멸됨).

1923년 8월 경		대한통의부(大韓統義府)의 내분으로 그 소속 의용군의 대부분이 이탈.
		상해 임시정부 직할의 군정부로 집안에 **'참의부(參議府)'(임시정부 육군 駐滿 참의부)를 조직함**. 참의장에 白狂雲(蔡燦). 민정관할구역은 압록강 연안지역(동삼성 내 한국교포의 3대세력의 하나).
1923년 9월 1일		일본관동지방에 대지진이 일어남. **일본인이 한인교포 5천명 이상을 학살함.**
1923년 9월 2일		일본에 있는 무정부주의자 박열(朴烈)의 일본황제 암살계획이 발각됨.
1923년 10월		터키공화국 성립. 대통령에 케말 파샤.
1924년 1월 5일		의열단 김지섭(金祉燮)이 도쿄 궁성 이중교(宮城 二重橋)에 투탄함.
1924년 1월 20일		**광동에서 중국국민당 제1차 전국대회.**
1924년 1월		민주주의계 지도자들로 '硏政會' 조직을 준비(성립되지 못함).
1924년 1월		레닌이 죽음.
1924년 3월 31일		『時代日報』 창간.
1924년 4월 9일		임시정부 국무총리 노백린의 후임으로 총리대리에 김구(金九).
1924년 4월 22일~6월 28일		언론집회 압박탄핵 민중대회운동(수차의 발기 및 회합에도 불구하고 일본 경찰의 방해로 개최되지 못함.
1924년 4월 23일		임시정부 국무총리에 이동녕(李東寧).
1924년 6월		황포군관학교 개교(교장 蔣介石). 한인이 교관과 학생으

		로 많이 참가함.
1924년	7월 11일	대한통의부(大韓統義府) 김동삼(金東三) 등 남만의 각단체대표는 길림에서 전만통일회의주비회(全滿統一會議籌備會)를 개최함. 이로부터 각 단체 통합운동이 전개되어 새 군정부로 **'정의부(正義府)'를 조직**하고, 민정관할 구역은 길림성·봉천성 일대(동삼성 한족의 3대세력 중 하나)로 함. 대표부에 이탁(李沰), 의용군사령관은 김창환, 지청천, 오동진이 차례로 맡았으며, 그 외곽당(外廓黨)인 '고려혁명당'은 양기탁이 지도함.
1924년	9월	임시정부 국무총리 이동녕이 대통령직무를 대행함.
1924년	11월	사회주의단체 **'北風會'**는 **'火曜會'**('新思想硏究會'의 후신)가 생겨 **'서울청년회'**와 함께 국내 공산운동의 삼 대세력을 형성함(서울청년회는 상해파, 화요회는 이르크츠크파와 연결).
1925년	1월	소련 트로츠키 失脚하고 **스탈린이 집권**함.
1925년	3월 15일	대한군정서(金爀), 대한독립군단(金佐鎭) 등 북만주의 각 단체대표가 목릉(穆陵 ; 목단강 동쪽)에서 '부여족통일회의(扶餘族統一會議)'를 개최함. 새 군정부로 **'신민부(新民府)'를 조직**함. 민정관할구역은 하얼빈, 목단강 우수리 일대(동삼성 조선족의 3대세력의 하나), 위원장에 김혁, 참의원장에 이범윤, 총사령에 김좌진.
1925년	3월 23일	임시정부 대통령 이승만을 탄핵 면직함. 후임 **대통령에 박은식(朴殷植)** ; 직후에 대통령을 국무령으로 고침).
1925년	4월 17일	화요회를 중심으로 북풍회(北風會) 기타의 연합으로 서울에서 **'조선공산당(朝鮮共産黨)' 조직**(책임비서 金在鳳).

1925년 5월 12일   조선에 치안유지법 공포.

1925년 6월 1일   중·일공동으로 동삼성의 한인독립운동자 체포를 약속하는 8개조의 소위 **삼시협약(三矢協約)**이 심양에서 장작림(張作霖)과 삼시(三矢宮松)(총독부 경찰국장)간에 체결됨.

1925년 7월 1일   광동에 **손문(孫文)**의 **중국호법정부(中國護法政府)**를 성립.

1925년 7월 7일   임시정부는 임시헌법을 개정하여 대통령 및 국무총리제를 폐하고 임시의정원 선거로 '국무령(國務領)'을 선출키로 됨(임정의 불안정으로 1925년 9월 24일 李相龍, 1926년 2월 18일 梁起鐸, 1926년 5월 12일 安昌浩가 차례로 선출되었으나, 모두 自退하고 1926년 7월 7일 洪震 취임, 1926년 12월 14일 金九 차례로 취임).

1925년 9월 8일~10월 15일   『朝鮮日報』제 3차 정간(논설「朝鮮과 露西亞의 政治的關係」).

1925년 11월 25일   제 1차 공산당사건.

1926년 3월 7일~4월 1일   『東亞日報』제 2차 정간(「모스크바 國際農民會本部의 三·一記念辭」).

1926년 4월 25일   융희황제(隆熙皇帝) 승하.

1926년 4월 28일   송학선(宋學先)이 창덕궁 금호문(金虎門)에서 한 일본사람을 총독 사이토(齋藤實)로 오인하고 자살(刺殺).

1926년 6월 4일   제 2차 공산당사건.

1926년 6월 10일   **6·10만세운동**. 융희황제 인산(因山).

1926년 6월   장개석(蔣介石)이 국민혁명군 총사령관이 되어 **북벌개시** (~1928).

1926년 11월 15일	『中外日報』 창간.
1926년 12월 14일	**임시정부 국무령에** 홍진(洪震)의 후임으로 **김구(金九)**.
1926년 12월 14일	일본 대정제(大正帝) 죽음. 소화제(昭和帝) 즉위.
1926년 12월 28일	의열단원 나석주(羅錫疇)가 식산은행(殖産銀行) 및 동양척식에 투탄하여 일인 7명을 사살하고 자결 순국함.
1927년 2월 25일	임시정부 국무령제 대신 국무위원회의제를 채택.
1927년 4월	조선총독 사이토(齋藤實)를 우가키(宇垣一成)(제 4대)로 교체.
1927년 5월 15일	좌우익을 망라한 민족단일전선을 표방하고 **'신간회(新幹(韓)會)'** 창립(회장 이상재, 부회장 권동진).
1927년 5월 27일	신간회의 자매단체로 여성활동 단일전선을 표방하는 '근우회(槿友會)' 조직.
1927년 8월	길림 신안둔(新安屯)에서 참의부(參議府)·신민부(新民府)·정의부(正義府) 등 단체들의 대표회의에서 교민자치체 '군민의회(軍民議會)'와 그 핵심기구로서 '한국독립당(韓國獨立黨)'을 조직함. 군민의회 위원장에 김동삼(金東三), 부위원장에 홍진(洪震).
1927년 9월 16일	남경(南京)에 신국민정부(新國民政府) 수립. 남북통일.
1927년 12월	조선총독 우가키(宇垣一成)를 야마니시(山梨半造)(제 5대)로 교체.
1928년 3월	이동녕, 이시영, 김구 등이 임시정부에 핵심정당으로 **'한국독립당(韓國獨立黨)'**을 조직함.
1928년 3월	제 3차 공산당(신간회 좌파)사건.
1928년 5월 9일~9월 19일	『朝鮮日報』제 4차 정간(논설「濟南事件의 壁上觀」).

1928년 10월	장개석(**蔣介石**)이 **중국 국민정부 주석**에 취임.
1928년 10월	길림 대둔에서 정의부·참의부·신민부가 합작을 시도하여 '**국민부(國民府)**'와 그 외곽당으로 '**조선혁명당(朝鮮革命黨)**'을 조직함. 국민부 위원장에 현익철(玄益哲).
1928년 12월 6일~1929년 2월 18일	『中外日報』정간(논설「職業化와 醜化」).
1929년 6월 5일	제 4차 공산당사건. 54명 피체됨.
1929년 8월 17일	조선총독 야마시(山梨半造)를 사이토(齋藤實)(제 6대)로 교체.
1929년 10월	뉴욕주식대폭락. **세계대공황 시작**.
1929년 11월 3일	**광주학생운동**. 광주에서 한일학생간에 일대 격돌한 후 전국 각지에 맹휴시위(盟休示威) 파급.

2. 3·1운동 관계 문헌목록

I

大韓民國臨時政府,『韓日關係史料集』1~4, 上海, 1919.
김영우,『대한독립혈전긔』, 호놀루루, 1919.
국회도서관,『大韓民國臨時政府議政院文書』, 1974.
독립신문사(上海),『獨立』·『獨立新聞』, 1919년 8월~1925년 5월.
大韓民國臨時政府駐巴里委員部,『歐洲의 우리 事業』, 1919.
박은식,『韓國痛史』, 상해, 1915.
박은식,『韓國獨立運動之血史』, 상해, 1920.
金秉祚,『韓國獨立運動史略』(상편), 상해, 1922.
大東山人(吳山),『朝鮮之國慘史』, 상해, 1931.
申圭植,『韓國魂』, 공보부, 1955.
宋相燾,『騎驢隨筆』, 국사편찬위원회, 1955.
국사편찬위원회,『韓國獨立運動史』1~5 및 資料編 1~4, 1965~1974.
국사편찬위원회,『日帝侵略下三十六年史』1~7, 1974~1969.
秋憲樹,『자료한국독립운동사』1~3, 연세대학교, 1971~1974.
한용운,「朝鮮獨立의 書」『新天地』, 1974년 3월호.
독립운동사편찬위원회,『독립운동사』1~5 및 자료집 1~9, 1971~1974.
愛國同志援護會,『韓國獨立運動史』, 1956.

金厚卿·申載洪, 『대한민국독립운동공훈사』, 한국민족운동연구소, 1971.
『每日申報』3·1운동관계기사 1919~.
『東亞日報』3·1운동관계기사 1920~.
張道斌, 『三一運動史』, 국사원, 1954.
李炳憲, 『三一運動秘史』, 1946.
卞相泰, 『慶南地方 己未三一運動狀況』寫本.
李龍洛, 『三一運動實錄』, 三一同志會, 1969.
李相龍, 『石洲遺稿』, 고려대학교, 1973.
崔　麟, 『自敍傳』필사본.
金　九, 『白凡逸志』, 고려선봉사, 1954.
金道泰, 『南崗 李昇薰傳』필사본.
주요한, 『안도산전서』, 삼중당, 1963.
이광수, 『도산 안창호』, 1953.
申錫九, 『자서전』(獄中日記分) 필사본.
金　槻, 「儒林團獨立運動實記序」『俛宇(郭鐘錫)年譜』.
동아일보사, 『三一運動五十周年紀念論集』, 1969.
The League of the Friends of Korea, Independence for korea, Philadelphia, Pa 1919.
Korean National Association(大韓國民會), Japanese Diplomacy and Force in Korea, San Francisco, Calif. May, 1919.
J. Kiusic S. Kim(金奎植), The Desire of Korean People and Nation, Paris, Korean Delegation. April, 1919.
Chung, Henry(鄭翰景), The Case of Korea, New York, F.H. Revell Co. 1921.
Chung, Henry, The Oriental Policy of the United States, New York, F.H. Revell Co. 1919.
The Korean National Association, The Proclamation of Korean Independence,

San Francisco, Calif, May, 1919.

Cynn, Hugh H.(申興雨), The Rebirth of Korea, New York, 1920.

II

U.S. Congressional Record Senate, 1919년 6월 ~1919년 11월.

McKenzie, F.A., The Tragedy of Korea, London. 1908.

McKenzie, F.A., Korea's Fight for Freedom, London and New York, S.M. Co. 1908.

Kendal, C.W., The Truth about Korea, San Francisco, 1919.

Peiffer, Nathaniel, The Truth about Korea(韓國獨立運動의 眞相), 상해, 1919.

Craves, Joseph N., The Renaissance of Korea. Philadelphia, 1928.

Mallatihy, V.S., The Germany of Asia, The New York Times. April 13, 1919.

彭樹智略論, 「1919년 朝鮮的 三一運動」『新東方』1·3, 北平.

李洒揚, 「三一獨立運動」『韓國通史』2, 臺北 中華文化出版事業委員會.

III

朝鮮史編纂委員會(近藤釼一 編), 『萬歲騷擾事件(三一運動)』1·2·3 東京 友邦協會, 1964.

明治百年史叢書(金正明 編), 『朝鮮獨立運動』, 民族主義 運動編 1·2·3·4·5 및 分冊(일본육군외무성문서 중 한국독립운동 관계 자료집), 東京 原書房, 1967.

現代史資料 25·27(강덕상 편) 『朝鮮』 1·2·3(삼일운동) (일본육군 및 외무성문서 중 삼일운동 관계 자료집) 東京 미스즈書房, 1967.

조선총독부 소요사건보고 특보

　　제 1 「騷擾鎭壓에 관한 軍隊行動의 槪要」 1919년 4월 15일

　　제 2 「騷擾觀 統治評」 1919년 4월 19일

　　제 3 「天道敎一班」 1919년 5월 8일

　　제 5 「鮮人 騷擾觀(地方)」 1919년 5월 17일

조선총독부 서류철

　　「騷擾事件에 관한 各道長官報告綴」

　　「騷擾事件報告及 復命書綴」 1919.

　　「騷擾事件에 關한 民情綴」 1919.

　　「騷擾事件에 關한 民情彙報」 제 1～제 27, 1919년 3월～6월.

　　「騷擾事件報告旬報」 제 1～제 16, 1919년 4월 20일～5월 19일.

　　「騷擾事件報告臨時報」 제 1～제 21, 1919년 4월 15일～5월 30일.

　　「騷擾事件에 關한 雜報綴」 1919.

　　「朝鮮總督 發信, 總理大臣 및 拓殖局長官 受信, 報告電文」 1919년 3월～10월.

　　「朝鮮總督(長谷川好道)의 增設師團國境守備隊에 關한 報告」 大正 8年(1919).

　　「朝鮮總督(長谷川好道)의 朝鮮施政要綱・騷擾善後策私見」 大正 8년(1919) 6월.

　　「朝鮮總督(齋藤實)의 朝鮮에 陸軍兵力增加를 要하는 件」 大正 8년 (1919).

　　「騷擾事件關係各種統計」 大正 8년(1919)調.

　　「美國에서의 朝鮮獨立運動에 關한 調査報告」 1920(?).

　　『朝鮮의 思想及運動』, 1924.

　　『朝鮮獨立思想運動의 變遷』, 1931.

조선총독부경무총감부

「報告文書類」大正 4년~大正 8년.

조선총독부 헌병대사령부·경무총감부

「朝鮮騷擾事件經過慨覽表」大正 8년 3월 1일~4월 30일.

「在外鮮人獨立運動槪況 朝鮮騷擾事件槪況 其二」(大正 8년 3월 1일~대정 8년 6월 30일).

「特別檢擧班의 行動에 關한 報告」(提岩里敎會事件을 包含한 水原 安城地方) 大正 8년 4월 23일.

「提岩里騷擾事件에 關한 報告」大正 8년 4월 24일.

조선총독부경무국

「獨立運動에 關한 件(國內)」제 1보~제 66보, 大正 8년 3월~5월.

「獨立運動에 關한 件(國外)」제 1보~제 121보, 大正 8년 3월~8월.

「騷擾事件關係各國新聞記事譯」大正 8年調.

「高等警察課 報告文書類」(大正 8년 3월~12월).

「朝鮮人槪況」大正 9년 3월 30일조.

「支那官憲不逞鮮人不取締事例」大正 9년 6월조.

「軍隊出動後에 있어서 間島의 不逞鮮人團體狀況」大正 9년 10월조.

「間島에 있어서의 不逞鮮人團體의 狀況」大正 9년 10월 28일조.

「西間島에 있어서의 不逞鮮人團의 狀況」大正 9년 11월조.

「軍隊出動後에 있어서 間島在住鮮人狀況」大正 9년 11월조.

「間島出兵 一件」自 大正 9년 10월 至 12월.

「假政府의 組織과 不逞鮮人의 行動」大正 9년조.

「쇼 事件槪要」(安東怡陸洋行 관계) 大正 9년조.

「露領에 있어서의 不逞鮮人의 狀況」大正 10년 1월조.

「軍隊出動後에 있어서의 間島不逞鮮人團體의 狀況」大正 10년 1월조.

「美國及布哇地方에 있어서의 不逞鮮人의 狀況」同附錄, 「歐美駐劄
　　委員部의 宣傳用刊行物」, 「歐美駐劄委員部의 收支決算及豫算」,
「臨時駐外財務官署官制」大正 10년 3월조.
「上海在住不逞鮮人의 狀況」大正 10년 4월조.
「朝鮮人狀況」大正 10년 6월조.
「在外鮮人의 近況」大正 10년 9월조.
「朝鮮獨立騷擾事件에서 其後 琿春事變에 이르기까지」(1919년
2월~1921년 2월).
「朝鮮治安狀況(鮮內)」大正 11년조.
「朝鮮治安狀況(鮮外)」大正 11년조.
「大正 11년중의 北滿朝鮮人」大正 11년조.
「滿洲에 있어서의 朝鮮人槪況」大正 11년조.
「在外不逞鮮人의 槪況」大正 14년 5월조.
「在留朝鮮人의 狀況」大正 14년 12월조.
『朝鮮에 있어서의 出版物槪要』1929.
『朝鮮에 있어서의 出版物槪要』1932.
『高等警察關係年表』(1919~) 昭和 4년 11월.
「昭和 8년·13년 최근에 있어서의 治安狀況」

조선총독부 경기도 경찰부
「査察彙報」大正8년 3월 2일~4월 30일.
「査察彙報」大正8년 6월 2일~7월 17일.
「大正 8년 以降의 重要騷擾事項槪要」1931.
朝鮮總督府慶尙北道警察局,『高等警察要史』, 1929.
朝鮮總督府慶尙北道警察局,『高等警察關係摘錄』, 1936.
朝鮮總督府內務局,「騷擾事件에 關한 件」제 1~4, 大正 8년 4월 11일~
大正 8년 4월 14일.

朝鮮總督府檢事局,「朝鮮思想運動調査資料」, 1933.
朝鮮總督府拓殖局,「朝鮮外에 있어서의 朝鮮人狀況一般」大正 7년 12월조.
    「鮮人排日團體調」, 附「朝鮮外在住朝鮮人人員調」大正 8년 9월 26일조.
朝鮮總督府法務局,「妄動事件處分表」, 1920.
朝鮮總督府學務局,「騷擾와 學校」, 大正 11년 1월조.
朝鮮參謀部 朝特報 大正 8년(1919)
    제 2호「3월 7일까지에 이르는 間島方面 韓族獨立運動에 關한 起因 及 經過概要」大正 8년 3월 13일.
    제 3호「自 3월 8일 至 3월 12일 間島方面 韓族獨立運動에 關한 經過概要」大正 8년 3월 14일.
    제26호「騷擾의 原因及 朝鮮統治에 있어 注意할 件 竝軍備에 就하여」, 附錄「統監府設置前後부터 今日에 至하는 間騷擾에 就하여」大正 8년 7월 14일.
    제41호「自 8월 16일 至 8월 31일 鮮內外一般의 狀況」大正 8년 9월 6일.
    제57호「自 9월 1일 至 9월 30일 鮮內外一般의 情況」大正 8년 10월 9일.
    제73호「自 10월 1일 至 10월 31일 鮮內外一般의 狀況」大正 8년 11월 8일.
    제79호「自 11월 1일 至 11월 30일 鮮內外一般의 狀況」大正 8년 12월 3일.
朝鮮軍參謀部 朝特報 大正 9년(1920)
    제 2호「自 12월 1일 至 12월 31일 鮮內外一般의 狀況」大正 9년 1월 10일.
    제 8호「自 1월 1일 至 1월 31일」大正 9년 2월 5일.

제13호「自 2월 1일 至 2월 29일 鮮內外一般의 狀況」大正 9년 3월 6일.

제15호「3월 上旬에 있어서의 韓族會及獨立團之狀況」大正 9년 3월 16일.

제21호「自 3월 1일 至 3월 31일 鮮內外一般의 狀況」大正 9년 4월 5일.

제23호「鴨綠江對岸方面에 있어서의 獨立運動의 槪要」「自 大正 8년 3월 至 9월 3일」大正 9년 4월 22일.

제26호「自 4월 1일 至 4월 30일 鮮內外一般의 狀況」大正 9년 5월 31일.

朝鮮軍司令部

「鮮人의 騷擾에 關한 件」1919년 3월~1919년 8월.

「朝鮮軍司令部(宇都宮太郎)의 騷擾事件負傷鮮人救護에 關한 件 報告」大正 8년 5월 11일.

「朝鮮騷擾事件에 있어서의 死傷數의 件 報告」大正 8년 9월 29일.

朝鮮軍參謀部

「憲兵警察制度廢止에 關한 民情調査報告」

「總督更迭警察制度改善에 의한 地方民心에 對한 影響」

『間島出兵史』1920.

朝鮮情報委員會 情報彙纂

제 6「朝鮮評論, 布哇-美國新聞刊行物及通信記事摘要」大正 12년(1923) 3월조.

제 6『朝鮮의 復活의 槪要(申興雨 著)』大正 10년(1921) 8월조.

제 7「朝鮮에 關한 外國人의 論評」大正 10년 8월조.

제11「朝鮮人의 思想」

「朝鮮統治에 關한 外國人의 批評」大正 9년 12월조.

　　　　　제12「朝鮮에 就하여」大正 12년 12월조.
　　　　　제 3「朝鮮評論, 美國著書及獨逸新聞記事摘要」大正 10년 3월조.
日本帝國議會,「日本帝國議會衆議院議事錄」大正 8년~9년.
日本陸軍省,「朝鮮騷擾事件關係書類」其 1~7(1919~1921) 大正 8년
　　　『朝鮮騷擾經過槪要』(大正 8년 9월) 1919.
日本軍參謀本部 參謀特報 제 85호,「美國에 있어서의 朝鮮人의 獨立運動」
　　　大正 8년 6월 18일조.
日本外務省,「在上海領事館朝鮮民族運動」(明治 43년 9월~大正 11년 8월).
　　　「國際聯盟 제 1회 總會準備委員會調書 제 30호 朝鮮問題」, 1920.
　　「外務省警察史編纂文書」(1937년 4월~1944년 4월)
日本外務省亞細亞局
　　　「最近支那關係問題摘要」제 3권 (在外排日鮮人의 運動) (제 48회
　　　　議會用) 大正 12년 12월조.
　　　「最近支那關係諸問題摘要」제 4권 (排日運動) (제 54회 議會用) 昭
　　　　和 2년 12월조.
　　　「最近支那關係諸問題摘要」제 5권 (朝鮮人問題) (제 56회 議會用)
　　　　昭和 3년 12월조.
在上海日本總領事館
　　　「朝鮮民族運動」(1910년 9월~1937년 12월).
　　　『朝鮮民族運動年鑑』(1919~1929).
　　　　日本在奉天赤塚總領事,「在滿鮮人問題(案)」大正 10년 5월 13일조.
日本在安東領事館警察署,「鮮人狀況」大正 12년 6월조.
大同出版協會,『朝鮮倂合十年史』附「朝鮮獨立問題의 眞相」, 1924.
千葉了,『朝鮮獨立運動秘話』, 제국지방행정학회, 1925.
星野桂吾,『在滿鮮人思想團體分布의 槪要 第二』, 1928.
日本國會憲政硏究室藏,「齋藤實文書」.

齋藤實,『齋藤實日記』(大正 8·9년).

齋藤子爵紀念會,『齋藤實傳』, 1941.

原敬,『原敬日記』(8권 首相時代) 동경 乾元社, 1950.

IV

朝鮮總督府 法院·檢察·警察
「48人保安法出版法違反騷擾罪內亂罪 警察調書」
「48人保安法出版法違反騷擾罪內亂罪 檢察調書」
「48人保安法出版法違反騷擾罪內亂罪 法院判決文」

朝鮮總督府京城地方法院
「張彩極等 出版法竝保安法違反判決文」(국민대회의 한성정부 관계 포함)
「權熙穆 出版法竝保安法違反判決文」(조선국민대회의 조선민국정부 포함).
「金炯璣等 200餘人 保安法竝出版法違反判決文」(제 2차 운동 및 한성정부포함) 대정 8년 8월 30일 판결.
「姜宇奎等 爆彈物取締罰則違反判決文」(姜宇奎投彈義擧關係)
「白光弼等 出版物及保安法違反判決文」 대정 8년 6월 26일 판결.
「許洒三等 17人 騷擾罪判決文」 대정 8년 5월 19일 판결.
「王光演等 37人 保安法違反判決文」 대정 8년 10월 27일 판결.
「陳公弼等 保安法違反判決文」(안성운동 관계) 대정 8년.
「鄭聖鳳等 保安法違反判決文」(서울 학생운동 관계) 대정 8년.
「金基英等 出版法竝保安法委叛判決文」(『半島의 木鐸』 간행관계) 대정 8년.

「安碩應等 保安法違反判決文」(의주운동 관계) 대정 8년.
「金公瑀等 出版法竝保安法違反判決文」(『勞働會報』 발간관계) 대정 8년.
「金允植·李容植 保安法違反判決文」(獨立請願書 關係) 대정 8년.
「尹余玉等 制令 제 7호 違反判決文」(5월 31일 보신각앞 시위관계) 대정 8년.
「張德均等 出版法違反判決文」(조선독립신문 관계 포함) 대정 8년.
「崔大鉉等 保安法違反判決文」(양평운동 관계) 대정 8년.
「趙聖行等 騷擾罪判決文」(안동운동 관계) 대정 8년.
「洪士冕等 騷擾罪判決文」(수원군 송산면 운동 관계) 대정 8년.
「權愛羅保安法違反判決文」(개성운동 관계) 대정 8년.
「金善等 保安法違反判決文」(평양운동 관계) 대정 8년.
「朴貴乭等 騷擾罪判決文」(서울 3월 26일 운동관계) 대정 8년.
「秋秉倫等 保安法違反判決文」(횡성운동 관계) 대정 8년.
「全協等 制令 第 7號 違反判決文」(대동단 관계) 대정 8년.
「趙琪法等 保安法違反判決文」(서울시위 관계) 대정 8년.
「崔殷植等 保安法違反判決文」(安城郡元谷陽城運動 관계) 대정 8년.
「安鳳河等 內亂罪判決文」(遂安운동 관계) 대정 8년.
「金賢默等 內亂罪判決文」(水原郡雨汀운동 관계) 대정 8년.
「劉如大等 保安法違反判決文」(義州運動 관계) 대정 8년.
「辛鳳祚等 保安法違反判決文」(서울운동 관계) 대정 8년.
「尹愿三等 保安法違反判決文」(평양운동 관계) 대정 8년.
「崔興琮等 保安法違反判決文」(서울운동 관계) 대정 8년.
「李元稙等 制令第7號違反判決文」(臨政交通局 관계) 대정 8년.

조선총독부 대구지방법원

「安道秀等 保安法違反判決文」 대정 8년 4월 9일 판결.

「李鐘珣等 保安法違反判決文」대정 8년 4월 10일 판결.

「李萬集等 出版法保安法違反判決文」(대구운동 관계) 대정 8년 4월 18일 판결.

「郭鍾錫等 保安法違反判決文」(巴里長書 관계) 대정 8년 5월 20일 판결.

「金鎭孝等 保安法違反判決文」대정 8년 5월 2일 판결.

「朴永和等 保安法違反判決文」대정 8년 4월 4일 판결.

「尹永福等 保安法違反判決文」대정 8년 4월 28일 판결.

「金世榮等 騷擾罪判決文」대정 8년 6월 11일 판결.

조선총독부 광주지방법원

「金在九等 制令第7號違反判決文」대정 11년 3월 14일 판결.

「李奭器等 保安法違反判決文」(남원운동 관계) 대정 8년 5월 19일 판결.

「劉興柱等 保安法違反判決文」대정 8년 5월 8일 판결.

「朴恒來 保安法違反判決文」대정 8년 4월 26일 판결.

조선총독부 신의주지방법원

「吳東振治安維持法違反爆發物違反放火殺人判決文」昭和4년 12월 6일 판결.

조선총독부 경성복심법원

「金仁煥等 保安法違反判決文」(자유민보발행 관계) 대정 8년 7월 4일 판결.

「黃鍾和等 制令第7號違反 及 出版法違反判決文」대정 8년 10월 29일 판결.

「許益煥等 出版法違反判決文」대정 8년 11월 3일.

「李可順等 出版法違反判決文」(원산운동 관계) 대정 8년.

「李根載等 保安法違反判決文」(함흥운동 관계) 대정 8년.

「朴中王等 騷擾罪判決文」(영동운동 관계) 대정 8년.

「尹炳漢等 保安法違反判決文」(진천운동 관계) 대정 8년.

「李鍾遠等 保安法違反判決文」(서울운동 관계) 대정 8년.

「李起薰等 保安法違反判決文」(인죽면 운동 관계) 대정 8년.

「劉鳳鎭等 保安法違反判決文」(강화운동 관계) 대정 8년.

「洪命熹等 保安法違反判決文」(괴산운동 관계) 대정 8년.

「朴忠緖等 保安法違反判決文」(서울운동 관계) 대정 8년.

「趙仁元·柳寬順等 騷擾罪違反判決文」(병천운동 관계) 대정 8년.

조선총독부 대구복심법원

「姜潤祚等 保安法違反判決文」 대정 8년 5월 13일 판결.

「李重赫等 保安法違反判決文」 대정 8년 4월 24일 판결.

「李珖鎬等 保安法違反判決文」 대정 8년 판결.

조선총독부 평양복심법원

「林元杰等 保安法違反殺人騷擾罪判決文」 대정 8년 11월 4일 판결.

조선총독부 고등법원

「吳學洙等 內亂罪判決文」 대정 8년 10월 7일 판결.

V

素石學人「己未學生 獨立運動全貌」『朝鮮獨立運動秘史』제 1·2집 槿域出版社, 1945~1946.

金鍾範·金東雲,「獨立運動과 政黨及人物」『解放前後의 朝鮮眞相』, 1945.

姜興秀,『朝鮮獨立血鬪史』, 고려문화사, 1946.

朴春錫,『韓民族의 血淚史』, 1946.

李海煥,『朝鮮獨立血史』, 국노사, 1946.

金相德,『朝鮮獨立運動史』, 조선출판문화주식회사, 1946.

崔南善, 『朝鮮獨立運動史』, 동명사, 1946.

崔南善, 『朝鮮獨立運動小史』, 서울 삼중당, 1947.

金舜根, 『獨立血史』 1, 서울 문화정보사, 1949.

李石薰, 『殉國革命家列傳』, 1947.

未　詳, 『大韓獨立運動史鑑』, 발행소 미상.

張道斌, 『韓國獨立史와 獨立運動志士들의 얼굴』, 국사원, 1954.

李瑄根, 『韓國獨立運動史』, 국방부정훈국, 1956.

순국정신선양회, 『東國血史』, 1955.

대한문화정보사, 『獨立血史』 (1·2·3合本), 1956.

洪永道, 『韓國獨立運動史』, 서울 삼중당, 1956.

朴文編, 『圖譜獨立血史』 (1·2합본) 대한문화정보사, 1956.

吳在植, 『韓國殉國烈士傳』, 1958.

趙芝薰, 「韓國民族運動史」 『韓國文化大系』 Ⅰ, 高大民族文化硏究所, 1964.

金承學, 『韓國獨立史』, 獨立文化史, 1965.

南宮檍·柳達永編, 『朝鮮最近史』, 開城, 1945.

韓基彦, 「民族思想과 敎育」 『韓國敎育史』, 1963.

吳天錫, 「民族同化手段으로서의 교육 - 日政下의 교육」 『韓國新敎育史』, 1964.

金正柱, 『日本의 韓國侵略史』, 신한학술연구회, 1955.

文定昌, 『軍國日本의 朝鮮强占 36年史』(上·中·下), 백문당, 1965~1966.

李基白, 「日本의 武斷政治와 民族主義의 成長」 『韓國史新論』, 1967.

李基白, 『民族과 國家』, 1974.

宋柱憲, 『朝鮮儒林己未運動史』, 1946.

裵鎬吉, 『三一運動實記』, 동아문화사, 1954.

李根直, 『三一運動史』, 삼일정신선양회 경북본부, 1955.

韓弘禎, 『獨立宣言書解義』, 서울 청구문화사, 1955.

崔恩喜,『槿域의 芳香』(公報室當選史林), 을유문화사, 1961.
이장락,『우리의 벗 스코필드』, 정음사, 1962.
金河璟,『大韓獨立運動과 臨時政府鬪爭史』, 학림사, 1946.
鷄林學人,『三一運動과 大韓民國臨時政府』, 국민출판사, 1946.
嚴恒燮,『屠倭實記』, 국제문화협회, 1946.
未　詳,『成立當時 在上海大韓民國臨時政府의 內容』, 정심사, 1946.
未　詳,『臨時政府革命領袖略歷』, 신한정의사, 1947.
蔡根植,『武裝獨立運動秘史』, 대한민국공보처, 1949.
未　祥,『武裝獨立團의 活動史』(상편), 미상.
김원용,『재미한인오십년사』, 캘리포니아 김호 발행, 1959.
池中世,『三一運動 때 外國新聞에 나타난 朝鮮』, 신광출판사, 1959.
洪相均,『間島獨立運動小史』, 1966.
朴泰遠,『若山과 義烈團』, 백양사, 1947.
吳在植,『民族代表三十三人傳』, 동양문화사, 1958.
朴啓周·郭鶴松,『己未獨立運動 - 上海時代』, 삼중당, 1962.
金基錫,『南崗李昇薰』, 정문사, 1964.
김용제,『島山安昌浩』, 정음사, 1964.
朴花城·崔貞姬,『女流韓國』, 어문각, 1964.
丘冀錫,『三一運動을 指導한 엘리트 硏究 - 民族代表 三十三人의 裁判記錄
　　　을 中心으로』, 1966.
李鉉淙·朴賢緖,『義菴孫秉熙先生傳記』, 손병희기념사업회, 1967.
송진우선생전기편찬위원회,『古下宋鎭禹先生傳』, 1965.
卞志燮,「慶南獨立運動小史』(上), 1968.
白　鐵,「三一獨立運動과 그 文化的影響」『朝鮮新文學思想史』, 1948.
김상옥열사기념사업협회,『金相玉烈士의 抗日鬪爭半世紀』, 1949.
成俊德,「抗日鬪爭」『韓國新聞史』, 신문학회, 1957.

金基漸,『大統領三一紀念談話特選集』, 민정신보사, 1932.
文一平,「朝鮮過去의 革命運動」『東明』2의 3·4, 1923.
嚴恒燮,「韓國獨立運動의 史的考察-甲申革命 六十周年紀念」『先峰』2의 3. 1946.
劉鳳榮,「朝鮮獨立運動史」上,『大潮』1의 1, 1946.
金東成,「獨立運動略史」『國防』8월호.
金炳淳,「獨立運動의 裏面秘史」『開闢』, 復刊新年號 73.
朴永昌,「獨立運動과 宣敎師」『三千里』17.
李丙燾,「韓國獨立運動의 性格」『斗溪雜筆』, 1954.
朝鮮日報,「無名戰士塔 1~5-光復先烈의 자취」, 1958년 11월 16일~23일.
鄭世鉉,「서울을 中心한 抗日學生運動에 對하여」『향토서울』14, 1962.
李炫熙,「韓國民族主義民衆運動」『最高會議報』, 1963.
李炫熙,「日政侵略下의 抗日救國運動-倭政 36年史體系確立을 爲하여」『新世界』2의 5, 1963.
權五惇,「獨立運動裏面史」『新世界』9의 11, 1963.
東亞日報,「日議會와 朝鮮關係問答」, 1922년 1월 31일~3월 31일.
李在哲,「韓國植民地化를 위한 日帝의 諸政策」『中大經商學報』1.
曺佐鎬,「日帝韓國侵略過程」『考試界』5의 4·5, 1960.
洪以燮,「韓國植民地時代史의 理解方法」『東方學志』7, 1963.
洪以燮,「韓國植民地時代史 精神史의 課題」『史學研究』18, 1964.
洪以燮,「韓國精神史序說』, 대학문고, 1975.
李瑄根,「日帝總督府의 憲兵政治와 思想强壓」『韓國思想講座』8, 1966.
吳海鎭,「日帝時代의 耕作地小作化에 對한 考察」『史學研究』17, 1964.
鄭道泳,「日帝下 韓國貿易(1910~1939)」『大東文化研究』3, 1966.
金命潤,「日帝下 韓國租稅構造」『經營論叢』10(高大), 1964.
李載琥,「三一運動의 序幕」『朝鮮日報』1957년 2월 28일.

金乙漢,「東京留學生 ①~④」『漢陽』1962년 10월호.
卞熙鎔,「海外에서 겪은 三一運動 - 2·8東京留學生宣言을 中心으로」『朝鮮日報』1962년 2월 28일.
崔承萬,「海外留學生小史」『新東亞』53(6~4), 1946.
朴마리아,「基督教와 韓國女性四十年史」『韓國女性文化論叢』, 1958.
白寬洙,「朝鮮青年獨立團 - 2·8宣言略史」『人物界』1960년 1월호.
柳光烈,「三一運動前夜 - 記者半世紀의 回顧」『思想界』1964년 8월호.
鄭世哲,「韓國合邦初期의 基督教主義學校」『中央大論集』9, 1964.
白淳哲,「韓國雜誌七十年史」『思想界』1965년 8·9·11월호.
洪以燮,「半世紀의 韓國精神史」『思想界』1965.
竹內錄文助,「朝鮮事件의 眞相을 論하야 我政府와 國民에게 望함」『半島時論』3의 4, 1919.
반도시론사,「半島江山을 震蕩하는 獨立示威運動의 所息 - 三月一日 京城을 始하야 各地에 連亘한 萬歲의 聲」『半島時論』1919년 3의 4.
南宮檍,「三一運動記」(1924)『新東亞』1967년 1월호 별책부록.
金聖七,「己未當時의 獨立宣言書」『서울주보』1의 1, 1945.
金道泰,「己未年의 國際情勢와 獨立運動의 顛末」『新天地』1의 2, 1946.
元漢慶,「三一運動과 在朝鮮外國人의 動向」『新天地』1의 2, 1946.
金濯雲,「三一運動과 學生의 動向」『新天地』1의 2, 1946.
慶悟菴(賢秀) (李戩譯)「申明書」『先峰』2의 1·2, 1946.
李 戩,「己未運動 - 大同團의 實記」『先峰』2의 4, 1946.
劉秉敏,「三一運動의 記錄」『新天地』1의 2, 1946.
李鍾九,「己未年三月一日回顧」『白民』2의 2, 1946.
權東鎭,「三一運動의 回顧」『新天地』1의 2, 1946.
朴順天,「女子獨立運動者의 回顧」『新天地』1의 2, 1946.
白世明,「三一運動과 天道教」『新天地』1의 2, 1946.

金法麟,「三一運動과 佛敎」『新天地』1의 2, 1946.
咸台永,「己未年의 基督敎徒」『新天地』1의 2, 1946.
尹白南,「三一運動勃發當日의 印象」『新天地』1의 2, 1946.
南宮衍,「三一運動當時의 新聞·傳單」『新天地』1의 2, 1946.
黃愛德,「三一運動과 女性의 活躍」未詳.
崔凡述,「己未運動과 獨立宣言書」『新生』1, 1946.
未　詳,「三一運動과 崔哲日」『開闢』74, 1946.
小　春,「三一運動과 우리의 反省」『開闢』74, 1946.
李瑄根,「三一運動當時의 國際情勢」『開闢』74, 1946.
金秉濟,「三一運動實記」『開闢』74, 1946.
金浩俊,「己未運動과 明月館」『開闢』74, 1946.
金秋崗,「天道敎義庵孫秉熙先生」『開闢』74, 1946.
吳夏榮,「基督敎南崗李昇薰先生」『開闢』74, 1946.
張道煥,「佛敎萬海韓龍雲先生」『開闢』74, 1946.
趙素昻,「第十六周三一運動紀念宣言」『新天地』1의 3.
鄭玄雄·林炳哲·李甲變,「三一運動과 나」『大潮』1의 2, 1966.
劉鳳榮,「史上初有의 民族運動」『大潮』1의 2, 1946.
吳基永,「己未年」『大潮』1의 2, 1946.
金道泰·金智泰·劉鳳榮·鄭慶朝,「己未獨立運動回顧座談會」『大潮』1의 2, 1946.
崔東寬,「아 三月一日」『大潮』1의 2, 1946.
未　詳,「先烈들은 이렇게 싸웠다」『建國公論』4의 3, 대구, 1948.
安民世,「三一運動의 回顧와 政局私視」『新天地』4의 3, 1949.
高永煥,「三一運動과 政黨運動」『白民』5, 1949.
金鍾秀,「三一運動과 少年時節의 濤濤한 白色의 大流」『民聲』6의 3, 1950.
李甲成,「三一運動을 回想하며」『民聲』6의 3, 1950.

金來成,「三一運動과 나의 少年時節 - 平安南道의 追憶」『民聲』6의 3, 1950.

崔貞熙,「三一運動과 나의 少女時節 - 자꾸 울고만 싶었다」『民聲』6의 3, 1950.

玄相允,「三一運動勃發의 槪略」『新天地』1950년 3월호 ;『思想界』1963년 3월호.

吳世昌,「三一運動當時의 回顧」『新天地』1950년 3월호.

金道泰,「三一運動當時의 回顧」『新天地』1950년 3월호.

李丙燾,「三一運動當時의 回顧」『新天地』1950년 3월호.

李容卨,「三一學生運動의 體驗」『새벽』3의 1, 1956.

柳震赫,「내가 겪은 己未年萬歲」(上·下)『東亞日報』1956년 3월 12일.

鄭在鎔,「三一節을 맞이하여」『東亞日報』1956년 3월 1·2일.

柳光烈,「三一運動의 指導者」『希望』1958년 3월호.

崔恩喜,「잊지못할 에피소드 몇가지」『한국일보』1961년 2월 28일.

李甲成,「三一運動과 나」『最高會議報』6, 1962.

李容卨,「噫 追憶속의 己未年」『新思潮』3의 3, 1964.

韓載德,「엉뚱한 金日成의 三一運動觀」『自由』3의 3, 1965.

신동아편집실,「三一運動의 全貌 附 各地方蜂起日誌」『新東亞』1965년 3월호.

閔庚境,「三一運動秘史」『基督敎思想』10의 123, 1966.

새인간사,「三一運動略史」『새人間』6, 1966.

좌담회,「이런 일도 있었다」- 三一運動抗爭秘話 - 金庠基·白世明·李瑄根·李泰運·趙東植·朱鈺卿·朴元榮,『新東亞』1967년 3월호.

새인간사,「三一獨立運動始末 - 국사편위 한국독립운동사 발췌」『새인간』18, 1968.

吳世昌,「金마리아」『韓國의 人物像』6, 1965.

趙芝薰,「韓國의 民族主義者 韓龍雲論」『思潮』 10, 1958.

朴魯埻·印權煥,「(韓龍雲) 獨立鬪爭에 關한 硏究」『韓龍雲硏究』 4, 1960.

崔容鎭,「殉國處女柳寬順」『漢陽』 1963년 4월호.

金龍德,「三一運動과 不滅의 處女像」『新思潮』 2의 3, 1963.

朴容玉,「柳寬順」『韓國의 人間像』 6, 1965.

趙芝薰,「三一運動과 普專 - 高大關係活躍秘史」『고대신문』 1964년 9월 19일.

柳光烈,「三一運動과 孫義菴聖師」『新人間』 22, 1962.

白頭山人,「朝鮮問題의 中心孫秉熙傳」『半島時論』 3의 4, 1919.

金龍基,「三一運動과 巴里長書事件에 대하여」『부산문리대학보』 2, 1959.

신인간사,「獨立運動과 天道敎人의 國外鬪爭記」『新人間』 25, 1962.

資料,「上海臨時政府韓國獨立宣言文」『역사학보』 22, 1964.

金炳翼,「美國에 심은 코리아 60년」『新東亞』 1966년 11월호.

資料,「國境地方侵入 및 檢擧情況」(秘) - 일본고등경찰이 內査한 韓國獨立運動에 關한 秘密情報 ⑤ -『新東亞』 1967년 7월호 부록.

資料,「上海 韓國獨立運動의 裏面」- 日帝 高等警察이 內査한 韓國獨立運動에 關한 秘密情報 -『新東亞』 1967년 2월호 부록.

資料,「上海假政府의 組織과 活動」- 日帝 高等警察이 內査한 韓國獨立運動에 關한 秘密情報 ② -『新東亞』 1967년 2월호 부록.

朴性鳳,「海外獨立運動과 臨時政府의 地位 - 韓國獨立運動史의 一問題」『韓國思想』 6, 1963.

尹炳奭,「獨立運動歌謠拾遺 - 三一運動當時 불리던 歌謠를 中心으로」『編史』 1, 1967.

李興雨,「韓國亡命新聞의 反日愛國詩歌들 - 美國의 ≪新韓民報≫와 上海의 ≪獨立新聞≫에서」『新東亞』 1967년 6월호.

未 詳,「上海의 閃光 - 敢然한 外國宣敎師의 朝鮮治績觀」『東明』 1의 3,

1922.

明濟世, 「三一運動失敗後의 政客의 動向」『新天地』 1의 2, 1949.

吳基永, 「殉國烈士 吳東振先生最後」『民聲』 1946년 3월호.

鄭時遇, 「建國鬪士 義士羅錫疇傳」, 1947.

金東成, 「내가 본 齋藤實狙擊事件 - 姜宇奎와 金相玉義士」『新世界』 2의 3, 1963.

安碩柱, 「三一前後의 藝術運動」『중앙신문』 1946.

朴鍾和, 「三一前後의 文學運動」『중앙신문』 1946.

劉鳳榮, 「民族文化에 미친 三一運動의 影響」『조선일보』 1959년 3월 1일.

趙芝薰, 「暗黑속에 못다 부른 노래 - 三一情神을 이은 詩編」『思想界』 1965년 3월호.

金容德, 「三一運動以後의 抗日」『思想界』 1965년 9월호.

資料, 「朝鮮外에서의 朝鮮人狀況一般」(秘) - 日帝 高等警察이 內査한 韓國獨立運動에 關한 秘密情報 -『新東亞』 1967년 6월호 권말자료.

金根洙, 「己未運動前後의 雜誌小攷」『亞細亞研究』 10의 1 (25), 1967.

金根洙, 「文化政治標榜時代雜誌槪觀」『亞細亞研究』 11의 2 (30), 1968.

崔永禧·金成植 등, 「日帝下民族運動史」 고려대학교 아세아문제연구소 刊, 1971.

金秉濟, 「三一運動의 歷史的意義」『開闢』 復刊新年號, 1946.

金道泰, 「三一運動의 史的意義」(上·中·下)『東亞日報』 1946년 3월 1·5·15일.

李時民, 「己未獨立運動의 歷史的意義」『新天地』 1의 2, 1946.

金秉濟, 「三一運動의 새로운 意義」『開闢』 77, 1948.

李寬求, 「三一運動의 再認識再出發」『新天地』 1950년 3월호.

金義煥, 「三一運動後民族獨立運動의 性格」『韓國近代史研究論集』.

李瑄根, 「三一運動과 弱小民族의 覺悟」『新天地』 1950년 3월호.

白樂濬,「三一精神論」『思想界』1의 1, 1953.
靈岳山人,「三一精神과 愛國者」『新人間』13, 1954.
朱耀翰,「三一運動의 歷史的意義」『지방행정』4의 3 (20), 1955.
崔南善,「三一運動의 現代的考察」『新世界』1956년 3월호.
洪以燮,「三一運動과 時代精神」『코메트』1956년 4월호.
曺佐鎬,「三一運動의 歷史的意義」『새길』91, 1962.
金光洲,「三一運動의 歷史的敎訓」『新人間』22, 1962.
李基白,「三一運動論」『思想界』1962년 3월호.
金龍德,「三一運動과 國際環境」『柳洪烈博士華甲紀念論叢』, 1971.
黃性模,「三一運動新論」『新世界』5의 3, 1963.
沈俊八·李炫熙,「三一運動과 自立精神」『國防』142, 1964.
李相玉,「三一運動의 世界史的意義와 民族의 自義精神」『국회보』35, 1964.
李炫熙,「三一運動이 成功되었더라면」『世代』2의 3, 1964.
康英俊,「三一運動과 民族精神」『漢陽』1965년 3월호.
黃性模,「三一運動의 敎訓」『경제연구』2의 3, 1966.
金基錫,「三一運動의 現代史的意義」『자유공론』20, 1968.
李丙燾,「三一運動의 史的考察」『서울교육』1959년 3월 1일.

3. 3·1운동 관계 주요사적

범 례

(1) 이 3·1운동 주요사적은 부록 2 「3·1운동관계 문헌목록」에 제시된 자료에 의하여 조사·작성하였다.
(2) 기준은 국내외 어느 곳을 막론하고 거족적으로 궐기 항쟁하던 1919년 3월 1일부터 4월말 사이의 운동 중 ① 많은 인원이 동원되어 전국적으로 대표적인 운동지라 볼 수 있는 곳, ② 각 지역의 운동발생지가 되고, 그 후 그 지역 운동에 영향이 큰 운동지로 볼 수 있는 곳, ③ 운동 중 일군경의 학살이 심했다고 볼 수 있는 곳, ④ 운동 중 일군경과의 항쟁시위가 보다 강인했다고 볼 수 있는 곳 등을 주로 하였다.
(3) 서울은 3·1운동의 진원지로 보아 구체적인 유적지를 제시하였다.
(4) 지역기재는 3·1운동 당시에 통용되던 행정지명을 원칙으로 하였고, 유적지 앞의 번호는 편집 편의상 붙인 것으로 운동순위 등과는 관련이 없다.

서 울

1. 파고다공원

거족운동(擧族運動)의 발생지. 3월 1일 오후 2시~2시 반 사이에 시내 중학교 이상의 학생과 서울시민, 그리고 인산배관차(因山拜觀次) 상경한 지방 사람들이 공원에 밀집하여 '독립선언서'를 낭독하고 이어 '대한독립만세'를 제창하였다. 이 회중은 공원문을 나와 여러 대로 나누어 서울 시가를 골고루 누비며 독립만세를 외치는 시위행진을 날이 저물도록 계속하였다. 학생운동원은 이들에게 '선언서'와 『朝鮮獨立新聞』 제1호를 배포하였다.

2. 태화관(명월관지점, 前 李完用의 집)

민족대표가 독립선언을 한 장소. 파고다 공원에서 운동이 시작한 전후에 독립선언서에 서명한 민족대표들이 회동하여 독립선언서를 앞에 놓고 한용운(韓龍雲)의 사회로 간소하게 독립선언식전을 베풀고, 일제경찰에 구금되었다. 민족대표 33인 중 길선주(吉善宙)·김병조(金秉祚)·유여대(劉如大)·정춘수(鄭春洙) 4명은 각기 지방운동의 주최 및 연결관계로 불참하였다.

3. 보성사(壽松洞 41번지)

독립선언서와 조선독립신문을 인쇄한 곳. 선언서는 최남선(崔南善)이 기초하고 민족대표들이 연명하여, 이곳에서 2월 27일 오후 11시경까지 2만 1천매를 인쇄하였다(인쇄관계자는 보성사 사장 李鍾一, 감독 金弘奎, 직공 申永求 등). 이 선언서는 밤을 새워 천도교·기독교 등 종교단체와 학생들의 조직망을 통하여 서울 시내는 물론 전국각지에 전달되었다. 조선독립신문은 이종일(李鍾一)·윤익선(尹益善)·이종린(李鍾麟) 등에 의하여 작성되었다. 3월 1일 오전 중까지에는 그 제1호 1만매가 인쇄되어 선언서와 함께 시민 시위군중 혹은 민가에 배포되었다(발행인의 명의는 尹益善).

4. 중앙학교(계동 1번지, 중앙학교구내 숙직실)

운동의 주비 연락회합소. 1919년초 이곳에서 송계백(宋繼伯)을 통하여 동경유학생 운동과 연결이 취해졌다. 2월 상순경 최린(崔麟)·송진우(宋鎭禹)·최남선(崔南善)·현상윤(玄相允) 등이 이곳에 회집하여 ① 박영효(朴泳孝)·윤용구(尹用求)·한규설(韓圭卨)·김윤식(金允植)에게 민족대표자가 되도록 교섭할 것, ② 천도교와 기독교측이 공동으로 운동을 추진키로 할 것(그를 위하여 곧 金道泰를 宣川 李昇薰에게 보냈다), ③ 민족대표자 명의로 독립선언을 할 것 등 운동방침의 대강에 합의하였다. 이 대강에 따라 '선언서'·'의견서'·'청원서' 등의 문서가 작성되었다.

5. 세브란스 병원(前 남대문로 5가 15번지, 숙직실)

기독교 및 학생층 운동자들의 운동주비회합소. 2월 12일과 14일 밤에 음악회를 빙자하고 시내 각 전문학교 대표자가 회합하여 민족운동 추진을 논의하였다. 참가자는 김원벽(金元璧 ; 延專)·김형기(金炯璣 ; 醫專)·윤자영(尹滋英 ; 專修)·김문진(金文珍 ; 世醫專)·한위건(韓偉健 ; 醫專)·배동석(裵東奭)·이갑성(李甲成)이었다. 2월 21일 밤 기독교측 운동지도자가 재차 회합하여, ① 천도교측과 합동운동을 전개하기로 하고, ② 아직 연결이 되어 있지 않은 지방 봉기를 위하여 경상도 충청도 방면에 이갑성(李甲成)·김세환(金世煥) 등을 보내고, 국외와 연결키 위하여 현순(玄楯)을 상해로 보낸다는 것 등을 철야 논의하였다. 참가자는 이승훈(李昇薰)·박희도(朴熙道)·오기선(吳箕善)·오화영(吳華英)·신홍식(申洪植)·함태영(咸台永)·김세환(金世煥)·안세환(安世桓)·현순(玄楯) 등이었다.

6. 승동(勝洞)예배당

학생측 운동자들의 운동 주비장소. 2월 20일경 시내 각학교대표자들이 회집하여 제 1회 학생간부회를 개최하고 운동계획과 부서 등을 의결하였다. 김원벽(延專)을 비롯한 참가대표자 중 김성득(金性得 ; 專修)·김형기(醫專)·김문진(世醫專)·김대우(金大羽 ; 工專)·강기덕(康基德 ; 普專) 등은 운동시에 각자 학교를 대표하고 운동에 대한 책임을 지기로 하고, 이용설(李容卨 ; 世醫專)·한위건(醫專)·윤자영(專修)·한창식(普專) 등은 대표들이 체포된 후에 후계운동을 추진하는 부서를 맡는 한편, 더 넓게 동창학생들을 규합하기로 하였다. 28일밤 전문학교 이상 학교대표가 다시 이곳에 모여 다음날 운동을 최후로 논의하였다. 이날 밤 김성국(金成國)이 갖고 온 1천 8백매의 선언서를 강기덕과 한위건이 정동예배당에 모여있던 중학생대표들에게 1~3백 매씩 전달하고, 시내에 배포케 하였다.

7. 종로 보신각 앞

만세시위운동의 중심지. 3월 1일부터 계속하여 일어난 만세시위는 거의 다 이곳이 중심지가 되었다. 이 때 보신각종도 울렸다. 3월 5일 남대문 역 전광장에서 시작된 제 2차 대규모시위 때, 여러 무리로 나누어졌던 모든 시위대는 정오경에 모두 이곳에 집결하여, 일군경과 충돌하면서 독립연설회를 개최하였다. 3월 12일 조형균(趙衡均)·김백원(金百源)·문일평(文一平) 등이 이곳에서 13도 대표자 명의로 독립청원서를 낭독 발표하였다. 4월 23일 한성정부를 선포한 국민대회도 이곳을 중심으로 개최되었다.

8. 대한문 앞(덕수궁 앞)

만세시위운동의 중심지. 3월 1일 파고다 공원에서 시작된 만세시위대는 이곳으로 행진하여 독립연설회를 개최하였고, 3월 5일 제 2차 운동때에도 이곳으로 시위진행하였다. 3·1운동 이전에 광무황제가 러시아공사관에서 덕수궁으로 환궁(還宮)한 뒤에 을사오조약 파기운동 등 항일민중운동은 거의 이곳이 중심지가 되었다.

9. 남대문 역전

제 2회 시위운동의 발생지. 3월 1일의 첫 시위운동을 이어 3월 5일 이곳에서 독립연설회가 개최되고, 수만 시위대는 남대문 방면으로 행진하였다. 이 시위는 학생들이 주동이 되었으며, 3월 1일 전에 학생대표자회의에서 치밀히 계획된 운동이었다. 9월 2일에는 러시아 연해주 노인단(老人團)에서 온 강우규(姜宇奎) 의사가 '문화정치'를 선전하고 부임하는 신임총독 사이토(齋藤實)에게 이곳에서 투탄(投彈)하였다.

10. 충무로 입구

만세시위중 일제군경과의 충돌지. 3월 1일 오후 2시반부터 서울 시내를 골고루 누비며 행진하던 여러갈래의 시위대는 오후 7시를 전후하여 충무로 2가에서 현 한국은행까지 거리를 메우면서 집결하여 남산의 총독부로 행진하려 하였다. 일본 군경이 출동하여 충돌하였고, 2백여명의 체포자가 생겼다.

京畿

1. 수원군 향남면(鄕南面) 제암리(提岩里)

일본군이 양민을 대량으로 학살한 곳. 3월 31일 향남면 발안시장에서 시위를 전개중 일군경과 충돌하여 살상·희장자를 냈다. 4월 15일 일본 육군중위 아리다(有田俊夫)가 인솔하는 일본 군경 일대가 부근 촌민 29명을 교회당에 가두고 방화총살하였다. 이를 전후하여 4월 2일~4월 17일간 일본 군경은 수원군 향남·장안·우정·팔탄·송산·서신·마도면과 안성군 원곡면의 64개 마을에서 방화살육을 자행하여, 일본측 기록으로도 이때 제암리 교회학살 이외에도 각 부락에서 총살 39명 이상, 체포 2천명 이상, 소각호수 328호 이상이라 하였다.

2. 수원군 우정면(雨汀面)·장안면(長安面)

전국적인 중요운동지. 4월 3일 오후 5시반 경 장안·우정 주민들 수천명이 만세운동을 벌이고 경찰주재소를 포위하였고, 무차별 총격하는 일경과 대항하여 그들을 죽이고 주재소를 불살랐다. 다음날에는 장안·우정 사무소도 파괴하였다. 이 시위대는 4월 2일 밤부터 운동을 시작하여 장안·우정 면장과 주민들이 거의 참가하고 있으며, 한때는 쌍봉산에 올라가 의기를 높이고 독립연설회를 개최하기도 하였다.

3. 수원군 송산면(松山面)

전국적인 중요운동지. 3월 26일 수백명의 주민이 면사무소와 주재소 앞에 모여서 만세시위를 전개하였다. 일경찰의 발포로 살상자가 발생하였고,

시위대는 그들을 추격하여 일본 순사부장 1명을 죽였다. 3월 28일 사강리(沙江里) 시장에 더 많은 군중이 회집하여 시위중 일군경과 충돌 항쟁하였다. 이 뒤 수원군 21개 면에 이같은 열띤 운동이 파급되어 전국에서도 수원군이 유수(有數)한 항쟁지로 지목되었다.

4. 안성군 원곡면(元谷面)·양성면(陽城面)

전국적인 중요운동지. 4월 1일까지 원곡면과 양성면에서 각각 시위를 전개하였다. 그 후 4월 1일 오전 8시 양 면의 주민들이 합동하여 원곡면 사무소 앞에 모여서 만세를 부르고 양성읍으로 행진하였다. 중도에 양 면의 경계 고개에서 독립연설회를 개최하고 '조선은 독립국이다', '일본관청은 필요없다', '일본인을 축출하자' 등의 결의를 하고, 그날 밤 양성읍에 당도하여 그곳의 시위대와 합세시위 중 일본군경과 충돌하였다. 이어 시위대는 순사주재소·우편소·일본인 집 등을 소각하였다. 이 시위대는 다음날 4시에 원곡면에 돌아와 원곡면 사무소를 소각하였다. 4월 15일을 전후하여 일군이 출동해서 면안의 각 촌락을 불사르고 다수 양민을 검거 또는 총살하였다.

5. 개성

전국적인 중요운동지. 3월 1일에 일반에서 선언서가 배부되고 3일에 대대적인 시위로 발전하였다. 그 후 7일까지 연일 경찰서 앞에서 시위항쟁을 하는 등 열광적인 운동을 전개하고, 또한 4월 2일 다시 운동을 일으켜 4월 3일까지 계속하였다. 3일의 운동은 오후 2시경에 먼저 호수돈여학교 학생이 학교를 뛰쳐나와 삼삼오오 짝을 지어 행진하면서 독립가와 찬송가를 부르고는 만세시위를 한데서 발단하였다. 일경찰이 이들을 경찰서로 연행하자 1천명 이상의 일반민중이 운동에 참가하여 시위하고 경찰서에 행진 항쟁하였다. 이로부터 운동이 확대되고 그날 밤 12시경까지 점점 시위군중수가 증가되어 수천명이 일군경의 저지선을 뚫고 시가를 누비고 다녔다. 이같은 시위는 그 다음날도 계속되었다. 5일부터의 시위에는 일군경과의 충돌항쟁이 잦아지고 또한 피수자 탈환을 위하여 몇 차례 경찰서에 쇄도하여 투석전으로 대치하였기 때문에 서로간에 살상자가 적지않게 발생하였다.

6. 강화

도내(道內)에 중요운동지. 3월 18일 오후 2시 읍내시장에 1만명 이상의 군중이 회집하여 독립연설회를 개최하고 시위행진을 전개하였다. 행진 중 일군경과 충돌 항쟁하였다. 오후 5시부터는 시위대가 둘로 나뉘어 3시간동안 경찰서를 포위하고 피체·억류된 운동자를 석방시켰다.

黃海

1. 수안(遂安)

전국적인 중요운동지. 3월 3일에 천도교도들이 중심이 되어 열띤 시위를 전개하고 일군헌병대를 전후 3차례나 습격하였다. 시위대는 오후 2시부터 발포하는 헌병대에 함성을 지르며 쇄도하여 일헌병분경대장에게 '조선이 독립하였다'고 말하여 동 분경대를 빨리 한인에게 인도하라고 요구하였다. 일본군의 무차별 사격으로 적어도 27명(즉사 9명, 부상 18명) 이상의 살상희생자가 발생하였다. 그 후 운동은 군내 각면으로 번져 특히 3월 7일과 9일 및 19일의 3일간 운동을 전개한 석달(石達)과 3월 7일과 17일에 운동을 전개한 율리(栗里)가 보다 주목을 끌었다.

2. 해주(海州)

황해도내 운동의 중심지. 3월 1일에 독립선언서가 일반에게 배부되고 3월 3일부터 시위에 들어가 4월 1일 사이에 5차(3월 10·28·30·31일, 4월 1일) 반복시위를 전개했다. 첫 시위인 3월 10일에는 옹진군에서 천주교도 수백명이 읍내에 들어와 당지 시위대와 합쳐 큰 시위를 전개했다. 국내 각면에서도 몇 차례씩 운동을 반복하였는데, 그 중 중요한 것만 들어도 3월 17일에 청룡(靑龍), 4월 2일과 4일에 서변면(西邊面), 4월 3일에 취야장(翠野場), 4월 6일에 죽천(竹川), 4월 7일에 문천(文川), 4월 8일에 이목(梨木) 등이 있으며, 특히 취야장·이목·서변면·청룡면의 시위 중 일본군과 경찰의 사격으로 살상자를 내면서 일경주재소를 습격하였다.

3. 황주읍(黃州邑)·겸이포(兼二浦)

도내(道內) 중요운동지. 3월 1일부터 운동이 발단하여 그 다음날인 2일 천도교도들이 주동되어 시가행진을 하고 당지 경찰서를 습격하여 그 일부를 파괴하였다. 일군경은 일소방조원(日消防組員)과 합세하여 1백여 명을 체포하였다. 그 후 3월 6일에는 다시 학생들이 운동을 전개하여 많이 체포되었다. 3일에는 겸이포(兼二浦)로 번져 천도교도와 기독교도가 연합하여 밤까지 시위를 전개하고, 일경찰서에 쇄도하여 충돌 항쟁하였다.

4. 재령(載寧)

도내(道內) 중요운동지. 3월 9일에 기독교 장로회 교도들과 천도교회 신도가 중심이 되어 각기 태극기를 들고 시위를 개시하였다. 수천명의 군중이 호응, 회집하여 발포하는 일군경과 와석(瓦石)으로 대항하였고, 그 후 4월 2일과 4월 7일에도 운동을 반복하였다. 군내 각면도 운동을 거의 전개하였는데, 특히 3월 6일에 남율면(南栗面), 3월 10일에 내종(內宗), 3월 28일에 청석두(靑石頭), 4월 4일에 해창(海昌), 4월 5일에 신원(新院), 4월 7일에 신포(新浦)에서 큰 시위를 벌였다. 그 중에서도 내종에서 운동할 때에는 4천 5백명 이상의 군중이 헌병분견소 앞에서 항쟁시위하고 그들의 발포로 살상자가 발생하였다.

平 南

1. 평양

전국적인 중요운동지. 3월 1일 서울보다 약 1시간 앞선 1시, 감리교 남산현교회와 장대현교회에서 '독립선언식'을 개최하고, 3대로 나누어 밤 11시경까지 수천명이 태극기를 흔들고 독립가를 부르며 만세행진을 하였다. 오후 7시경에 출동한 일군 2백여 명의 강력한 저지를 받았으나, 시위대는 세분되어 악대를 선두로 시위를 계속하였다. 이후 3·4·5일에 걸쳐 연일 주둔일군경의 경계와 저지를 무릅쓰고 시위를 반복하였다. 6일 이후는 평양교외로 번져 대동군에 속한 장수원(長水院)·대평(大平)·선교(船橋)·만경대(萬景臺)·평천리(平川里)·원장(院場) 등지에서 3월 10일까지 연일 시위운동을 계속하였다.

2. 성천(成川)

전국적인 중요운동지로, 살상 희생자가 많았던 곳. 3월 4일에 발단하여 그 다음날인 5~7일까지 3일간에 걸쳐 천도교도가 중심이 되어 살상 희생자가 속출하는 주목할 운동을 전개하였다. 특히 첫날인 4일은 상오 10시경부터 회집하기 시작한 시위군중이 정오경에는 수천명에 달하였고, 일헌병분견소를 3차에 걸쳐 습격하여 무차별 발사하는 일헌병과 항쟁하여 그 대장 이하 2명을 부상시켰다. 그러나 시위대의 희생은 전국에서도 유수하게 발생하여 사상자 68명(즉사 30명)이상, 체포자가 2백명 이상이나 되었다. 이같은 운동의 양상은 일본측 기록에 의하여도 '血을 塗하며 시체를 넘고 넘어 營所에 肉薄'한다는 상황이었다. 각면에서도 운동을 벌였는바 특히 3월 21일에 삼흥면(三興面), 4월 1일에 대곡면(大谷面), 3월 3일에 능곡(陵谷)에서의 운동이 심하였다.

3. 안주(安州)

전국적인 중요운동지. 기독교와 천도교가 공동으로 계획하여 3월 1일부터 연 3일간 큰 운동을 전개하였다. 3월 1일은 오후 5시에 3,4백명 이상이 4개 대열로 편성하여 만세시위를 전개하는 동시에 도로상에서 독립연설회를 개최하였다. 2일에는 약 3천명 이상이 회집 시위하엿고, 3일에는 이보다 더 많은 4천명 이상의 군중이 회집하여 큰 태극기를 선두로 북을 치고 나팔을 불며 시위를 계속하고, 1일에 피체된 주동자 10여명의 탈환을 위하여 일군경과 심한 충돌을 일으켜 십수명의 살상 희생자(즉사 8명 이상)를 냈다. 당지 군수 김의선(金義善)은 헌병분견대장을 방문하여 이같은 살육의 이유를 물으며, '이같이 잔혹한 짓을 할테면 왜 조선인 전부를 살육하지 않느냐'고 힐문하였다. 3월 22일에 읍내에서 5리 떨어진 입석(立石)에서 약 2천명 이상의 군중이 모여서 큰 시위를 전개하고, 또한 4월 1일에는 인풍(仁豊)에서도 시위를 전개하였다.

4. 맹산(孟山)

전국적인 중요운동지로 살상 희생자가 많았던 곳. 3월 6일에 천도교도가 중심이 되어 운동이 발단하였다. 그 후 3월 9일과 10일에 강인한 반복시위가 전개되고 일군의 집중사격으로 대량 학살이 생겼다. 3월 9일 오후 3시에 일군 육군중위 이노우에(井上某)가 인솔하는 일본군 한 부대가 시위 군중을 헌병대 내정(內庭)에 가두어 놓고 전원 총살을 기도하여 즉사 54명 이상, 부상 13명 이상의 희생을 냈다. 이때 미처 목숨이 끊어지지 않았던 사람은 창으로 찔러 죽이는 만행도 자행했다.

5. 강서군(江西郡) 사천(沙川)

전국적인 중요운동지. 1919년 3월 3일에 기독교도를 중심으로 1백여 명의 민중이 만세시위를 일으켰다. 이에 대하여 당지 일본 헌병의 발포로 즉사자 1명을 내고 주동자 8명을 체포하였다. 그 다음날 사천(沙川)의 주동자들이 대동군(大同郡) 원장(院場) 시장에서 다시 운동을 일으키자 3천명 이상의 민중이 모여서 큰 시위를 벌였다. 그들은 30세 이하의 결사대 약 40명을 앞세우고 사천헌병대로 몰려가서 일본 헌병과 충돌 항쟁하였다. 일본 군경이 무차별 발사하여 시위군중은 쓰러진 시체를 넘고 넘으면서 발사하는 일본 군경에게 육탄대결을 하여 그들 4명을 쓰러뜨리고 만세를 고창하였다. 이 충돌로 말미암아 시위대의 희생은 일제측의 줄잡은 기록으로도 70여명(즉사자 10수명, 기록에 따라서는 즉사자 43명, 중상자 20여명, 병원에서 죽은 자 20여명)이라 하였고, 또한 그들로서는 그것도 부족하여 '오히려 우리측(일본측)에 있어서는 무력의 부족' 한 감이 있었다고 하였다. 사천부근에서는 3월 2일과 6일에 증산(甑山), 3월 4·5·6·10일에 강서읍, 7일에 기양(岐陽), 8일에는 함종(咸從) 등에서 큰 시위를 벌이고 강서읍과 함종에서는 사천에서와 같이 같은 살상 희생자를 냈다.

6. 영원(寧遠)

도내 중요운동지로 살상자가 많았던 곳. 1919년 3월 7일과 8일에 천도교도가 중심이 되어 시위를 전개하고 헌병분견대로 쇄도 시위 중 다수의 살상자와 체포자를 내었다. 특히 8일에는 150명 이상이 전일의 체포자를 구출코자 헌병대를 습격하여 그들은 구출하고 일군 1명에게 중상을 입혔다. 그러나 그들의 무차별 난사로 50여명의 살상자(즉사 15명 이상, 부상 38명 이상)를 내고 75명의 체포자를 내었다.

7. 진남포(鎭南浦)

도내 중요운동지. 3월 1일부터 발단하여 3월 6일까지 시위를 반복하였다. 특히 2일에는 시위대 1천명 이상이 경찰서와 부청(府廳)에 쇄도하여 일군경(평양에서 일본군 1개 소대가 급파되었다)과 충돌 항쟁하여 살상 희생자 8명(즉사 2명, 부상자 6명) 이상을 내었다.

8. 양덕(陽德)

도내 중요운동지. 3월 4일부터 8일까지 열띤 시위를 전개하였다. 이곳 시위대는 일본군경의 총격으로 격앙되어 분견대를 습격하여 보다 많은 살상자를 내었다. 특히 3월 5일에는 낫, 도끼 등을 지닌 시위대가 일본 군경 연합대와 충돌하여 40명 이상의 살상 희생자를 내고 일본측도 1명이 사살되었다.

9. 중화군(中和郡) 상원(祥原)

도내 중요운동지. 3월 2일과 3일에 일본군경과 시위항쟁, 살상 희생자가 많이 발생하는 운동을 전개하였다. 2일에는 시위군중이 일경주재소를 전파하고 응원 중의 중화경찰서장 이하 모든 일본 경찰을 포박하여 감금하였다. 3일에는 시위군중 중 결사대 120여명이 체포자 구출을 위하여 일본 군경과 충돌 항쟁하여 43명 이상의 사상자를 냈다. 시위군중에게 붙들였던 경찰서장 이하 몇 명은 다음날 부상을 입고 겨우 도망하였다. 상원 부근의 중화군 안의 운동으로는 이밖에도 3일에 읍내, 28일과 4월 16일에 당정리(唐井里), 6일에 춘동(春東)에서 큰 시위가 있었다.

平北

1. 의주(義州)

전국적인 중요운동지. 3월 1일 오후 2시 서부교회 광장에서 1천 6백명 이상이 모여, 33인 중 1인인 유여대(劉如大)의 주도로 '독립선언식'을 거행함으로써 운동이 발단되었다. 그 후 5일까지 연일 대시위를 계속하고, 또한 그 후도 3월 27일과 4월 1일, 4월 7일에 각각 운동을 계속하였다. 특히 4월 1일에는 시위 중 일본 군과 충돌하여 수십명의 살상자를 냈다. 각면의 운동도 열렬하여 3월 3일에 비현(枇峴), 3월 5일에 수구진(水口鎭) 과 소곶진(所串鎭), 3월 6일에 영산시(永山市)와 고삭(古朔)방면으로 파급 되었다. 3월 하순부터 4월 하순에 걸쳐서는 각지에서 거의 매일 동시에 시위를 전개하였는데, 일본 군경의 총격으로 인해 격앙된 군중이 면사무소 나 주재소를 습격하여 살상이 생긴 곳만도 3월 7일에 옥강진(玉江鎭), 3월 15일에 광평면(廣坪面), 3월 30일에 영산시와 수구진 및 평구진(平口鎭), 3월 31일에 다시 영산시, 4월 1일에 영진면(永鎭面) 등이었다. 이같은 의주군에서의 운동은 일제통계에 의하여도 살상자가 82명에 달하고 임정 통계에 의하면 981명이나 되었다.

2. 선천(宣川)

전국적인 중요운동지. 3월 1일 오후 1시 20분경 읍내 신성학교(信聖學校) 직원과 학생 수백명이 조선독립국이란 대기를 앞세우고 각각 태극기를 흔들며 만세시위의 봉화를 올렸다. 시위 중 기독교도를 주동으로 하는 1천여 민중이 합세하여 역·군청 등으로 행진하며, 만세를 고창하고 주둔하던 일본 수비대와 충돌 항쟁하였다. 그들의 총격으로 12명 이상의 부상자가 생겼고, 주동자 33명 이상이 당일 체포되었다. 1일에 이어 3일과 4일, 8일에 반복시위를 전개하여 열띤 운동을 전개하였고, 특히 6일에는 1일의 배 이상의 군중이 모여서 일본측에서 출동한 군대와 시위 중 충돌하여 많은 살상자를 내었다. 이후 이곳의 재기를 막기 위하여 일군은 150명 이상이 주둔하여 주동자를 색출하였다. 일본측은 선천을 전국운동의 중요책원지의 하나로 간주하여 그 후에도 많은 민족운동자를 체포 감금하였다. 3월 4일부터는 상가가 모두 철시하고 그로부터 군내 각면으로 운동이 파급되었다. 특히 가물남(嘉物南 ; 3월 2·5일), 삼봉(三峰 ; 3월 5일), 고군영(古軍營 ; 3월 5·7일), 심부면(深府面 ; 3월 6일), 수청면(水淸面 ; 3월 6일), 군산면(群山面 ; 3월 6일) 등지에서 주목할 운동을 전개하였다.

3. 정주(定州)

전국적인 중요운동지. 3월 1일 고읍(古邑)에서 광무황제 봉도회(奉悼會)의 개최를 기회삼아 운동을 일으키려 하였으나, 일본 군경의 사전탐지로 강제 해산되었다. 그 후 기독교도들 3백명 이상이 3월 7일 고읍에서 운동을 시작하였고, 다음날인 3월 8일에는 읍내, 3월 11일에는 동주면으로 확대하여 3월 31일부터 4월 10일간에 대규모의 운동을 전개하였다. 가장 큰 운동은 3월 30일로서 이날 오후 2시경에 읍주변 5개 방면으로부터 기독교도와 천도교도가 중심이 되어, 수천명이 동시에 태극기를 들고 행진하여 읍내 군중과 합세하여 시위한 것이다. 시위행진 중 우편소 앞에서 일본 군경과 심한 충돌을 하여 즉사 28명 이상, 부상 99명 이상의 살상자를 내었다. 일경측은 정주가 선천과 더불어 3·1운동의 근원지의 하나로 지목하고 3월 1일 이후 371명 이사이나 되는 민족운동자를 체포하고, 4월 1일에는 읍내에 있던 천도교회당과 교구장의 주택 등을, 4월 2일에는 고읍의 오산학교(五山學校)와 그 부속건물 및 기독교 교회당을 소각하는 만행을 저질렀다.

4. 삭주읍(朔州邑)·대관(大館)

도내 중요운동지로 살상자가 많았던 곳. 3월 8일 천도교도들에 의하여 운동이 발단하였다. 그 후 3월 31일과 4월 1일에 수천명이 헌병분견소로 시위 항쟁하고 31일에는 즉사 47명, 부상 40명 이상, 그 다음날인 4월 1일에는 즉사 7명, 부상 24명의 희생자를 냈다. 또한 4월 11일에는 기독교도들이 주동되어 시위를 전개하였다. 일군은 이날 정주에서와 같이 기독교회당을 소각하였다. 부근 대관(大館)에서는 3월 17일 수천명이 운동을 개시하였고, 4월 6일에는 8천명 이상의 군중이 모여 약 2백명으로 편성된 결사대를 앞세우고 무차별 발사하는 일본군과 충돌하여, 즉사 6명 이사, 부상 23명 이상의 희생자를 냈다. 이 일본군과의 충돌로 희생자가 나기 전에 이미 당지의 헌병에 의하여 사망 30명, 부상 60명 가량의 학살이 있었다.

5. 창성읍(昌城邑)·대유(大楡)·학송동(鶴松洞)·청룡동(靑龍洞)

전국적인 중요운동지로 살상희생자가 많았던 곳. 3월 31일에 천도교도들이 주동이 되어 읍내와 대유에서 운동이 발단하였다. 그 후 4월 1일에는 1천명 이상의 군중이 열띤 시위를 전개하고, 일본군의 총격으로 즉사 7명, 부상 24명 이상의 희생을 내었다. 또한 대유(大楡)에서도 4월 2일에 3회에 걸쳐 시위를 전개하고 14명 이상의 살상 희생자가 발생했다. 4월 5일에는 학송동(鶴松洞)에서 기독교도와 천도교도가 주동이 되어 일본 헌병 주재소로 시위행진하였고, 일본군과 충돌 항쟁하여 적어도 즉사 6명 이상, 부상 25명 이상의 희생자가 났다. 또한 4월 6일에는 청룡동(淸龍洞)에서 일본 군경과 시위 중 충돌하여 즉사 7명 이상, 부상 다수의 희생자를 냈다.

6. 철산(鐵山)

도내 중요운동지. 3월 7일 정오경에 군청 앞과 기독교 예배당 앞에 5, 6천명 이상의 민중이 회집하여 열띤 시위운동을 전개하였다. 일본군의 무차별 사격으로 즉사 6명이상, 부상 57명 이상의 희생자를 냈다. 부근에서의 중요운동은 3월 5일에 차련관(車輦館)과 3월 7일 풍천(豊川)에서 있었으며, 특히 풍천에서는 면사무소와 일본 경찰 주재소로 시위행진하여 살상자가 났다.

7. 벽동(碧潼)

도내 중요운동지로 살상 희생자가 많았던 곳. 천도교도들이 3월 31일과 4월 1일에 열띤 시위를 전개하였다. 4월 1일의 시위에는 오전 10시 폭죽을 신호로 8백명 이상의 군중이 사방에서 읍내에 일시에 쇄도하여 일본 군경과 충돌 시위를 전개했다. 일본군의 사격으로 즉사 11명 이상, 부상 30명 이상의 희생자가 발생했다.

8. 용천군(龍川郡) 남시(南市)

도내 중요운동지. 3월 6일에 시위운동이 발단하여 3월 11일과 3월 31일 및 4월 1일에 운동을 반복하였다. 특히 3월 31일 정오에는 5천명 이상이 충격을 가하는 일본 헌병 주재소를 포위하고 도끼와 낫으로 대항하여 살상희생자를 7명 이상 내었다. 그 부근의 주요 운동은 3월 4일과 5일에 걸친 양시(楊市), 3월 25일에 용암포(龍岩浦), 4월 1일과 6일에 양흥면(楊興面), 4월 1일에 외하면(外下面), 4월 7일에 읍동면(邑東面)에서 있었다.

咸北

1. 성진(城津)

전국적인 중요운동지이며 도내 운동진원지. 3월 10일에 운동이 발단하여 3월 15일까지 근 1주일간에 걸쳐 읍내를 중심으로 부근 임명(臨溟)·학서(鶴西)·송흥(松興)·하천(荷川) 등에서 운동이 계속되었다. 기독교도가 중심이 된 이곳 시위는 첫날인 10일에 학생들이 교사인솔하에 나팔을 불고 행진하자 민중이 호응하여 몇 차례 일본 군경과 충돌하면서 그날 밤 늦게까지 계속하였다. 그 다음날은 오전부터 전일보다 많은 군중이 회집하여 '독립선언(獨立宣言)'이라 쓴 큰 기를 앞세우고 행진하였다. 이날 일본 군경은 재향군인·소방조원 기타 거류 일본인을 모두 출동시켜 발포·발검(拔劍)하여 시위대 해산에 광분하였다. 살상자가 적어도 즉사 10명, 부상자 7명 이상이었다. 성진의 운동은 도내 각처에 파급되었던 바, 한 방면은 길주(吉州)·명천(明川)·어대진(漁大津)으로 향하였고, 또 한 방면은 수성(輸城)·청진(淸津)·회령(會寧)으로 향하였다.

2. 길주(吉州)

도내 중요운동지. 3월 12일에 천도교도가 중심이 된 수천명의 군중이 모여, 큰 태극기를 선두로 두 무리로 나누어 행진하다가 일본 군경과 충돌하여 적지않은 살상자를 내면서 시위를 전개하였다. 그 후 13일과 15일에도 운동을 반복하였는데, 이 때 길주 평야일대의 여러 촌민(村民)은 부근 산에 올라가 무수한 봉화를 올리고 큰 북과 종을 울리며 만세를 고창하였다. 일부 군중은 13일 밤 해자포(海子浦) 헌병주재소를 포위하고 일본 헌병과 충돌 항쟁하였다. 또한 14일 정오에는 길주군(吉州郡) 참사가 주동이 된 수천시위대가 용원(龍原) 헌병대에 모여 시위를 전개하였다.

3. 명천군(明川郡) 화대(花臺)

도내 중요운동지로 살상자가 많았던 곳. 3월 15일에 군내 최초의 운동으로 발단하여 그 후 3월 16일에 아간(阿間), 3월 17일과 19일에 보촌(寶村), 3월 18일에 운사장(雲社場), 3월 21일에 운만대(雲滿臺), 4월 8일과 9일에 우동동(雩東洞), 4월 11일에 양화(良化), 4월 14일에 산성동(山城洞)과 고성동(古城洞) 등 군내 각지에서 이같은 운동이 잇달았다. 화대에서는 기독교도가 중심이 되어 3월 15일에 5천명 이상의 민중이 모여 3대로 나뉘어 힘찬 시위를 전개하였고, 면사무소와 면장의 집을 소각하였다. 그 후 화대(花臺) 경찰관 주재소로 행진하여 일헌병 2명을 부상시키고 그들과 충돌 항쟁하여 15명 이상의 살상 희생자를 냈다. 운사장(雲社場)에서도 3월 15일에 화대에서와 비슷하게 열렬한 시위를 전개하고 일본 경찰 주재소로 행진하여 그들의 총격에 의하여 10명 내외의 살상자를 냈다.

4. 경성군(鏡城郡) 수성(輸城)

도내 중요운동지. 3월 15일 정오에 천도교도가 중심이 되어 시위를 전개하고, 밤에는 헌병주재소를 습격하려고 재차 시위하여 이날 10명 이상이 체포되었다. 이어 3월 20일에는 어대진(漁大津), 3월 21일에는 청진(淸津), 3월 22일에는 회령(會寧) 등지로 운동이 번져 함북 북부지방도 시위운동에 휩싸였다.

咸 南

1. 원산(元山)

전국적인 중요운동지. 서울과 사전에 연결되어 3월 1일 하오 2시 수백명이 장촌동(場村洞) 시장에서 독립선언서를 낭독하고 독립연설회 등을 갖는 독립선언식을 개최한 후 악대를 앞세우고 시위에 들어갔다. 오후 5시경에는 수천명의 시위군중이 시가를 누비며 다녔고, 곳곳에서 독립연설대회를 개최하여 성황을 이루었다. 일군경은 재향군인·소방대와 거류 일본인까지 출동시켜 시위군중의 탄압에 나서 이날 50명이 체포되었다.

2. 함흥(咸興)

전국적인 중요운동지. 3월 3일 정오에 영생학교와 고등보통학교 및 농업학교 학생들이 중심이 된 민중이 정차장 앞에 모여, 만세를 부른데서 운동이 발단하였다. 그 후 3월 11일까지 연 10일간을 두고 거의 매일같이 운동을 계속하여 도내운동의 책원지가 되었다. 그 동안 살상이 발생하는 운동을 전개한 것은 첫날인 3일과 4·6일이었고, 3·4 양일간의 체포자의 수만도 1백명이 넘었다. 이곳에서의 봉기는 기독교측에서 원산과 연결하면서 비롯되었고, 또한 간도에서 요원이 와서 당지 기독교측과 봉기를 계획한 일도 있었다. 각면에서의 운동은 3월 6일에 지경리(地境里)와 오노리(五老里), 4월 8일에 덕천(德川) 등지에서 일어났고, 특히 3월 21일 지경리에서는 일본 군경과 충돌하였고, 격앙된 군중은 경찰관 주재소를 습격하여 희생자를 냈다.

3. 단천(端川)

 도내 중요운동지로 살상자가 많이 난 곳. 3월 10일과 11일에 걸쳐서 시위를 전개하고 일본 헌병 주재소를 습격하여 항쟁하였다. 첫날부터 수천명이 함성을 올리며 일본 군경과 충돌하는 시위를 전개하고, 일본 헌병 주재소를 습격하였다. 일본 군경이 무차별 사격을 가하여 14명 이상의 사상자가 났다. 군내 북두일면(北斗日面) 대신리(大新里)에서도 3월 22일에 일본 헌병 주재소를 습격하고 사상자 8명 이상을 내었다.

4. 이원(利原)

 도내 중요운동지. 천도교도들이 중심이 되어 조선독립단 이원(利原) 지단을 만들고 3월 10일에 운동을 일으켜 그 후 3월 11·14·18·20일에 걸쳐 운동을 반복하였다. 특히 20일에는 전일에 체포되었던 운동자를 탈환하기 위하여 헌병주재소를 습격하여 살상자 9명 이상을 냈다.

5. 풍산(豊山)

 도내 중요운동지로 살상자가 많이 난 곳. 3월 14일 오후 2시 천도교 1천명 이상이 교구당에서부터 각자 태극기를 나누어 들고 시위를 전개하였다. 헌병분견소로 행진하여 그들의 총격으로 사상자 10여명이 나자 헌병분견소를 습격했다.

江 原

1. 양양(襄陽)

 전국적인 중요운동지. 4월 4일~4월 9일까지 연 6일간 살상 희생자가 속출하는 강인한 항일시위를 반복하였다. 운동횟수로도 11회 이상에 달하고, 군내 7면 132동리 중 적어도 6면 82동리가 궐기하였다. 일본 군경과의 충돌 항쟁으로 즉사자 12명 이상, 부상자 31명 이상에 달하고, 4월까지 142명 이상이 피검되었다. 살상 희생자가 많이 발생한 것은 4월 4일에 읍내 경찰서에 쇄도하여 피검자의 탈환을 위하여 항쟁 중 19명 이상, 4월 9일에 현북면(縣北面), 기토문주재소(其土門駐在所)에 쇄도 항쟁 중 16명 이상의 살상자를 낸 것이다. 각면에서의 운동은 4월 5일에 기류(棋溜)와 선양(巽陽), 4월 8일에 차마리(車馬里), 4월 9일에 기토문리(其土門里)와 서면(西面)이 괄목할 운동을 벌였다.

2. 철원(鐵原)

 도내 중요운동지. 3월 2일부터 운동을 일으키려 하다가 많은 운동자가 검속되었다. 3월 10일 도내에서 최초로 5백명 이상 수천명이 모여서 운동을 일으키고 시위를 벌였다. 군청에 행진하여 군수까지 만세를 부르고 일본 헌병대 앞에서의 시위는 절정을 이루었으며, 이후 역전까지 행진하였다. 그 다음날에도 운동을 계속하여 더 많은 군중이 모여 시위하였다. 이후 강원도내 각 군과 읍에 파급되었다.

3. 횡성(橫城)

　도내에서 희생자를 많이 낸 중요운동지. 3월 27일 읍내시장에서 수백명의 민중이 만세시위운동을 일으켰다. 이는 3월 2일부터 천도교측에 의하여 면밀히 계획된 것이었다. 4월 1일에 수천명이 재차 운동을 전개하여 일본 군경과 충돌하고 많은 사상자를 냈으며(즉사 5명, 부상 8명이상), 그 다음 날에도 시위를 계속하였다.

4. 홍천(洪川)

　도내 중요운동지. 4월 1일 오전 10시경 읍내 및 각면에서 회집한 시위대가 군청으로 행진하여 군수로 하여금 만세를 선창케 하고 이로부터 보다 열광적인 운동을 전개하였다. 이 운동은 천도교와 기독교측이 연합하여 주동한 것이다. 그 후 군내 성수리(城壽里)·도관리(道寬里)·물걸리(物傑里) 등에서 주목할 운동을 4월 중순까지 전개하여 일본 군경과 충돌 항쟁하고 많은 살상자를 냈다. 특히 물걸리(物傑里)에서는 즉사자 7명 이상을 내었다.

慶 北

1. 대구(大邱)

　전국적인 중요운동지로 도내에서 최초로 운동이 발생한 곳. 3월 8일에 시작하여 10일가지 연 3일간 대규모의 운동을 전개하여 그 뒤 운동은 영남 일대에 확장되었다. 3월 30일에 재차 시위가 덕산정(德山町)에서 일어났다. 8일에는 오후 3시경 일본 군경의 경계를 무릅쓰고 서문(西門)시장에 일반민중과 대구고보(大邱高普)·계성학교(啓聖學校)·신명학교(信明學校) 학생 등 수천명이 회집하여 독립연설회를 개최하고 시가를 행진하였다. 이 시위는 밤늦게까지 계속되어 동성정(東城町) 3가에서 일본 군경의 저지를 받으면서 항쟁하였다. 학생대는 한때 경찰서에 행진하여 그들과 충돌 항쟁하였다. 그 다음날부터 더 많은 민중이 모여 시위하였다. 이 곳의 운동은 3월 1일 이전에 서울에서의 운동과 연결하여 계획되었고, 기독교측에서 주동하였다.

2. 안동(安東)

전국적인 중요운동지. 안동군의 운동은 3월 17일의 예안(禮安)에서의 운동에 이어 18일 오후 3시에 발단하였다. 수천명의 시위대는 군청·재판소·경찰서로 행진하여 발포하는 일본 군경과 항쟁하고 11명 이상의 살상 희생자를 냈으며, 그날 밤을 새면서 19일까지 계속하였다. 3월 22일에 재차 운동을 일으켜 역시 일본군과 항쟁하고 즉사 15명, 부상 20명 이상의 살상자를 냈다. 읍내의 1차 운동 이후 군내 각면에서 시위를 계속하여, 일본 군경이 발포하므로 각주재소를 습격 항쟁하였고, 살상·체포자가 많이 발생했다.

3. 안동군 예안(禮安)

도내의 중요운동지. 3월 17일 오후 3시 예안시장에 1천 5백명 이상의 주민이 모여서 일본 군경의 경계속에 열광적인 운동을 전개하여 다음날의 안동 대시위를 촉발시켰다. 시위군중은 일군경의 저지를 무릅쓰고 주동자들이 감금되어 있는 경찰주재소에 3번이나 쇄도하여 항쟁하였다. 이로 말미암아 2명이 총검상, 1명이 총상 타박상을 입었다. 3월 22일에 2차 운동을 전개하고 발포하는 일본 경찰과 항쟁하였다.

4. 영덕군(盈德郡) 영해(寧海)

도내 중요운동지. 3월 18일 정오경 2천명 이상의 민중이 모여(한집에 한명 이상 모임), 독립연설회를 개최하고 열띤 시위를 전개하였다. 경찰관주재소를 비롯하여 우편소·면사무소·심상소학교로 행진하였다. 이를 탄압하기 위하여 출동한 영덕경찰서장 이하 일본 경찰을 감금하였고, 또한 판곡면(板谷面)으로 행진하여 그곳의 주재소와 면사무소도 파괴하였다. 그 다음날이 19일에도 일본군의 총격에 의하여 즉사 4명, 부상 18명 이상의 희생자를 냈다. 그 후 20일과 21일 동안 3백여명이 일본 경찰에 체포되었다.

5. 의성군(義城郡) 탑원리(塔院里)

도내의 중요운동지. 3월 19일 탑원리시장에 수천민중이 모여서 힘찬 시위를 전개하고 일본 군경이 사격하자 주재소를 습격하였다. 이때 7명 이상의 살상자가 발생하였다. 의성군(義城郡)은 경북에서 안동군(安東郡)에 버금하는 강인한 운동을 전개하였으나 대부분 면별(面別)로 추진되었다. 그 중 중요한 것이 탑원리(塔院里)를 비롯하여 3월 11일과 16일의 비안(比安), 18일의 읍내(邑內), 19일의 비안(比安)운동이라 하겠다.

慶 南

1. 합천(陜川)

도내의 중요운동지. 3월 19일 오후 4시부터 시작하여 22일까지 연일 열띤 시위를 계속하였다. 특히 3월 20일에는 1만명을 넘는 군중이 모여서 경찰서에 쇄도하여 구속자를 석방하고자 일본 군경과 충돌 항쟁하였다. 이때 많은 살상자를 내었다. 일반거류 일본인까지 엽총을 들고 나와 시위대에 발포하였다.

2. 합천군 삼가(三嘉)

도내의 중요운동지. 3월 18일과 23일에 큰 시위를 전개했다. 23일의 시위때에는 가회(佳會)·상백(上栢)·백산(栢山) 등 각면에서 모인 1만여명의 군중이 각각 7백 내지 8백명씩 대오를 편성하고 운동을 전개하였다. 일본 군경의 발사에 격앙된 민중은 부근각면의 주재소와 면사무소를 파괴하고, 또한 삼가읍(三嘉邑)에서는 면사무소와 주재소를 파괴하고 전신주를 쓰러뜨려 일본 군경이 외부와 통신하는 것을 차단하였다. 일본 군경의 난사로 즉사 5명, 부상 20명 이상의 살상자를 냈다.

3. 함안(咸安)

도내의 중요운동지. 3월 19일 오후 2시경 약 2천 5백명 이상의 민중이 모여서 시위를 전개하고 경찰주재소에 행진하여 체포자를 탈환하고 그곳을 파괴하였다. 그 후 경찰주재소·군청·등기소·우편소를 파괴하였다. 심상소학교와 보통학교도 일제가 식민지교육을 시키는 곳이라 하여 파괴하였다.

4. 함안군 군북(郡北)

도내의 중요운동지. 3월 20일 오후 1시경 3천 5백명 이상의 민중이 군북교(郡北橋) 동방에 모여서 만세를 부르고 시위하던 중 주둔하던 군경과 충돌하고 주재소를 습격하였다. 일본군은 중포(重砲)를 쏘고 소총을 난사하여, 즉사 21명, 부상 18명 이상의 희생자를 냈다. 시위대는 주재소를 파괴하고 일본 군경 수명에게 부상을 입혔다.

5. 진주(晉州)

도내의 중요운동지. 3월 18일과 19일에 대규모의 시위를 전개하였다. 18일에는 1만명 이상이 모여서 시위하였고, 19일에는 5천 5백명 이상이 회집하여 운동을 전개하고, 3차에 걸쳐 경찰서에 쇄도하여 피검자의 석방을 위하여 항쟁하였다.

6. 부산진(釜山鎭)

경상남도내의 중요운동지. 3월 11일 하오 10시에 시위를 시작하여 경남 운동의 효시가 되었다. 이 운동은 3월초부터 기독교측과 학생들에 의하여 준비되었다. 4월 3·8·10일에 시위를 반복하였다. 일본인의 기반이 오래되고 또한 일본 군경의 사전 단속이 심하였음에도 불구하고 각 학교 학생과 군중이 공동으로 시위를 전개하였다.

濟州

제주도 조천리(朝天里)

島內 중요운동지. 3월 21일부터 연 3일간 운동을 전개하였다. 첫날은 당지 학생과 주민 수백명이 시작하였으나, 일본 군경이 주동자 10여명을 체포하므로 그 다음날부터는 그들을 석방시키기 위하여 부인·아동까지 참가하고 일군경에 항의시위를 아침부터 황혼까지 종일 계속하였다.

全南

1. 광주(光州)

도내의 중요운동지. 3월 3일부터 운동을 계획하였다. 3월 10일에 이르러 시장에 숭일학교(崇一學校)·수피아학교(須彼亞學校)·농업학교 학생과 민중 수천명이 모여서 각자 태극기를 들고 질서 정연하게 시가를 누비고 다녔다. 이 운동은 전남 방면 운동의 선구가 되어 이에 이어 도내 각지에 운동이 파급되었다.

2. 순천군 악안(樂安)

도내의 중요운동지. 4월 13일 10시 큰 태극기를 세우고 큰 시위운동을 일으켰다. 일본군 및 헌병과 충돌 항쟁하였고, 그들의 총격으로 살상자가 발생하였다.

全 北

1. 남원(南原)

 전국적인 중요운동지. 4월 3일 덕과면(德果面)에서 면장 이석기(李奭器)가 주동이 되어 주민 약 8백명이 모여서 시위운동을 전개하였다. 그 다음날인 4일에 남원 북시장에 수천명이 모여서 만세를 고창하였다. 일본군은 이를 대기하고 있다가 만세 소리가 일어남과 동시에 일제 사격을 가하여 즉사 8명 이상의 희생자를 냈다.

2. 이리(裡里)

 도내의 중요운동지. 4월 4일 12시경 수천명이 시장에 모여서 '조선독립만세'라고 쓴 기를 앞세우고 독립연설회를 개최한 다음 선언서를 낭독하였다. 일본 수비대는 이에 대기하고 있다가 만세 소리를 전후하여 일제히 사격을 가하고 또 총검 충돌을 감행하여 즉사자 5명, 부상자 12명 이상을 냈다.

3. 전주(全州)

 도내의 중요운동지. 3월 13일과 14일에 시위를 전개하였다. 13일 운동은 정오경 남문 밖 시장에서부터 시작하여 시내를 행진하였고, 수차 일본 군경의 저지를 받았으나 그 날 밤 12시경까지 전후 5차례 시위를 전개하였다.

忠 南

1. 천안군 병천(竝川)

전국적인 중요운동지. 4월 1일 읍내시장에 수천군중이 모여서 열띤 시위를 전개하고, 일본 군경이 무차별 사격을 가하여 즉사자 20여명을 내고 부상자는 쌍방이 모두 통계를 내지 못할 만큼 많은 희생(43명 이상)을 냈다. 여학생 유관순이 크게 활동한 곳이 여기다. 이밖에도 천안군에서는 양대(良垈)·입장(笠場)·풍서(豐西)·천안읍(天安邑) 등지에서 일본 군경과 충돌하는 시위운동을 전개하였다.

2. 공주(公州)

도내 중요운동지. 공주읍의 운동은 3월 11일에 발단하여 3월 15일과 4월 1일에 각기 큰 시위를 전개하였다. 영명학교(永明學校)를 중심으로 한 기독교도와 학생이 앞장서서, 한때 발포하는 일본 경찰관 주재소에 쇄도 항쟁하기도 하였다. 공주읍의 운동은 도내 전역에 영향을 주었다. 군내에서만도 도계(道溪)·광정(廣亭) 같은 곳에서는 수천명이 모여서 일본 군경의 발포로 살상 희생자가 적지 않게 발생하였다.

3. 대덕군 유성(儒城)

도내 중요운동지. 3월 12일부터 운동을 시작하여 3월 27일과 4월 1일에 걸쳐 큰 시위를 반복하였다. 4월 1일의 시위에서는 약 70명의 군중이 낫과 호미를 들고 발포하는 일본 헌병과 대항하여 다수의 살상자를 내었다.

忠北

1. 괴산(槐山)

 도내 중요운동지. 3월 19일 오후 1시 읍내 시장에서 수백명의 군중이 모여서 시위운동을 전개하고 저지하는 일본 군경과 충돌 항쟁하였다. 오후 5시부터 다음날 오전 1시까지는 경찰서를 포위하고 피검자의 석방을 요구하였으며, 일본 군경이 발포하자 투석으로 대항하였다. 그 다음날에도 읍내 각처에서 산발적으로 계속 시위를 계속하고, 3월 24·29일, 4월 1일에도 반복하여, 전후 5회의 시위를 전개하였다. 이후 도내 각군읍면으로 이같은 운동이 확대되었다. 괴산군내만도 3워 30일에 청안(淸安), 4월 1일에 청산(靑山), 4월 2일에 장연(長延), 4월 3일에 소수면(沼壽面)의 운동이 그 대표적인 것이다. 특히 청안에서는 경찰관 주재소와 우편소를 파괴하고, 청안과 청산에서는 일본군의 총격으로 각각 즉사 6, 7명 이상의 희생자를 냈다.

2. 영동(永同)

 도내 중요운동지. 영동군내의 운동은 학산(鶴山)·매곡(梅谷)·괴목(槐木)·양서(楊西) 등 각면에서 먼저 발단하여 4월 4일 오후 2시에 읍내의 큰 운동으로 발전하였다. 이날 수천군중은 시위 중 저지하는 일본경찰과 충돌 항쟁하였으며, 그들의 총격을 몽둥이로 대항하여 즉사 6명, 중상 9명 이상의 희생자를 내었고, 일본 경찰 2명을 붙잡아 구타하였다. 각면의 운동에서도 시위도중 일본군경과 충돌 항쟁하여 살상희생자를 내었고, 또한 주재소와 면사무소 등을 습격 파괴하였다.

3. 음성군 소이(蘇伊)

희생자를 많이 낸 도내 중요운동지. 3월 2일 음성읍내에서 발생한 운동은 4월 6일까지 각면에 파급되었다. 그 중에서도 4월 1일 소이면 한천(漢川) 시위에서는 수천명의 시위군중이 일본 군경의 총격을 받아 즉사 12명, 부상 40명 이상의 희생자를 내고 주동자는 거의 체포되었다. 시위군중은 한때 주재소내로 진입하여 발포하는 일본 군경과 항쟁하기도 하였다.

국 외

1. 일본동경 조선기독교청년회관(東京 神田區 小石川)

2·8선언 장소. 2월 8일 오후 2시 동경유학생 약 6백명이 모여서 '조선청년독립단'의 명의로 '독립선언서'를 발표하였다. 선언서와 결의문을 발표한 후 시위에 들어가려하자 일본 경찰이 포위하여 충돌하고 50명이 체포되었다. 이보다 앞서 1918년 12월 30일에 동경유학생은 동경 연합 웅변회를 개최하고 조국독립문제에 대한 논설을 하였다. 그 후 1919년 1월 6·7일에 다시 웅변회를 개최하여 독립선언서 발표에 대한 방법을 결정하고 실행위원을 선출했다.

2. 북간도 용정촌(龍井村)

북간도 운동 발상지. 3월 13일 정오 서전대야(瑞甸大野)에 1만명 이상이 모여서 독립축하회를 개최하고 '독립선언포고문(獨立宣言布告文)'을 '간도거류 조선민족일동(墾島居留朝鮮民族一同)'의 명의로 발표하였다.

축하회에 이어 8백여 한인의 집에 태극기가 게양되어 펄럭이는 가운데 '대한독립'이라는 기를 앞세우고 학생악대가 북과 나팔을 불면서 시위행진을 하였다. 이 때 일제의 계략에 말려든 중국 군대 50여명이 일제 사격을 가하여 즉사자 13명(후에 부상했던 자가 사망하여 사망자 17명), 부상 30여명의 희생자를 냈다. 이날 밤 이 운동의 주동자들은 적산평(赤山坪)에 모여 '조선독립 기성회(朝鮮獨立期成會)'를 조직하였고, 3월 17일에는 4천명 이상의 한국 교포가 다시 회집하여 3월 13일 운동 희생자의 공동장례를 치렀다. 그 후 이같은 운동이 화룡·연길·혼춘·왕청 등 북간도 전역에 파급되어 한국교포가 있는 곳에서는 끊이지 않고 운동이 계속되었다.

3. 북간도 혼춘(琿春)

동삼성내 중요운동지. 3월 20일 혼춘부근에서 수일전부터 몰려온 한인 교포와 혼춘에 사는 한인 교포들 수천명이 각자 태극기를 들고 아침 일찍부터 악대에 맞추어 철시된 거리를 힘차게 행진하였다(행진 중 인쇄된 독립선언서 배포). 오전 10시경 이들은 모두 서문 밖 광장(일본영사관 옆)에 행진하여 원형으로 모여 독립축하회를 개최하고, 독립연설과 만세를 불렀다. 그 후에도 질서 정연한 시위행진은 혼춘주변까지 다시 계속되었다.

4. 서간도 유하현(柳河縣) 삼원포(三源浦)

서간도 운동발상지. 3월 12일 2백명 이상이 회집하여 독립축하회를 개최하고 기독교 목사들이 열띤 독립연설을 하였다. 이후 서간도 일대에 이같은 운동이 전개되었다. 4월 초 '한족회(韓族會)'가 주동이 되어 독립전쟁의 주체가 될 '군정부(軍政府)'(11월에 '西路軍政署'로 고침)를 건립하고 독립군을 편성하기 시작하였다. 또한 4월 단군어천일(檀君御天日)(음력 3월 15일)에 보약사(保約社)·포수단(砲手團) 등 각단체대표 560여명이 모여서 국내 집입의 독립전쟁의 수행을 주목표로 정한 '대한독립단(大韓獨立團)'을 결성하였다.

5. 러시아 연해주 블라디보스톡 신한촌(新韓村)

연해주 운동발상지. 3월 17일 오후 4시에 '대한국민회의(大韓國民會議)'가 주최하여 블라디보스톡 일본영사관과 러시아당국 및 11개국 영사관에 국민회의 명의로 '독립선언서'를 배부하고, 신한촌(新韓村) 각집에 일제히 태극기를 게양하였다. 오후 6시부터는 여러 대의 자동차에 학생과 한국교포가 나누어 타서 태극기를 흔들고 대한독립만세를 부르면서 시내를 누비고 다녔다. 이후 니콜리스크·라즈돌리노예·녹도(鹿島) 등 연해주 일대에 운동이 번졌다.

6. 중국 상해 프랑스조계 김신부로(金神父路)

대한민국 임시정부 건립장소. 3·1운동 발발 전후에 국내 동삼성·연해주·중국령 등 각지에서 상해로 몰려든 유력한 독립운동자들이 4월 10일 김신부로(金神父路)에서 대한민국 임시의정원(臨時議政院)을 개원하고, 그 다음날까지 제 1회 회의를 개최하여 국호·임시헌장·관제를 제정하고 국무원을 선출하여 대한민국 임시정부를 건립하였다.

7. 미국 필라델피아 인디펜던트홀

미주에서의 '한인자유대회'를 개최한 장소. 4월 14일~4월 16일간에 미주 각지와 하와이 한인교포 대표 140여명이 모여서 필라델피아 시장 등 다수 미국 저명인사 배석하에 '한인자유대회'를 개최하고 한국의 독립선언과 임시정부의 수립을 세계에 선포하였다. 이 선포식을 거행하던 마지막 날 오후 3시부터는 회의장이 리틀 홀 극장에서부터 각자 태극기와 미국기를 들고 군악대에 맞추어 애국가를 합창하면서 네딜번 시가와 제 18가 및 마케트 제 5가에 이르는 시가를 행진하였다. 그 후 인디펜던트 홀에 들어가 독립선언서와 결의서를 낭독하고 대한독립만세를 제창하였다.

4. 전국 각도군별 3·1운동 일람

범 례

(1) 이 各道 운동의 일람은 본문에 인용 혹은 참조한 각종 자료 중에서 운동 발생지와 그 월 일 및 운동 형태 등이 거의 확실하다고 생각되는 것을 골라 정리 작성한 것이다. 앞으로 자료의 보충에 따라 이 표도 보완이 필요한 것이다.
(2) 이 표의 행정구역과 지명 등은 현재와 달라진 것이 있더라도 당시 시행되던 것에 따랐다.
(3) 운동 인원을 비롯한 숫자적 통계는 대체적으로 일제측 기록에 보이는 것에 의한 것이므로 실제보다 훨씬 줄어든 감이 있다. 그리고 사상란에 「△」를 한 것은 사상의 구분을 할 수 없는 것이다.
(4) 피해 상황중 공란으로 있는 것은 자료 미비로 지금으로서는 未詳한 것이다.
(5) 各郡末에 고딕체 통계는 비교참조를 위하여 박은식의 『한국독립운동지혈사』 (77항~96항) 통계를 인용한 것이다.
(6) 운동 상황란의 「1」은 운동 주동체를 「2」는 운동 형태를 표시하고, 또한 비고란의 「1」은 日軍의 발포가 확실한 것을 「2」는 일본군출동인원을 표시하였다. 또한 운동 주체 및 형태 등의 용어는 일제의 탄압의도를 보이기 위하여 의역하지 않고 자료의 기록대로 표기하였다.

서울 및 경기도 운동 일람

군명	일시	장소	인원	운동 상황	피해상황			비고
					사망	부상	체포	
서울 (경성)	3월 1일	大漢門앞	4,000	1. 천도교 기독교도 및 학생 2. 4團으로 분산시위			130	일병출동 600
		本町通	3,000	만세시위				
		麻浦 終點	1,000	만세시위				
	3월 2일	鍾路4丁目	400	1. 노동자 및 소수의 학생 2. 시위				
	3월 5일	南大門驛 앞 大漢門 앞 鍾路署 앞	10,000	시위				
		松峴洞	60	1. 학생 2. 모의발견 제지됨			40	
	3월 8일	龍山	200	1. 인쇄공장직공 2. 독립선언 시위			20	일병출동 1개소대
	3월10일	東大門	200	1. 전차종업원 2. 동맹파업				일포병 시위행군
	3월12일	鍾路1丁目	8	독립선언서 연설			8	
	3월22일	蓬萊町	700	2차에 걸쳐 시위				
		鍾路3丁目	다수	시위				
		訓練院 앞	500	시위				
		阿峴町	불명	1. 阿峴普校생도 일동 2. 운동장에서 만세고창				
		東大門부근	다수	만세고창				
		東大門내	500	시위				
		麻浦	50	시위				
		孝昌洞	수백	시위				
		鍾路通	다수	시위, 경찰서에 殺到, 투석				
		南大門 밖	다수	시위				
		義州通	800	1. 노동자와 시민 2. 시위				
	3월23일	鍾路通	600	시위, 폭행, 전차에 투석			약간	
		麻浦	500	시위				
	3월24일	東小門	100	시위				
		昌德宮앞	50	만세고창			약간	
		貞洞普校	불명	졸업식후 만세고창				
		於義洞普校	불명	졸업식후 만세고창				

군명	일시	장소	인원	운동 상황	피해상황			비고
					사망	부상	체포	
경성	3월25일	東大門 밖	다수	만세고창				
		東大門 안	다수	만세고창				
		彰義門 밖	불명	만세고창				
		梨峴 아래	불명	만세고창				
		龍山	다수	2개처에서 만세시위, 전차에 투석				
		靑葉町	50	시위				
	3월26일	三淸洞	300	만세시위				
		玉仁洞	100	만세시위, 이완용 집에 투석				
		麻浦	300	만세고창				
		漢陽公園	70	만세고창				
		安國洞	400	시위, 경관파출소 습격				
		漢江	다수	만세고창				
		花洞	다수	만세시위				
		鍾路3丁目	다수	1. 걸인과 아동 2. 2차에 걸쳐 만세시위				
		北岳山	불명	태극기게양코 만세고창				
	3월27일	東大門		電柱 4개처에 태극기 게양				
		崇仁洞		八角亭에 태극기 게양				
		樓下洞	300	만세시위				
		竹林洞	다수	시위			2	
		金鷄洞	다수	산꼭대기에 봉화 만세고창				
		臥龍洞	다수	경관파출소 습격, 기물파괴				
		齋洞	다수	경관파출소 습격, 기물파괴				
		光化門	300	전차습격, 파괴				
		鍾路1丁目	수백	2차에 걸쳐 전차습격, 파괴			8	
		파고다公園	다수	전차에 투석, 일부파괴				
		龍山	수백	2개처에서 각각 시위				
		黃土峴	다수	전차에 투석, 파괴				
		鍾路四丁目	다수	전차에 투석				
		獨立門 앞	1,000	만세시위				
		鐵物橋	다수	만세고창후 전차에 투석 일부파괴				
		紅把洞	다수	1. 아동중심 2. 만세시위				
		社稷洞	다수	만세고창				

군명	일시	장소	인원	운동상황	피해상황			비고
					사망	부상	체포	
경성	3월 27일	東大門밖	불명	시위 폭동		약간		
		仁旺山	불명	만세고창				
		西大門밖	다수	시위 폭동		다수	20	
	4월23일	1個所	5	만세시위				
	3월~5월	57回	570,000		5	692	12,000	
인천	3월 9일	府內	300	만세시위		약간		
	3월30일	〃		閉市始作				
	4월 1일	外里	20	시위				
	3월 5월	8回	9,000				15	
고양	3월23일	往十里	150	시위				일병출동 6
		孔德里	100	시위				
		合井里	30	시위				
		水色	300	시위				
		磔磻峴	300	시위				
		敦岩里	100	시위				
	3월24일	磔磻峴	200	피고인 탈환코자 시위폭행		약간		
		幸州	800	시위				
		陵內	500	시위				
		大漢江里	200	시위				
		一山	160	시위				
	3월25일	德耳里	300	시위				
		서빙고리	불명	학생들이 檄文을 배부하다가 제지됨				
	3월26일	一山	500	시위, 면사무소 습격				
		蠹島	2,000	1. 농민 2. 면사무소 습격폭행	1	6		1. 발포 2. 일병출동 25
		安甘里	200	시위				일병출동 5
		山城里	200	시위				
	3월27일	敦岩里	50	시위				
		安甘里	500	시위				
		大北里	150	시위			약간	
		山城里	500	시위			약간	
		淸凉里	500	시위				
	3월~5월	19回	2,500		3		158	

군명	일시	장소	인원	운동상황	피해상황			비고
					사망	부상	체포	
부천	3월24일	場基里	600	시위		△3		발포
		桂陽	100	면사무소 습격, 파괴	1	4	2	발포
		桂南	불명	면사무소 습격, 파괴				
	3월25일	桂陽	300	1. 농민 2. 면사무소 습격				발포
	3월26일	東陽里	100	시위				
	3월27일	文鶴	불명	시위				
	3월28일	南洞	400	시위				
		梧柳洞	150	시위				
	4월 2일	蛇川場	80	시위				발포
	4월 6일	靈興	50	시위				
	4월 7일	靈興	100	시위				
부평	3월~5월	6회	950			52	98	
시흥	3월 7일	邑內	불명	보통학교학생 만세고창후 동맹휴학				
	3월23일	楊津里	300	시위				
		洞山洞	150	시위				
		堂山里	400	시위				
		鷺梁津	200	시위				
		楊坪里	200	시위				
		永登浦	600	시위				일병출동 14
	3월25일	蠶室里	80	시위				
	3월26일	良才里	200	시위				
	3월28일	永登浦	400	시위				일병출동 4
		元泉寺	300	시위, 경찰주재소 습격				일병출동 약간
	3월29일	注岩里	100	시위				
		長谷里	100	시위				일병출동 3
		寬溪里	150	시위				
		新吉里	100	시위				
		博達里	80	시위				
		安養里	300	시위				
		九老里	100	시위				
	3월30일	邑內	2,000	시위				
		秀岩面	2,000	시위				

군명	일시	장소	인원	운동상황	피해상황			비고
					사망	부상	체포	
시흥	3월31일	南面	2,000	만세시위후 주재소 습격				발포
		君子面	다수	면사무소 주재소 습격				
	4월 3일	永登浦	1,000	1. 불상 2. 시위				1. 발포 2. 일병 출동 7
	3월~5월	6回	1,950				37	
수원	3월23일	西湖	700	시위				
	3월25일	烏山 邑內	불명 20	1. 보통학교졸업자 및 기독교 천도교 2. 금융조합 일본인 중국인 가옥 파괴 시위		△3	6	1. 발포 2. 일병 출동 약간
	3월26일	松山面	100	폭동				발포
	3월27일	〃	불명	시위				
		邑內		기생시위				
		台章面		시위				
		安龍面		시위				
	3월28일	砂江里	700	1. 농민 2. 시위, 폭행		1		1. 발포(野口死) 2. 일병 출동 4
	3월31일	邑內	불명	시위				
		烏山	불명	시위				
		發安場	1,000	1. 不詳 2. 시위		△3		1. 발포 2. 일병 출동 5
		吉川	800	시위				일병출동 5
		餠店	300	시위				
		軍浦場	2,000	시위				
	4월 1일	半月面	불명	시위				
	4월 3일	雨汀面	2,500	1. 不詳 2. 長安面 및 雨汀面 면사무소, 花樹里 경관주재소 습격코 일부파괴, 서류 全燒	1	△5		발포
	4월15일	堤岩里	400	1. 不詳 2. 시위	32	약간		1. 발포 2. 기독교 천도교 會堂 소실
	3월~5월	27回	2,200		996	889	1,365	
진위	3월11일	平澤	불명	1. 보교생도 2. 시위				

군명	일시	장소	인원	운동상황	피해상황			비고
					사망	부상	체포	
진위	4월 1일	〃	300	시위	10			발포
	4월 3일	平澤	3,000	시위, 폭행	1	4		발포
	4월10일	數個所	불명	폭동	△ 약간			
	4월10일	金岩里	40	시위, 폭행	약간			
평택	3월~5월	8回	5,000			74	250	
	3월~5월	7回	800		64	100	7	
안성	3월11일	邑內	50	시위				
	3월30일	〃	500	군청에 殺到				
	3월31일	〃	3,000	군청 면사무소 습격, 파괴 등불행렬			약간	일병출동 6
		陽城	2,000	경관주재소 습격방화, 우편국, 면사무소 파괴, 전선절단	△ 약간			일병출동 9
	4월 1일	邑內	500	시위	2			발포
		元谷面	불명	면사무소 습격, 방화 전소됨				
	4월 2일	華山	4,500	시위, 폭행	5	9		발포
		竹山	2,000	시위, 폭동	3	8		1. 발포 2. 일병출동 4
	4월 3일	二竹面	300	시위		△7		발포
	3월~5월	13回	1,800		51	50	300	
죽산	3월~5월	6回	3,000		25	160		
용인	3월29일	內谷里	100	시위				
	3월30일	邑內	2,000	시위, 폭행	2			발포
		器興面	300	시위				
		水枝面	1,500	시위				발포
	3월31일	沙岩里	300	시위				
		松田里	200	시위				
		外四面	3,000	면사무소 헌병주재소 습격	1	약간		발포
	4월 2일	遠三面	500	시위				발포
		南谷里	100	시위				
	3월~5월	13回	13,200		35	139	500	
이천	3월31일	午川里	1,000	시위		△24		
	4월 1일	水廣里	300	시위				
		午川里	350	헌병분견소 습격	△ 약간			

군명	일시	장소	인원	운동상황	피해상황			비고
					사망	부상	체포	
이천	4월 2일	邑內	300	시위, 폭행		△7		발포
		德坪里	300	시위		△10		발포
	4월 3일	數個所	불명	시위				
	4월 4일	白足山	100	시위, 폭행				발포
	3월~5월	7回	2,300		80	87	62	
김포	3월22일	郡下里	400	만세시위		약간		주모자 朴容義(京畿聖書學院女性徒)
	3월22일	通津	400	시위				일병출동 13
	3월23일	陽村洞	150	시위				
		楊花串	100	시위				
		陽谷	2,000	1. 농민 2. 2회에 걸쳐 면사무소 및 주재소 습격			60	1. 발포 2. 일병출동 13
	3월24일	邑內	130	시위				
	3월26일	坎井里	23	시위				
	3월~5월	12回	15,000			120	200	
강화	3월13일	邑內	불명	만세고창				
	3월18일	〃	20,000	군청에 殺到, 경찰서 습격하여 被囚人 放還				일병출동 40
	3월19일	溫水里	불명	1. 천도교 기독교도중심 2. 시위				일병출동 40
	3월22일	喬桐	100	시위				주모 趙龜元(기독교학교교원)
	3월27일	邑內	2,000	시위 면사무소 습격폭행		1		
	3월29일	月串里	100	시위				
	4월 1일	陽五	100	시위				
	4월 8일	冷井里	100	시위		△2		
		仁山里	100	시위				
		9個所	각 100	산정상에 봉화 만세고창		2		
	4월 2일	吉亭里	150	시위				
	4월13일	斗雲里	50	시위				
	3월~5월	2回	400		7	51		

군명	일시	장소	인원	운동상황	피해상황			비고
					사망	부상	체포	
파주	3월26일	汶山里	500	시위		△2		
		邑內	50	시위				
		廣灘里	50	시위				
		3個所	500	1. 농민 2. 일본인 가옥에 투석, 폭행				
	3월27일	交河	2,200	시위, 폭행		△1		발포
		靑石面	300	면사무소 습격, 폭행				
	3월28일	奉日川	3,000	1. 농민 2. 헌병대 습격	3	3		발포
	3월30일	廣灘里	2,000	헌병대주재소 습격 被囚人 일시 방환			약간	
		泉峴	불명	시위			약간	
	3월~5월	7回	3,000			71	212	
개성	3월 3일	邑內	2,750	1. 기독교학교생 중심 2. 경관주재소 습격				일병출동 27
	3월 4일	〃	750	1. 韓英書院 생도중심 2. 시위				
	3월 5일	〃	불명	시위				
	3월 6일	〃	1,000	留置人 탈환코자 경찰서 습격		△1		
	3월 7일	〃	불명	시위				
	3월30일	東面	600	시위		△		
	3월31일	廣德面	1,300	면사무소 습격		약간 △		
	4월 1일	豊德	1,000	헌병주재소 습격		약간	10	발포
	4월 2일	邑內	300	시위			약간	
	4월 3일	〃	70	시위				일병출동 27
	4월 5일	鉢松里	200	시위				
		兩合里	200	시위				
		煙霞里	40	시위		△		일병출동 7
	4월 6일	兩合里	1,000	시위		약간		발포
	3월~5월	28回	3,800			140	76	
포천	3월29일	茂峰里	1,000	시위				
		佐茂里	200	시위				
		新北面	1,000	시위				

군명	일시	장소	인원	운동상황	피해상황			비고
					사망	부상	체포	
포천	3월30일	〃	2,000	시위 폭행	3	약간		발포
		松隅里	2,000	주재소 습격				발포
		永平	1,000	1. 농민 2. 면사무소 헌병대 습격				
	4월 3일	蘆谷里	400	시위				
	3월~5월	4回	1,000					
연천	3월21일	邑內	100	시위				
		白鶴面	不明	면사무소 습격				
연천	3월22일	邑內	300	시위		△1		발포
		麻田	300	1. 농민 2. 면사무소 경관주재소 습격파괴	1	수명	22	발포
	3월27일	中面	不明	시위				
		郡內面	〃	시위				
		西南面	〃	시위				
		北面	〃	시위	3	8		발포
	3월30일	旺登面	300	시위		△9		발포
	4월 1일	客峴	300	시위				
		嶺斤	300	1. 기독교도 2. 면사무소 습격				
	4월 4일	朔寧	600	시위, 폭행	1	약간	9	발포
	4월10일	射亭里	600	시위				
	3월~5월	3回	1,200		12	48		
삭녕	3월~5월	7回	2,500		12	110	150	
광주	3월26일	松坡里	300	1. 농민 2. 면사무소 헌병출장소 습격				
		水西里	200	면사무소에 殺到				
		寺岩里	500	시위				
	3월27일	樂生面	600	시위				
		五浦面	1,500	1. 농민 2. 시위	6	10		발포
		中部面	300	면사무소 습격				
		東部面	300	면사무소 습격				
		西部面	1,000	면사무소 습격	2	10		발포
	3월28일	邑內	2,000	1. 농민 2. 군청 습격	7	9		발포
	3월~5월	21回	7,500					

군명	일시	장소	인원	운동상황	피해상황			비고
					사망	부상	체포	
양평	3월10일	汶湖	200	1. 농민 2. 시위				
	3월24일	邑內	1,000	시위				
	3월31일	廣灘里	2,000	헌병주재소 습격 留置人 방환				
	4월 1일	〃	不明	시위				
	4월 3일	邑內	4,000	시위, 폭행	3	4		발포
	4월 4일	曲水	3,000	1. 농민 2. 주재소 습격	5	다수		발포
	4월 5일	石谷	3,000	시위				1. 발포 2. 일병출동 4
		文湖	300	시위				
		楊西	불명	시위				
	4월 7일	石谷	3,000	시위, 헌병주재소 습격				발포
	4월11일	曲水	50	시위, 폭행		△1		1. 발포 2. 일병출동 2
	3월~5월	4回	1,900		21	76	50	
양주	3월14일	平內里	150	시위				
	3월15일	德沼里	500	1. 기독교도 2. 시위		약간		발포
		廣積面	不明	1. 농민 2. 면사무소 습격	3			발포
	3월18일	磨石隅里	1,000	被囚人 탈환코자 헌병주재소 습격	4	6	5	발포
	3월26일	東豆里	1,300	시위				
	3월27일	鳳里	30	시위				
		長興面	800	시위				
	3월28일	佳納里	700	1. 농민 2. 시위	3	약간		발포
	3월29일	長興面	600	시위				발포
		倉洞	500	시위				
		金谷里	400	1. 농민 2. 시위, 폭행	1	3		발포
		退溪院	200	1. 농민 2. 시위				
?	3월30일	州內面	600	시위				
양성	3월~5월	7回	3,500		124	200	125	

군명	일시	장소	인원	운동상황	피해상황			비고
					사망	부상	체포	
가평	3월15일	沐洞里	800	시위				일병출동 14
	3월16일	〃	180	시위, 폭행				
		淸平川	불명	수개소에서 집합 만세고창				
	3월~5월	28回	3,200		23	30	25	
여주	4월 1일	三串里	401	留置人 탈환코자 헌병분대 습격			9	발포
		梨浦	3,000	헌병주재소 습격			10	발포
	4월 2일	北內面	200	시위				주모 道立農業학교 생도
		數個所	불명	헌병분대 습격			27	
		邑內	1,000	시위, 폭동		20	10	
		數個所	불명	시위				
	3월~5월	2回	1,000		26	125		
長湍	3월24일	臣谷里	200	만세고창				
	3월26일	津南面	150	1. 사립학교생도중심 2. 시위 면사무소 습격				
		郡內面	불명	시위				
	3월29일	津西面	수백	면사무소 습격				
	3월31일	長道面	수백	면사무소 습격코 태극기 게양				
	4월 1일	大南	300	시위				
		九化場	1,500	면사무소 습격방화		△11		일헌병출동 약간
		津東面	2,000	시위 군청에 殺到				
		江上面	2,000	1. 농민 2. 시위	1	3		발포
	3월~5월	2回	700					

충청북도운동일람

군명	일시	장소	인원	운동상황	피해상황			비고
					사망	부상	체포	
영동	3월25일	鶴山	300	1. 시위 2. 경관주재소 습격, 일부파괴				
	3월29일	〃	300	1. 부역민과 농민 2. 경관주재소 습격, 기물파괴				
	4월 2일	梅谷	100	추풍령헌병대 앞에서 시위			11	
	4월 3일	槐木	200	경관주재소 습격				
		鶴山	300	1. 농민 2. 경관주재소 면사무소 습격 파괴		△10		1. 발포 2. 일병출동 5
	4월 4일	邑内	2,000	1. 농민 2. 시위	6	8		발포
		梅谷	300	시위, 폭행			2	
	4월 6일	秋風嶺	300	시위			4	
	3월~5월	2回	1,000		25	47		
옥천	3월27일	伊院	700	1. 농민 2. 헌병주재소 습격, 폭행	1	5		발포
	4월 2일	青山	500	시위				
	4월 3일	〃	1,000	1. 농민 2. 시위	5			발포
	4월 8일	梧洞	50	시위				
	3월~5월	7回	4,700		40	92	48	
보은	4월 3일	梨息里	100	시위				
	4월 8일	邑内	100	시위				일병출동 4
	4월11일	求仁里	100	시위				
	4월12일	畝西里	100	시위				
	4월13일	仙谷里	30	만세고창				
청주	3월21일	北一面	불명	천도교도 시위계획				閔元植 주동
	3월23일	江内 江外 玉山面	불명	수십개소에서 烽火, 만세고창				
	3월30일	米院	1,000	헌병주재소 습격	1	3	12	1. 발포 2. 일병출동 7
	3월31일	芙江	불명	시위				
		琅城	불명	야간에 면사무소 습격				

군명	일시	장소	인원	운동상황	피해상황			비고
					사망	부상	체포	
청주	4월 1일	邑梧倉江外芙蓉面	불명	산정상의 수십개소에서 봉화 만세고창				
		米院	300	1. 천도교도중심 2. 산상에서 만세고창		약간		
	4월 2일	邑內	500	산정상에서 봉화, 2회에 걸쳐 경찰서에 殺到	1	약간	8	발포
	4월 6일	交義	1,300	시위				일병출동 8
	3월~5월	7回	5,000				20	
괴산	3월19일	邑內	600	1. 학생 및 농민 2. 시위			20	1. 일병출동 12 2. 洪命憲 주동
	3월24일	〃	700	경찰서, 군청, 우체국 습격			4	1. 일병출동 약간 2. 具昌會(면서기)주동
	3월29일	〃	1,500	1. 불상 2. 시위				일병출동 15
	3월30일	清安	3,000	1. 불상 2. 경관주재소 습격, 전선절단 기물파괴	6	2		1. 발포 2. 일병출동 7
	4월 1일	青川	3,000	수차에 걸쳐 주재소 습격			12	일병출동 12
		邑內	1,000	시위				
	4월 2일	長延	400	1. 농민 2. 면사무소 습격, 서류 파손				
	4월 3일	沼壽面	300	주재소 습격				
		七星面	40	시위				
	4월10일	光德里	300	군대초소 습격		△1		일병출동 1
	3월~5월	6回	6,000					
제천	4월17일	邑內	1,000	3회 시위, 경찰서 습격	2	2	다수	1. 발포 2. 일병출동 15
	4월19일	松鶴面	50	시위				
	3월~5월	7回	2,900		16	25	41	
음성	3월28일	邑	불명	1. 서당생도 2. 시위			4	
	4월 1일	蘇伊面	1,000	1. 양반주동 2. 경관주재소 침입 폭행	12	40	11	1. 발포 2. 일병출동 4
		大所面	1,000	2회에 걸쳐 면사무소 주재소 습격, 기물파괴	6	다수		발포

군명	일시	장소	인원	운동상황	피해상황			비고
					사망	부상	체포	
음성	4월 2일	三成面	600	면사무소 습격, 파괴				
	4월 3일	孟洞面	불명	봉화 시위				
	4월 4일	長湖院	2,000	시위				
	4월 5일	〃	3,000	시위				발포
	4월 6일	邑內	500	시위				
	3월~5월	6回	2,000		6	10		
진천	4월 2일	石峴	500	헌병주재소 습격	1	1		발포
		長楊里	200	봉화를 올리고 헌병주재소 습격				발포
		廣惠院	500	주재소 면사무소 습격			약간	
	4월 3일	〃	600	시위, 폭행	4	7	4	1. 발포 2. 주모 尹炳漢
	3월~5월	3回	900					
충주	4월 1일	薪尼面	200	1. 龍明書堂 학동 중심 2. 시위			4	
	3월~5월	6回	3,250		12	36	48	

충청남도운동일람

군명	일시	장소	인원	운동상황	피해상황			비고
					사망	부상	체포	
공주	3월11일	邑內	불명	시위				
	3월14일	維鳩	500	1. 천도교도중심 2. 경관주재소에 침입하여 폭행				발포
	3월15일	읍내	300	시위				일병출동 6
		〃	불명	1. 英明학교 남녀생도중심 2. 시위			4	
	4월 1일	道溪	100	시위			7	
		廣亭	600	1. 불상 2. 만세후 시위	1	9	13	1. 발포 2. 일병출동 5
	4월 2일	雙新里	200	산정상에서 만세시위	1	수명		
	4월 3일	灘川	1,500	만세시위				
		敬天	1,000	만세시위				
	3월~5월	12回	14,000		42	80	4,020	
연기	3월13일	全義	150	시위				일병출동 20
	3월26일	東面	불명	봉화후 만세고창				
	3월27일	禮養里	400	6개소에서 봉화 시위			8	
	3월30일	鳥致院	1,500	봉화 시위			40	
	4월 1일	大平	다수	시위				
	4월 2일	〃	300	시위				
	4월 3일	南面	100	시위				
조치원	3월~5월	7回	2,800		7			
연기		5回	1,200		22			
전의		3回	1,000		25			
대전	3월12일	邑內	불명	1. 천도교도 중심 2. 주모자 검거로 제지됨				
	3월16일	儒城	300	시위				
	3월27일	邑內	200	시위			5	
	3월29일	佳水院	400	시위				일병출동 6
	3월31일	儒城	200	시위, 폭행		4		1. 발포 2. 일병출동 16
	4월 1일	邑內	400	시위	2	8		발포
		馳馬	30	만세고창				

군명	일시	장소	인원	운동상황	피해상황			비고
					사망	부상	체포	
대전	4월 1일	儒城	70	헌병분견소 습격		△5		1. 발포 2. 일병출동 10
	3월~5월	7回	3,000		38	82	40	
논산	3월10일	江景	500	시위			20	
	3월20일	〃	6	농민 5·6명이 玉女峰에서 구한국기를 翳하고 만세고창				
	4월 1일	豆溪	1,000	시위			약간	
	4월 3일	邑內	700	시위				
		泉洞里	200	시위				
		魯城	2,000	폭행		△ 약간		일병출동 7
	4월 4일	江景	500	경관주재소 습격	3	1		발포
	4월 12일	汗三川里	300	시위				1. 발포 2. 일병출동 5
	3월~5월	3回	5,000		31	152	22	
부여	3월 7일	邑內	수십	1. 불상 2. 시위			8	
	3월~5월	4回	3,000					
보령	3월~5월	7回	6,000		2	13	50	
사천	3월29일	新場里(邑內)	2,000	1. 농민 2. 유치자 탈환코 폭행		△ 약간		발포
홍성	4월 4일	邑內	다수	시위		△2		발포
	4월 7일	長谷里	500	면사무소 습격, 폭행		2	11	1. 발포 2. 일병출동 2
	4월 8일	上村里	60	시위				
		1個所	불명	시위				
	3월~5월	10回	3,200		29	148	65	
청양	4월 5일	安心里	1,000	1. 불상 2. 시위		△6		1. 발포 2. 일병출동 6
		山亭里	30	시위				
		定山	700	시위		△2		발포
	4월 6일	雲谷	600	시위, 폭행				발포
	4월 7일	瓦村里	500	시위, 폭행				발포
	4월 8일	飛鳳面	600	시위				1. 발포 2. 2개소에서 발생
	3월~5월	5回	3,400		119	36	65	

군명	일시	장소	인원	운동상황	피해상황			비고
					사망	부상	체포	
서산	3월27일	邑內	불명	시위			약간	
	4월 4일	天宜	900	경관주재소 습격 폭행, 기물파괴				일병출동 5
	4월 8일	調琴里	300	시위 폭동		△약간		발포
		松田里	300	시위 폭동		△2		
		壽堂里	300	시위 폭동	2	3		1. 발포 2. 일병출동 2
		1個所	300	시위 폭동				
	4월10일	富長里	50	시위	1	4		발포
		葛山里	100	시위		△3		
	3월~5월	17回	20,000		8	21	25	
당진	4월 4일	邑內	불명	봉화 만세고창				
예산	3월 3일	邑內	불명	시위			5	
	3월13일	大興	300	시위				
	3월31일	邑內	50	시위				
	4월 3일	木川	1,000	留置人 탈환코자 경무서 습격		△2		일병출동 7
		新禮院	300	산정상에서 봉화 올리고 만세고창				
	4월 4일	德山	700	유치인 탈환을 기도				발포
		光時面	4,000	면사무소 습격, 폭행		△약간		발포
	4월 5일	邑內	2,000	시위 폭동		3	35	발포
	3월~5월	6回	3,000		46	167	550	
아산	3월12일	溫陽	200	시위				
	3월14일	〃	200	시위				발포
	3월15일	〃	100	시위				일병출동 10
	3월31일	溫井	2,500	수개소에서 햇불을 들고 시위폭행				1. 발포 2. 일병출동 17
	4월 2일	新昌	다수	헌병주재소 면사무소 보통학교 습격코 기물파괴				일병출동 4
	4월 3일	舊邑	다수	시위, 폭행				
	4월 4일	仙掌	200	시위		△8		발포
	3월~5월	13回	22,800		40	29	50	
천안	3월14일	木川	300	시위				발포
	3월20일	笠場	70	1. 良倍私立女塾생도 및 광부중심 2. 시위				일병출동 12

군명	일시	장소	인원	운동상황	피해상황			비고
					사망	부상	체포	
천안	3월28일	〃	200	稷山금광광부가 헌병주재소 습격 폭행	6	3		
	3월29일	邑內	3,000	시위, 폭행			26	
	3월30일	豊西里	300	시위 부근산에 봉화를 20개소나 올리고 일부는 시장까지 와서 시위				
		笠場	300	시위				1. 발포 2. 일병출동 16
	4월 1일	並川	3,000	1. 유관순사건 2. 헌병주재소 면사무소 습격	14	다수		1. 발포 2. 일병출동 약간
	3월~5월	11回	6,400		82	70	189	

강원도운동일람

군명	일시	장소	인원	운동상황	피해상황			비고
					사망	부상	체포	
이천	4월 4일	枝下里	5	1. 천도교도 2. 만세시위			5	
	4월 5일	〃	60	1. 천도교도중심 2. 헌병주재소 습격, 폭행	5			1. 발포 2. 일병출동 약간
	4월 7일	邑內	60	1. 천도교도중심 2. 헌병분견소 습격			2	발포
	4월10일	〃	200	1. 천도교도중심 2. 시위				
	3월~5월	2回	3,000		3	10	120	
간성	4월18일	邑內	불명	1. 보교생도 2. 만세고창				
	3월~5월	4回	1,200		13	48	57	
금화	3월 3일	邑內		선언서 배포				
		金城		선언서 배포				
	3월12일	靑陽里	1,000	만세고창				
	3월28일	昌道	500	1. 기독교도 및 농민 2. 헌병주재소와 우편서 습격				
	3월29일	〃	500	1. 기독교도 및 농민, 상민 2. 헌병주재소 및 우편서 습격		△8		발포
	4월 4일	下所里	300	1. 지방양반 및 농민 2. 시위				
	3월~5월	2回	500					
철원	3월 4일	邑內		선언서 배부				
	3월10일	〃	1,000	1. 농민 2. 시위				
	3월11일	〃	700	1. 보교생도중심 2. 시위			11	
	3월12일	芝浦	800	1. 농민 2. 시위				
	4월 8일	乃文面	800	1. 천도교도중심 2. 면사무소 습격, 폭행				발포
	3월~5월	7回	70,000		12	20	937	
울진	4월10일	梅化里	8	1. 농민 2. 만세시위				

군명	일시	장소	인원	운동상황	피해상황			비고
					사망	부상	체포	
울진	4월11일	梅化里	30	1. 농민 2. 만세고창			10	
	4월13일	富邱里	70	시위				발포
	3월~5월	2回	600		7	15	36	
춘천	3월28일	邑內	5	1. 천도교도 2. 만세운동 개시하려다 제지됨				
홍천	4월 1일	邑內	200	1. 천도교도 2. 시위				
	4월 1일	北方面	불명	1. 천도교도 2. 시위				
	4월 2일	邑內	200	1. 천도교도 2. 시위				
		物傑里	800	1. 불상 2. 면사무소 습격		△9		발포
	4월 3일	城壽里	800	1. 농민 2. 시위				
		道寬里	400	1. 불상 2. 시위, 폭행	7	2		발포
	4월11일	〃	15	시위				
횡성	3월27일	邑內	300	1. 천도교도 중심 2. 만세고창			8	일병출동 7
	4월 1일	〃	1,300	1. 천도교도 중심 2. 2회에 걸쳐 관공서습격 상점가 파괴	2	다수		발포
	4월 2일	〃	500	1. 불상 2. 주재소 습격				
	4월13일	書院面	70	시위				
원주	3월27일	富論面	8	1. 서당생도 2. 만세고창				
	4월 3일	邑內	100	시위				
	4월 5일	所草	100	만세고창				
	4월 7일	貴來面	100	시위				
	4월 8일	建登面	200	1. 기독교도 및 양반 2. 산정상에서 봉화코 만세고창				일병출동 약간
		地正面	60	1. 농민 2. 시위				
	4월 9일	興業面	200	2회에 걸쳐 시위			11	일병출동 약간
		雲南面	60	시위				일병출동 약간

군명	일시	장소	인원	운동상황	피해상황			비고
					사망	부상	체포	
평창	4월 4일	大和	불명	場市日을 이용 거사코자 하다가 제지, 선언서 및 구한국기 압수됨				
영월	4월21일	金馬里	70	군수를 협박				
정선	4월 7일	橫溪里	130	시위, 폭행		△ 약간		일병출동 약간
	3월~5월	6回	1,200			12		
삼척	4월15일	邑內	400	1. 보교생도 및 천도교도 2. 만세시위			9	
강릉	4월 1일	邑內	불명	1. 청년 및 학생 2. 만세시위				
	4월 2일	〃	50	1. 기독교도 및 농민 2. 시위				
	4월 4일	〃	80	1. 농민 2. 시위				
	4월 7일	〃	200	1. 농민 2. 시위				
	3월~5월	2回	8,000			82	57	
양양	4월 4일	邑內	1,100	1. 기독교도중심 2. 시위		△3		발포
	4월 5일	〃	600	1. 양반주동 2. 시위				
		沕淄	500	1. 기독교도 및 어부 2. 시위				
	4월 5일	巽陽	300	1. 양반중심 2. 만세고창				
	4월 6일	邑內	1,300	1. 기독교도 및 천도교도 2. 시위			7	
	4월 7일	〃	300	1. 농민 2. 시위				
	4월 8일	車馬里	200	1. 농민 및 어부 2. 시위				
	4월 9일	其土門	600	1. 기독교도 중심 2. 시위폭행경관 주재소습격 폭행	9	약간		1. 발포 2. 일병출동 5
		西面	400	1. 농민 2. 시위				
	3월~5월	8回	2,000		30	76		
통천	4월 3일	長前	45	1. 기독교도 2. 시위 폭행			15	일병출동 10

부록 343

군명	일시	장소	인원	운동상황	피해상황			비고
					사망	부상	체포	
통천	4월 5일	庫底	20	1. 노동자 및 서당생도 2. 시위				
	4월 6일	〃	1,300	1. 노동자 및 농민 2. 경관주재소 면사무소 우편서 습격 폭행		△2		1. 발포 2. 일병출동 6
	4월 7일	〃	200	면사무소 습격 폭행		4		발포
	4월 9일	邑內	불명	1. 보통생도 2. 시위			8	
	3월~5월	4回	5,700		52	232		
장전	3월~5월	7回	2,500		8	72		
준양	4월15일	下北面	200	시위				
	4월16일	邑內	200	1. 천도교도 2. 시위			29	
평강	3월2일	邑內		선언서 貼付				
	3월30일	〃	불명	시위				일병출동 약간
	4월 5일	〃	400	시위				일병출동 5
	4월 7일	〃	400	1. 천도교도 및 농민 2. 시위				일병출동 약간
		白龍里	160	시위				
		福溪里	100	1. 천도교도 및 농민 2. 시위				일병출동 약간
		1個所	100	시위				일병출동 약간
	3월~5월	2回	1,500		15	40		
화천	3월 4일	邑內		선언서 배부				
	3월23일	〃	60	1. 천도교도 및 농민 2. 시위			3	일병출동 5
	3월28일	上西面	2,000	1. 천도교도 및 농민 2. 면사무소 습격, 폭행	4	3		1. 발포 2. 일병출동 10
	3월~5월	3回	750				3	
양구	4월 3일	龍湖里	다수	1. 천도교도 2. 시위, 폭행			15	
인제	3월~5월	8回	2,560					

경상북도운동일람

군명	일시	장소	인원	운동상황	피해상황			비고
					사망	부상	체포	
대구	3월 8일	府內	800	1. 高普생도 기독교도 천도교도 2. 시위			다수	1. 일병출동 약간 2. 수차시위발생
	3월 9일	〃	4,500	1. 각학교생도중심 2. 시위				기독교장노가 주동
	3월10일	〃	200	시위			60	
	3월30일	〃	불명	주요상점을 협박하여 폐점시킴				
	3월~5월	4回	23,000		212	870	3,270	
달성	4월28일	公山面	8	만세고창				
	3월~5월	2回	500		7	46	26	
영천	3월26일	琴韶洞	100	시위		△3		1. 발포 2. 일병출동 3
	4월 6일	新寧	17	시위				일병출동 4
	4월 8일	〃	50	시위				
	3월~5월	3回	1,800		4	12	17	
경주	3월13일	邑內	100	시위				
	3월~5월	3回	1,700			67	80	
영일	3월11일	浦項		독립선언서 첩부				
	3월22일	淸河	21	시위			21	
영일	3월~5월	7回	2,400		40	330	280	
청하	3월~5월	2回	500			50	40	
영덕	3월18일	邑內	100	시위			20	
		寧海	2,000	1. 기독교도 중심 2. 주재소, 우편국, 학교 등 습격 파괴			수백	일병출동 22
		柄谷	400	1. 기독교도중심 2. 경관주재소 면사무소 습격 폭행			수십	
	3월19일	寧海	700	1. 기독교도 중심 2. 시위		△약간	다수	1. 발포 2. 일병출동 21
	3월20일	蒼水	200	1. 양반 및 기독교도 중심 2. 경관주재소 습격, 기물파괴			다수	일병출동 6
	4월 4일	南亭里	100	시위				
	3월~5월	2回	1,000		12			

군명	일시	장소	인원	운동상황	피해상황			비고
					사망	부상	체포	
영해	3월~5월	8回	1,200		19			
영양	3월24일	靑把里	400	1. 폭민 2. 면사무소 습격폭행				일병출동 10
	3월25일	邑內	200	1. 폭민 2. 시위				일병출동 10
청송	3월24일	眞寶	200	시위				
	3월28일	和睦	500	1. 불상 2. 시위			△ 약간	발포
안동	3월16일	禮安	불명	시위				일보병출동 약간
	3월17일	〃	1,500	1. 기독교도중심 2.		4	20	일보병출동 약간
	3월18일	邑內	100	시위		△2		
	3월19일	〃	2,000	1. 기독교도중심 2. 군청 재판소 경찰서 등에 투석		2		
	3월21일	鞭巷	500	1. 기독교도중심 2. 경관주재소 습격, 건물파괴 코 무기전부를 탈취				
		新德	100	1. 폭민 2. 경관주재소 습격폭행				1. 발포 2. 일병출동 약간
	3월22일	鞭巷	500	1. 기독교도중심 2. 시위				
		新德	400	1. 기독교도중심 2. 경무주재소 습격, 청사 가구, 서류 등 전파			8	일병출동 약간
	3월22일	泉旨	200	경관주재소 습격				발포
		望湖	150	경관주재소 습격				
		禮安	2,000	1. 기독교도중심 2. 경관주재소 습격		△ 약간		발포
	3월23일	邑內	2,000	1. 기독교도중심 2. 시위 폭동	14	10		발포
	3월24일	豊山	불명	1. 농민 2. 시위				일병출동 약간
안동	3월~5월	9回	5,400		335	610	340	
예안	3월~5월	5回	1,700		29	57		
의성	3월11일	比安	100	시위				
	3월16일	〃	100	시위				

군명	일시	장소	인원	운동상황	피해상황			비고
					사망	부상	체포	
의성	3월18일	邑內	20	만세고창				
	3월19일	桃里	1,000	1. 불상 2. 경관주재소 습격 폭행	2	3		발포
		安平	1,000	1. 불상 2. 시위				일병출동 27
	3월~5월	12回	7,400		230	295	250	
칠곡	3월13일	邑內	60	시위				
		仁同	60	시위				
	3월~5월	2回	500		37		23	
김천	3월11일	邑內	70	1. 기독교도 2. 시위			7	
	3월24일	〃	20	시위				
	4월 6일	開寧	30	시위				
	3월~5월	2回	500			20	56	
상주	3월23일	邑內	800	시위				
	4월 8일	雲工里	80	시위				일병출동 8
	4월 9일	中伐	100	시위			15	일헌병출동 약간
	3월~5월	4回	2,300		17	213	396	
예천	4월 3일	金谷	100	폭동		△ 약간		
	4월 6일	憂忘里	50	시위		4		일병출동 2
	3월~5월	3回	1,700		58	190	57	
영주	4월 4일	殷山		만세운동계획중 발견되어 주모피체				
	4월 9일	豊基	20	시위				일병출동 7
	4월11일	長壽面	5	시위				
봉화	3월18일	邑內		구한국기를 예하고 시위운동을 하려다가 제지됨				
	4월 5일	西碧里	3	시위				
	3월~5월	2回	300			34	24	
문경	4월15일	葛坪	40	시위				
	3월~5월	2回	1,000		3	33	50	
성주	4월 2일	邑內	760	1. 불상 2. 2회에 걸쳐 시위 폭행	1	약간	16	1. 발포 2. 일병출동 15

군명	일시	장소	인원	운동상황	사망	부상	체포	비고
성주	4월 3일	邑內	100	1. 불상 2. 폭동	△ 약간			일병출동 15
		碧珍面	다수	시위 폭행	△ 약간			
	3월~5월	2回	1,400			10	30	
청도	4월12일	長淵洞	100	시위				
	3월~5월	2回	1,500		120	120	30	
선산	4월 3일	海平	다수	폭동	△ 약간			
	4월 8일	林穩洞	300	시위				
	4월12일	邑內	30	시위				
	3월~5월	2回	778		33	143	34	
고령	3월~5월	7回	3,800		50	126	40	
경산	3월~5월	8回	3,000			50	30	

경상남도운동일람

군명	일시	장소	인원	운동상황	피해상황			비고
					사망	부상	체포	
부산	3월 3일	府內		선언서 배포				
	3월11일	釜山鎭	100	1. 日新女學校생도 2. 시위 10분후 해산			다수	피검자중에 영국 부인선교사 2인 있음
	4월 3일	〃	100	1. 기독교도 2. 시위			10	
	4월 8일	府內	불명	1. 각학교생도 2. 시위				
	3월~5월	5回	2,000		24		3,814	
마산	3월 3일	府內		선언서 배포				
	3월12일	〃		기독교학교 한국인교사 전원 辭職코 생도를 선동				
	3월21일	〃	2,000	1. 기독교를 중심으로 한 생도 2. 시위			50	
	4월 8일	〃	30	시위				
	4월23일	〃	불명	1. 마산보통학교생도 2. 교내에서 만세고창				
	4월24일	〃	〃	〃				
	4월25일	〃	〃	〃				
	3월~5월	4回	1,300		29	120	80	
울산	4월 2일	彦陽	2,000	1. 불상 2. 폭동	3	17	4	1. 발포 1개소 2. 일병출동 7
	4월 4일	下廂	100	1. 日進학교생도 2. 시위				1. 발포 2. 일병출동 5
	4월 5일	〃	800	1. 불상 2. 주모자압송중 이를 탈환코자 폭동		△10		1. 발포 2. 일병출동 5
	4월 8일	南倉	150	1. 불상 2. 시위				
	3월~5월	7回	5,000		38	128		
동래	3월13일	東萊	200	1. 기독교도 중심 2. 시위				
	3월18일	〃	50	1. 불상 2. 경찰서 내습후 해산				1. 발포 2. 일병출동 5
	3월29일	龜浦	2,000	1. 불상 2. 시위 폭행		△약간	5	1. 발포 2. 일병출동 9

군명	일시	장소	인원	운동상황	피해상황			비고
					사망	부상	체포	
동래	4월 5일	機張	300	시위				
	4월 8일	〃	70	만세고창				발포
	4월10일	〃	1,000	시위				〃
		佐川	500	1. 생도 및 노동자 2. 시위				〃
동래	3월~5월	4回	1,200		9	70	9	
기장	3월~5월	3回	1,500					
창녕	3월13일	靈山	300	1. 보통학교졸업생도 주동 2. 시위			5	
	3월14일	昌寧	불명	1. 불상 2. 시위				
	3월~5월	4回	1,000					
사천	3월21일	泗川	300	1. 불상 2. 시위				
	3월25일	三千浦	300	시위				
	3월26일	〃	150	1. 보통학교생도 중심 2. 시위				
	3월29일	〃	불명	1. 보통학교생도중심 2. 시위				
	4월 5일	金城	100	시위				
	4월13일	泗川	40	1. 도로수선인부 2. 시위		4	23	
	4월25일	〃	40					
	3월~5월	4回	3,000		120	380		
하동	3월18일	邑內	불명	면장이 태극기를 들고 독립연설				
	3월24일	〃	120	1. 보통학교생도 2. 시위		다수		
		安溪里	600	시위				
		古河里	600	1. 불상 2. 시위	2	8		발포
	3월28일	邑內	600					1. 발포 2. 일병출동 7
	3월29일	文岩	3,000	1. 불상 2. 시위				
		辰橋	800	1. 불상 2. 시위				

군명	일시	장소	인원	운동상황	피해상황			비고
					사망	부상	체포	
하동	3월30일	邑內	800	1. 불상 2. 시위				
	4월 6일	辰橋	700	1. 불상 2. 시위				
	4월 7일	船橋	700	1. 불상 2. 시위	2	9		1. 발포 2. 일병출동 13
	3월~5월	17回	12,000		17	95	50	
거창	3월20일	加西	불명	만세고창			4	
	3월22일	邑內	2,000	1. 불상 2. 헌병대 습격 폭행	1	1		1. 발포 2. 헌병사상자 있음
	4월 3일	南山里		만세운동계획중 未發				
	3월~5월	7回	1,800		20	120	200	
고성	3월30일	介川	500	1. 불상 2. 시위				
	4월 1일	邑內	60	1. 천도교도중심 2. 시위	1	7		
	3월~5월	3回	1,500		30	20	10	
통영	3월14일	邑內		1. 郡雇員 3인 면서기 4인 山林技手 1인이 수모 2. 사전 발각되어 선언서 352장 압수		8		
	3월18일	〃	다수	시위				
	3월28일	〃	150	시위				
	4월 2일	〃	3,000	1. 불상 2. 시위 폭동		약간	9	발포
통영	3월~5월	3回	1,200		21	36		
거제	3월~5월	6回	2,500					
함양	3월28일	邑內	2,000	1. 농민 2. 시위 폭행	△ 약간			1. 발포 2. 일병출동 약간
	3월31일	安義	1,000	시위				일병출동 20
	4월 2일	邑內	2,000	1. 불상 2. 헌병분견소 습격	4	10		발포
함양	3월~5월	3回	1,200		3	12	20	
안의	3월~5월	3回	불명		6	15		
합천	3월18일	三嘉	다수	시위				
	3월19일	邑內	200	1. 농민 2. 경찰서 습격	3	17		1. 발포 2. 일병출동 19

군명	일시	장소	인원	운동상황	피해상황			비고
					사망	부상	체포	
합천	3월 20일	〃	300	1. 농민 2. 피체인탈환을 목적으로 경찰서 습격		3		1. 발포 2. 일병출동 29
		倉里	3,000	1. 농민 2. 경관주재소 면사무소 습격 기물파괴				왜경2명 부상
	3월 21일	草溪	3,000	1. 농민 2. 경관주재소 우편서 습격 파괴	2	10		1. 발포 2. 일병출동 2
	3월 22일	邑內	불명	1. 농민 2. 경찰서 습격				
	3월 23일	三嘉	10,000	1. 농민 2. 면사무소에 방화 주재소 우편서 습격	5	20		1. 발포 2. 일병출동 불명
		栢山	3,000	1. 농민 2. 면사무소 주재소 습격				
	3월 31일	海印寺	150	1. 海印寺學校생도 및 승려 2. 만세고창				
	4월 3일	梅峰里	100	시위				
	4월 4일	伽倻面	200	시위				발포
	4월 10일	逑谷里	10	만세고창				
	4월 27일	班浦里	10	만세고창				
합천	3~5월	5回	4,800		160	518	290	
초계	3~5월	4回	1,200		12	21		
의령	3월 14일	邑內	1,000	1. 불상 2. 시위	10			
	3월 15일	〃	1,000	1. 면서기 자본가 등이 중심 2. 시위			약간	1. 발포 2. 일병출동 8
	3월 20일	七谷面	200	1. 불상 2. 면사무소 습격 폭행				
	3~5월	5回	2,020		20	30	20	
함안	3월 19일	邑內	1,800	1. 불상 2. 군청 등기소 주재소 우편소 보통학교 등 습격			60	1. 발포 2. 일병출동 21
	3월 20일	郡北	3,000	1. 불상 2. 경찰관주재소 우편서 습격	21	15		1. 발포 2. 일병출동 17
	3월 25일	漆原	다수	1. 보통학교생도 2. 시위				일보병약간명 출동
	4월 3일	〃	600	1. 불상 2. 경관주재소 습격				1. 발포 2. 日重포병출동

군명	일시	장소	인원	운동상황	피해상황			비고
					사망	부상	체포	
함안	3월~5월	6回	2,000		227	90		
산청	3월20일	邑內	500	시위				
	3월21일	一谷里	100	시위				
		丹城	800	1. 농민 2. 헌병주재소 습격		△7		1. 발포 2. 일병출동 불명
	3월22일	〃	불명	1. 농민 2. 시위	10	50		발포
	4월 3일	大浦里	600	1. 농민 2. 시위				
	3월~5월	4回	2,000		30	10	50	
창원	3월24일	鎭東	불명	만세고창				일중포병 약간출동
	3월25일	〃	〃	〃				〃
	3월28일	〃	300	〃				
		五西里	1,000	시위				
		古縣里	1,000	시위				일병출동 29
	4월 2일	邑內	5,000	시위				
		鎭東	2,000	주재소 우편서 습격 폭행	5	9		발포
	4월 3일	馬川	2,000	시위			32	
		五西里	2,000	시위	5	12		1. 발포 2. 일병출동 7
	4월11일	加德鎭	300	시위				
	4월29일	邑內	40	만세고창				
	3월~5월	4回	2,500		320	120	120	
진주	3월18일	邑內	3,000	시위			66	일병출동 약간
	3월19일	〃	5,500	시위 경찰서에 殺到			200	
		內坪里	100	시위				
	3월20일	邑內	600	경찰서에 살도				
	3월21일	〃	1,000	시위				
	3월25일	蘇文里	400	시위				
	4월 2일	邑內	30	만세고창				
	4월 3일	倉村	100	시위				
	4월 8일	邑內	불명	시위				일보병 약간 출동
	4월18일	〃	2,000	호송중인 피고인 탈환코자 폭행	1	1		발포

군명	일시	장소	인원	운동상황	피해상황 사망	피해상황 부상	피해상황 체포	비고
진주	3월~5월	17回	2,800		42	150	242	
김해	3월31일	進永	불명	시위			약간	
	4월 2일	邑內	100	시위			6	
	4월 3일	鳳林	200	시위				
	〃	進永	300	시위				
	4월 4일	鳳林	200	시위				
김해	4월 5일	進永	2,000	시위		△2		
	4월10일	中里	50	1. 私立東明學校생도 노동자 중심 2. 시위				
	4월11일	眞木里	30	만세고창				
	4월12일	茂溪里	2,000	헌병주재소 2회 습격	3	다수		1. 발포 2. 일병출동 5
	4월16일	二洞里	50	시위 폭행		1		1. 발포 2. 일병출동 7
	3월~5월	6回	8,800			52		
밀양	3월13일	邑內	1,000	大旗를 세우고 만세고창			80	
	3월14일	〃	200	시위				
	4월 2일	〃	60	1. 보통학교생도 및 졸업생 2. 시위			12	
	4월 4일	臺龍洞	1,500	1. 주동자중 表忠寺승려도 있음 2. 헌병주재소에 살도		△2		발포
	4월 6일	府北面	불명	시위				
	4월10일	淸道面	50	시위				
	3월~5월	3回	1,350		105	15	65	
양산	3월27일	邑內	2,000	헌병분견소 군청 습격			20	발포
	4월 1일	〃	1,500	폭동			20	발포
	4월 2일	〃	700	헌병주재소 습격			3	발포
	3월~5월	4回	1,250					
남해	4월 4일	邑內	500	1. 불상 2. 주재소 보통학교, 군청, 우편소 습격파괴			8	일병출동 5
	4월 7일	古縣面	500	시위 산정상에서 시위		△1		발포
	3월~5월	3回	1,200		19			
합천	3월~5월	7回	3,000		12	17	32	

전라북도운동일람

군명	일시	장소	인원	운동상황	피해상황 사망	피해상황 부상	피해상황 체포	비고
군산	3월 3일	群山		선언서 배부				
	3월 5일	〃	수백	1. 永明學校 생도중심 2. 시위			99	
	3월23일	〃	불명	群山普通學校에 방화				시위불능에 관한 보복
	3월28일	〃	〃	大和町에 방화				
	3월30일	〃	〃	시위				일보병 약간출동
	4월 5일	〃	1,000	시위				
	3월~5월	21回	25,800		21	37	145	
옥구	3월 4일	邑內	70	1. 기독교도 2. 시위			30	
	3월~5월	7回	5,700		32	35	50	
익산	3월 3일	裡里		선언서 배포				
	3월10일	礪山面	200	未然에 제지됨				
	4월 4일	裡里	700	1. 기독교도 중심 2. 폭동	3	2	39	발포
함열	3월~5월	2回	300					
익산	3월~5월	4回	5,000		16	50	80	
전주	3월 3일	邑內		선언서 배부				
	3월13일	〃	150	1. 천도교도 기독교도 2. 시위				
	3월14일	〃	300	1. 紀全女學校생도중심 2. 시위			90	
	3월~5월	21回	50,000			15	434	
김제	3월 6일	邑內		선언서 40장 압수				
	4월 4일	萬頃	600	1. 보통학교생도중심 2. 폭동			5	萬頃普通學校 訓導 林昌茂가 선동
	3월~5월	6回	2,000					
정읍	3월16일	泰仁	200	1. 불상 2. 시위			43	
	3월23일	邑內	불명	미연에 제지됨				
	3월~5월	13回	18,000		1	20	30	
금산	3월23일	邑內	30	시위				

군명	일시	장소	인원	운동상황	피해상황			비고
					사망	부상	체포	
금산	3월24일	〃	30	시위				
	3월25일	濟原里	200	시위				
	3월26일	〃	100	시위				
	3월31일	福壽面	200	시위			9	
		珍山面	200	시위			7	
	3월~5월	7回	15,000					
진안	4월12일	道通里	20	시위			1	주동 金京元
남원	4월 3일	德果面	800	1. 농민 2. 경관주재소에 殺到			4	紀念植樹후 면장이 주동
	4월 4일	邑內	1,000	1. 농민 2. 폭동	5	약간	6	발포
	3월~5월	19回	50,000		34	142	56	
부안	4월18일	茁浦	50	1. 보통학교생도 2. 거사 직전에 제지됨			5	
	3월~5월	8回	5,000			42	32	
임실	3월10일	獒樹里	불명	1. 獒村公立普校 1·2년생 2. 만세고창				
	3월15일	靑雄面	100	만세고창				
	3월16일	〃	200	만세고창				
	3월17일	〃	100	시위				
	3월21일	〃	15	경관주재소에 살도			11	
	3월22일	只沙面	70	1. 천도교도 2. 시위				
	3월23일	獒樹里	1,200	1. 불상 2. 주재소 면사무소 일본인 집을 습격파괴				일헌병 약간 출동
	3월30일	邑內	불명	시위				
	4월 6일	新德面	2	2명 단독시위				
	3월~5월	4回	3,000		4	50		
순창	4월11일	邑內	50	1. 불상 2. 시위		약간		일병출동 5
	3월~5월	8回	3,500					
무주	4월 1일	邑內	50	1. 보통학교생도 2. 시위			4	
	3월~5월	7回	3,500			21	18	
장수	3월23일	山西面	30	1. 서당생도중심 2. 시위			3	
고창	3월~5월	3回	2,000			5	25	

전라남도운동일람

군명	일시	장소	인원	운동상황	피해상황 사망	피해상황 부상	피해상황 체포	비고
목포	3월 3일	邑內		선언서 배부				
	4월 8일	昌平	불명	1. 기독교도 2. 시위				
	4월 9일	邑內	〃	1. 기독교도 2 시위			4	
		竹洞	〃	1. 기독교도 2. 시위			20	일병출동 약간
	3월~5월	2回	61,500		200	47	40	
무안	3월18일	長山面	30	만세고창			4	
	3월20일	外邑面	250	1. 보통학교생도중심 2. 시위			57	일병출동 6
	3월~5월	2回	300					
곡성	3월27일	邑內	200	시위				
담양	3월17일	邑內		시위계획 중 발견 제지됨				
	4월 4일	〃	불명	만세시위				
	3월~5월	6回	1,850		15	31		
제주	3월21일	邑內	400	시위				
		朝天	200	1. 서당생도중심 2. 시위			13	
	3월22일	〃	불명	시위				
	3월23일	邑內	200	1. 부인 아동중심 2. 시위			8	
	3월25일	咸德	불명	시위				일병출동 5
	3월~5월	7回	4,450				60	
함평	4월 8일	月也面	다수	1. 서당생도중심 2. 시위		약간		발포
	4월12일	邑內		보통학교 졸업생이 주동한 시위 계획을 탐지코 제지		약간		
	3월~5월	3回	1,500					
영광	3월14일	邑內	120	1. 보통학교생도 2. 시위			2	
	3월15일	〃	500	1. 보통학교생도중심 2. 시위				일병출동 2
	3월~5월	10回	7,600		6	50	27	

군명	일시	장소	인원	운동상황	피해상황			비고
					사망	부상	체포	
광주	3월 4일	邑內		선언서 배부				
	3월10일	〃	500	1. 각학교생도중심 2. 시위			87	
	3월11일	〃	300	시위			23	
	3월13일	〃	400	1. 기독교도 2. 시위			다수	
	3월16일	松汀里	불명	1. 보통학교생도중심 2. 시위				일병출동 2
	4월 8일	邑內	50	보통학교상급생 동맹휴교				
	3월~5월	21回	12,000		28	175	1,831	
광양	3월 3일	邑內		선언서 배부				
	3월27일	〃	불명	시위				
	4월 1일	〃	다수	시위				
보성	4월 9일	筏橋	불명	시위			10	
	4월18일	寶城面	15	1. 서당생도 2. 만세고창			약간	
	3월~5월	3回	600					
강진	4월 4일	邑內	100	1. 보통학교생도 2. 시위			10	
	3월~5월	7回	2,500				20	
해남	3월14일	邑內	300	시위				발포
	4월 8일	〃	50	1. 보교생도 2. 시위				
	4월11일	〃	다수	시위			약간	
	3월~5월	3回	1,000				52	
장성	4월 3일	北二面	300	시위			4	
	4월 4일	〃	300	헌병주재소에 살도			12	2차시위
	3월~5월	6回	1,500		19	15		
구례	3월 3일	邑內		선언서 배부				
완도	4월 7일	邑內	불명	1. 보교생도중심 2. 시위			50	
진도	3월~5월	4回	2,000					
순천	3월 3일	邑內		선언서 첩부				
	3월19일	〃	불명	시위				일병출동 2
	4월 7일	〃	〃	시위				
	4월12일	仁月里	20	만세고창				

군명	일시	장소	인원	운동상황	피해상황			비고
					사망	부상	체포	
순천	4월13일	樂安面	150	1. 불상 2. 시위		4		발포
	3월~5월	6回	1,500		8	32		
영암	4월10일	鳩林	400	1. 보교생도 2. 만세시위			11	
여수	3월 3일	邑內		선언서 배부				
	3월~5월	8回	4,000					

황해도운동일람

군명	일시	장소	인원	운동상황	피해상황			비고
					사망	부상	체포	
연백	3월15일	延安	수십	봉북면으로부터 내습 시위			9	
	3월16일	〃	수천	시위, 2회운동			9	
		羅津浦	100	시위			11	
	3월18일	延安	2,000	헌병분대 습격코 폭행		11	52	1. 발포 2. 일병출동 7
	3월21일	〃	200	시위 폭행				
	3월23일	碧瀾渡	100	1. 기독교도 및 생도 2. 시위				
	3월24일	金谷里	13	청년들이 한국기를 흔들며 만세를 고창				
	3월30일	玉山浦	1,000	1. 생도중심 2. 시위			2	
		白川	1,000	시위	4		49	발포
	3월31일	〃	300	시위				
		龍峴	300	시위 폭행				발포
		玉山浦	100	시위			2	
금천	3월 3일	市邊里		선언서 첩부				
	4월 1일	合灘	100	시위				
	4월 2일	〃	300	헌병분견대 습격			6	
		松亭	80	시위			30	
	4월 3일	口耳面	4,000	시위 폭행	1	3		발포
		邑內	300	시위			2	
	4월 4일	〃	600	시위				
	4월 5일	〃	600	시위				
	4월 8일	山外面	600	시위				
금천	3월~5월	2回	260				8	
토산	3월~5월	3回	560				5	
신계	4월 5일	又南	600	시위				
	4월 9일	武待郎	500	시위				
해주	3월 1일	邑內		기독교가 선언서 배포				
	3월 3일	〃	불명	시위				
	3월10일	〃	400	1. 천도교도 기독교청년회 및 생도 2. 시위			72	

군명	일시	장소	인원	운동상황	피해상황			비고
					사망	부상	체포	
해주	3월11일	靑丹	600	1. 보통학교생도중심 2. 시위			7	일병출동 5
	3월14일	邑內	30	1. 기독교도 2. 만세시위				
	3월17일	靑龍面	200	1. 기독교도 2. 면사무소에 살도				
	3월28일	邑內	수천	시위				
	3월30일	〃	100	2회에 걸쳐 시위 폭행			8	
	3월31일	〃	3,000	시위 폭행			수십	
	4월 1일	〃	300	일본인 가옥에 투석코 폭행				
	4월 2일	西邊面	200	시위				
	4월 3일	翠野場	600	면사무소 주재소 습격파괴		8	40	1. 발포 2. 일병출동 3
	4월 4일	西邊面	70	1. 농민 2. 면사무소에 殺到		약간		발포
	4월 6일	竹川	300	시위				
	4월 7일	文井	수백	시위		△ 약간		발포
	4월 8일	梨木	300	경관주재소에 殺到			20	
	3월~5월	15回	17,300		22		3,849	
평산	3월31일	麒麟	600	시위	1	1		발포
	3월31일	汗浦	600	시위	1	2		발포
	4월 1일	麒麟	400	경관주재소 습격 폭행	3	8		〃
	4월 2일	漏川	700	헌병분견소 습격	4	2	9	〃
	4월 3일	〃	300	1. 기독교도 및 천도교도 2. 시위			5	
	4월 5일	斗貳	500	시위			3	
		物開	3,000	시위			5	
	4월 7일	雲川里	300	경찰서 습격				일병출동 22
	4월 9일	山幕洞	50	시위		△3		발포
	3월~5월	3回	1,500		27	32		
곡산	3월 4일	廣川	100	1. 천도교도 2. 시위			3	
		邑內	50	1. 천도교도 2. 시위			7	
	3월~5월	3回	700			5	8	

군명	일시	장소	인원	운동상황	피해상황			비고
					사망	부상	체포	
웅진	3월 1일	邑內		기독교도 4명이 선언서 배포				
	3월 3일	溫井	불명	만세 시위				
	3월 4일	邑內	50	1. 천도교도 2. 시위			약간	
	3월 6일	〃	30	시위				
	3월 8일	溫井	30	1. 천도교도 2. 만세시위			2	
	3월10일	邑內	100	시위				
	4월 7일	長峴	200	시위				발포
	4월13일	安樂里	600	시위			6	
	4월15일	食餘里	500	시위			6	
	4월16일	院山里	20	시위				
장연	3월11일	邑內	300	1. 천도교도 2. 시위			약간	발포
	3월16일	〃	200	시위				
	4월 5일	苔灘	1,000	시위 폭동			18	일헌병출동 약간
	4월 8일	南湖	30	시위				
	4월11일	〃	200	1. 기독교도 2. 면사무소 습격 폭행				
		邑內	불명	시위				
	4월16일	龍淵面	150	시위				
	4월18일	松川里	70	시위				일병출동 2
	4월22일	夢金浦	100	우편국 습격 파괴 폭행		약간		1. 발포 2. 일병출동 4
	3월~5월	10回	10,000			45	152	
송화	3월12일	邑內	200	1. 천도교도 2. 헌병대에 殺到 폭행	5	17		발포
	3월17일	水橋	150	시위				
	4월 8일	〃	400	2회에 걸쳐 헌병주재소 습격		△ 약간		
	4월11일	豊川	100	시위				
	3월~5월	9回	1,500		23	45		
재령	3월 6일	南栗面	30	1. 기독교도 2. 시위				
	3월 9일	邑內	2,000	1. 기독교도 천도교도 중심 2. 시위 폭행(2회 운동)		수명	28	발포

군명	일시	장소	인원	운동상황	피해상황			비고
					사망	부상	체포	
재령	3월10일	內宗	4,500	1. 기독교도중심 2. 시위 폭행	1	1	30	발포
	3월28일	靑石頭	300	1. 농민 2. 헌병에 폭행				발포
	4월 2일	邑內	50	시위				
	4월 4일	海昌	500	헌병주재소에 殺到				
	4월 5일	新院	30	시위				
	4월 7일	邑內	2,000	시위		△ 약간		발포
		新換浦	300	시위				
	4월 9일	新鎗	80	시위				
	3월~5월	17回	25,000		7	32		
서흥	3월 1일	瑞興		선언서 배포				
	3월 9일	陵里	150	시위				
	3월10일	邑內	200	1. 기독교도 2. 시위			11	
		陵里	200	1. 기독교도 2. 시위			11	
	3월11일	〃	불명	1. 기독교도 2. 2회에 걸쳐 시위		약간		
	3월18일	邑內	150	시위를 위한 집합				
	4월 4일	新村	100	시위				
	4월 9일	興水	100	시위				일병출동 5
		綠鞍	500	헌병주재소 습격	6			발포
	3월~5월	2回	1,200				45	
봉산	3월 3일	沙里院	500	1. 기독교도 2. 시위		약간		
	3월11일	西鍾面	200	시위			2	
	3월25일	沙里院	40	1. 서당생도 2. 시위			4	
	4월 3일	銀波	900	시위 주재소 습격, 2회에 걸쳐 운동			39	
	4월 5일	邑內	500	시위				
	4월 7일	〃	200	시위 폭행				
	4월 9일	〃	50	시위 폭행	1	2		발포
	3월~5월	3回	900				7	

군명	일시	장소	인원	운동상황	피해상황			비고
					사망	부상	체포	
수안	3월 3일	邑內	200	1. 천도교도 2. 3차에 걸쳐 헌병분대 습격	9	18		1. 발포 2. 일병출동 30
	3월 7일	石達	40	1. 천도교도 2. 주재소 습격				
		栗里	다수	시위				일병출동 약간
	3월 9일	石達	150	시위				
	3월16일	〃	100	1. 敬信學校 생도 2. 시위			약간	
	3월19일	栗里	60	1 기독교 학교 교사 및 생도 2. 시위			10	일병출동 4
	3월~5월	11回	3,500		80	32	15	
신천	3월11일	文化	300	1. 기독교장노파중심 2. 시위				
	3월16일	達泉	300	시위				
	3월19일	文化	200	시위				
	3월20일	達泉	50	시위				
	3월27일	邑內	200	1. 농민 2. 시위		△ 약간	75	
	3월28일	〃	100	시위		2	1	발포
	3월29일	五曲里	20	시위				
	4월 6일	邑內	30	시위				
	4월 7일	司倉	150	시위		△1		발포
		柳川	300	시위		△2		발포
		石塘	50	시위				
		邑內	400	시위		△ 약간		발포
	4월 8일	棗隅	400	주재소 습격		△ 약간		
	4월 9일	院洞	200	시위				
신천	3월~5월	5回	1,550		17	90	18	
문화	3월~5월	1回	700					
안악	3월11일	溫井洞	200	헌병주재소 습격	4	수명		발포
	3월28일	2個所	400	1. 기독교도 2. 시위			25	
	3월29일	東倉浦	160	1. 기독교도 2. 시위			24	일병출동 5

군명	일시	장소	인원	운동상황	피해상황			비고
					사망	부상	체포	
안악	3월30일	〃	400	유치인탈환코자 헌병주재소 습격				
	3월31일	文山面	70	면사무소 습격				
	4월 2일	邑內	500	시위운동				일병출동 18
	4월 3일	〃	250	1. 공사립학교생도 2. 2차에 걸쳐 군청 습격				
	4월 7일	龍順面	300	시위 폭행		△ 약간		발포
	4월 8일	東倉浦	400	헌병주재소 습격		△ 약간		
	3월~5월	16回	25,000		47	62	52	
황주	3월 2일	邑內	300	1. 기독교도 천도교도 2. 시위 경찰서 습격 파괴			80	
	3월 3일	兼二浦	200	1. 천도교도 기독교도 2. 시위			9	
	3월 6일	邑內	130	1. 보교남녀생도 2. 시위				
황주	3월~5월	7回	2,000			21	50	
겸이포	3월~5월	8回	1,000		15	30	9	
은률	3월12일	長連	300	시위				
		邑內	3,000	1. 기독교도중심 2. 시위			19	
	3월26일	〃	1,000	1. 기독교도 2. 시위				
	4월11일	長連	50	시위				
	4월15일	邑內	150	시위				

평안남도운동일람

군명	일시	장소	인원	운동상황	피해상황			비고
					사망	부상	체포	
평양	3월 1일	府內	2,000	1. 천도교도 기독교도 및 부속 학교생도 2. 독립선언서 낭독후 만세시위				일병출동 110
	3월 2일	〃	불명	시위				
	3월 3일	〃	불명	시위				
	3월 4일	〃	1,000	女子의 시위				
	3월 5일	〃	1,500	시위				
	3월~5월	12回	30,000		656	636	4,680	
진남포	3월 1일	府內	130	1. 기독교생도 2. 시위			12	일병출동 일부대
	3월 2일	〃	1,000	1. 불상 2. 경찰서 습격 기구파괴	2	6		1. 발포 2. 일병출동 일개중대
	3월 3일	〃	불명	불명				
	3월 5일	〃	불명	시위				일병출동 15
	3월 6일	〃	불명	시위				
	3월~5월	8回	25,000			24	238	
대동	3월 6일	邑內	600	1. 불상 2. 경찰서 습격				일병출동 20
		古平面	불명	시위				
		大寶面	불명	면사무소 습격				
		大平	600	시위				일병출동 약간
		船橋	600	시위				
		萬景臺	불명	시위				
		平川	불명	시위				
		梧野	불명	시위				
		院場	불명	시위				
	3월 7일	船橋	300	시위				
	3월 9일	大平	불명	시위				일병출동 60
	3월~5월	4回	2,580			40	218	
용강	3월 2일	邑內	불명	시위				
	3월 6일	溫井	350	경찰주재소 습격 폭행 2차운동함	1	1		1. 발포 2. 일병출동 약간

군명	일시	장소	인원	운동상황	피해상황			비고
					사망	부상	체포	
용강	3월 6일	廣梁灣	불명	경찰서 습격		△ 약간		1. 발포 2. 일병출동 7
	3월 7일	溫井	40	시위		△2		일병출동 11
	3월 8일	瑞和	300	시위 폭행				
	3월11일	溫井	불명	시위				일병출동 약간
	3월~5월	7回	7,300		1	27	43	
중화	3월 2일	祥原	다수	경관주재소 습격파괴 출장중인 서장 이하 모든 경관 포박		약간		일병출동 13
	3월 3일	〃	130	1. 천도교도 2. 구류자 탈환코자 폭행		10		일병출동 20
		邑內	300	시위				
	3월28일	唐井里	40	만세고창				
	4월 5일	看東	400	시위				일병출동 10
	4월16일	唐井里	80	시위				
중화	3월~5월	3回	2,500			45	50	
상원	3월~5월	2回	650				45	
강동	3월 7일	元灘面	60	1. 기독교도 2. 시위				
		古邑面	60	〃				
	3월30일	邑內	500	1. 천도교도 2. 시위				
	3월31일	〃	1,000	시위			400	
강동	4월 8일	〃	700	시위	3	10		발포
	3월~5월	3回	1,250			500	10	
성천	3월 4일	邑內	2,000	1. 천도교도중심 2. 곤봉 및 도끼를 들고 헌병분대습격 3차 시위	30	38	300	1. 발포 2. 일병출동 20
	3월 5일	〃	300	피검된 3000명이 시위 폭행	1	1		1. 발포 2. 일병출동 32
	3월 7일	〃	불명	2회에 걸쳐 헌병분대 습격				
	3월31일	三興面	불명	시위				
	4월 1일	陵中	100	시위				
	4월 2일	大谷面	불명	시위				
	4월 3일	陵中	400	시위				일병출동 15
	3월~5월	7回	52,000		36	60	535	
순천	3월 3일	慈山	불명	시위				
		邑內	불명	시위				일병출동 21

군명	일시	장소	인원	운동상황	피해상황			비고
					사망	부상	체포	
순천	3월 4일	慈山	1,500	시위		약간		일병출동 21
		邑內	불명	시위				일병출동 21
	3월 5일	〃	250	1. 천도교도 2. 시위				
		新倉	1,000	1. 기독교도 사립학교생도 및 천도교도 2. 만세고창후 시위				일병출동 11
	3월 6일	〃	500	헌병주재소에 殺到				일병출동 21
	3월 7일	〃	5,000	1. 천도교도 및 기독교도 중심 2. 시위			9	면장이 선동
	3월~5월	5回	5,000			25	115	
평원	3월 6일	順安	500	경찰서에 殺到			17	일병출동 10
		魚波	1,000	시위				일병출동 10
	3월 9일	肅川	100	1. 천도교도 2. 시위			3	
	3월29일	蛇山	불명	만세고창후 시위하려다 제지됨				일병출동 5
순안	3월~5월	6回	1,580				157	
평원	3월~5월	2回	1,300					
숙천	3월~5월	1回	500				3	
강서	3월 2일	甑山	300	시위				
	3월 3일	邑內	4,000	1. 농민 2. 시위	1	1	23	1. 발포 2. 일병출동 11
		沙川	130	1. 기독교도 2. 시위				
	3월 4일	〃	3,000	1. 기독교도 및 천도교도 중심 2. 헌병주재소 습격	10	60	50	발포
	3월 5일	邑內	100	시위		△1		
	3월 6일	甑山	1,000	시위				
		咸從	2,500	1. 천도교도 중심 2. 시위운동		약간		1. 발포 2. 일병출동 20
		邑內	1,000	시위				일병출동 약간
	3월 7일	岐陽	50	각 집마다 태극기 달고 만세고창				
	3월 8일	咸從	500	시위		△3		1. 발포 2. 일병출동 13
	3월10일	邑內	불명	시위				
	3월16일	〃	150	시위				

군명	일시	장소	인원	운동상황	피해상황			비고
					사망	부상	체포	
강서	3월~5월	3回	5,000		58	120	29	
함종	3월~5월	9回	13,760		3	27	255	
안주	3월 1일	邑內	300	1. 불상 2. 시위			11	
안주	3월 2일	〃	3,000	시위				
	3월 3일	〃	3,000	1. 천도교도 기독교도 2. 유치인탈환코자 헌병분대 습격		△8		1. 발포 2. 일병출동 11
	3월23일	立石	2,000	1. 기독교도 중심 2. 시위				일병출동 6
	4월 1일	仁豊	12	시위				
	3월~5월	17回	24,000		59	302	318	
덕천	3월 5일	邑內	40	시위				
	3월 6일	〃	300	시위		약간		
	3월 7일	〃	600	큰북치며 시위			40	일병출동 31
	3월~5월	2回	600				54	
영원	3월 7일	邑內	35	1. 천도교도 2. 만세시위			35	
	3월 9일	〃	150	1. 천도교도 2. 피수인탈환코자 헌병대 습격	15	34	70	1. 발포 2. 일병출동 20
	3월~5월	7回	1,250		7	54	82	
맹산	3월 6일	邑內	30	1. 천도교도 2. 시위				
	3월 9일	〃	불명	1. 천도교도 2. 헌병분견소 습격 폭행	1	1		1. 발포 2. 일병출동 12
	3월10일	〃	100	1. 천도교도 2. 헌병분견대 습격		△51		1. 발포 2. 일병출동 12
	3월~5월	5回	1,500		253	250		
양덕	3월 5일	邑內	300	1. 농민 2. 헌병분견대 습격		△40		1. 발포 2. 일병출동 16
	3월 6일	〃	불명	시위				
	3월 8일	〃	12	1. 천도교도 2. 시위		12		
	3월~5월	1回	500		20	57	4	

평안북도운동일람

군명	일시	장소	인원	운동상황	피해상황			비고
					사망	부상	체포	
신의주	3월 4일	府內	300	시위				
	3월 5일	〃	300	시위				
	3월~5월	3回	5,300		5	25	954	
정주	3월 7일	古邑	300	시위			6	
	3월 8일	邑內	500	우편소 습격				
	3월11일	東州面	불명	면사무소 습격				
	3월31일	邑內	4,000	1. 기독교도 천도교도 2. 시위 폭행		△30	70	1. 발포 2. 일병출동 20
		東州面	불명	면사무소 습격파괴 서류 全燒				
	4월 1일	邑內	불명	1. 천도교도 2. 시위, 천도교호당 및 교구 장실 燒失				
	4월 2일	古邑	불명	시위, 五山學校 및 교회당 소실				
	4월 4일	臨海面	불명	면사무소 습격 방화				
	4월 6일	安興面	불명	면사무소 습격 서류소각				
	4월10일	邑內	불명	시위, 기독교회당 소실				
정주	3월~5월	18回	55,000		120	525	567	
곽산	3월~5월	12回	5,500		9		111	
선천	3월 1일	邑內	3,000	1. 천도교도 기독교도 및 생도 2. 만세고창 경찰서에 殺到		12		1. 발포 2. 일병출동 1개중대
	3월 2일	嘉物南	150	시위				
	3월 3일	邑內	1,500	1. 천도교도 및 기독교도 2. 시위				
	3월 4일	〃	6,000	1. 기독교도중심 2. 경찰서습격		△6		일병출동 약간
	3월 5일	三峰	50	시위				
		身彌里	30	시위				
		嘉物南	200	시위				
		古軍營	150	시위			11	
	3월 6일	深府面	불명	시위				
		水淸面	불명	시위				
		南面	불명	시위				
		郡山面	다수	鍾, 太鼓를 치며 만세 고창				

군명	일시	장소	인원	운동상황	피해상황			비고
					사망	부상	체포	
선천	3월 7일	古軍營	300	시위		3		일병출동 5
	3월 8일	邑內	8,000	시위 폭행				일병출동 일개부대
	3월~5월	17回	35,000		3	55	450	
의주	3월 1일	邑內	1,600	1. 기독교도중심 2. 주야 2차에 걸쳐 시위		10		
	3월 2일	〃	1,000	시위				
	3월 3일	〃	600	시위				
		秫峴	300	시위				
	3월 4일	邑內	600	1. 기독교도 2. 시위				일병출동 22
	3월 5일	水口鎭	200	시위		약간		
		所串館	500	시위				일병출동 10
		邑內	불명	시위				일병출동 11
	3월 6일	古寧朔面	200	시위				
		〃	永山市	100	시위				
	3월 7일	玉江鎭	200	면사무소에 殺到				
	3월 9일	加山面	120	시위				
		古舘面	150	시위			4	
	3월11일	〃	250	시위				
	3월15일	廣坪面	200	시위 폭동			2	1. 발포 2. 일병출동11
		加山面	불명	시위				
		玉尙面	불명	시위				
	3월16일	廣坪面	200	시위				일병출동 11
	3월17일	古城面	200	1. 기독교도 중심 2. 시위			2	
	3월26일	月華面	3,000	3조로 나누어 시위			14	
	3월27일	邑內	3,000	시위				일병출동 11
	3월30일	永山市	400	시위 폭행		△15		1. 발포 2. 일병출동 11
		水口鎭	불명	시위 폭행				발포
		平口鎭	불명	시위 폭행				발포
	3월31일	永山市	4,000	1. 불상 2. 헌병주재소 습격 파괴	4	4		1. 발포 2. 일병출동 11

군명	일시	장소	인원	운동상황	피해상황 사망	피해상황 부상	피해상황 체포	비고
의주	4월 1일	水鎭面	다수	시위, 친일파가옥에 방화	2	11		
		邑內	1,200	시위 폭행	1	2		발포
		九龍浦	400	시위				
		淸城津	300	시위				일병출동 10
		威遠面	불명	시위, 관세감시서에 난입 폭행			4	일병출동 12
	4월 2일	枕峴	3,000	시위				
		水鎭面	2,000	면사무소 습격	2	11		발포
		上端	300	시위				
	4월 4일	下端	500	시위		△1		
		光城面	600	시위 폭행	4	5		1. 발포 2. 일병출동 10
	4월 6일	楊光面	500	시위 폭행	1	5		발포
	4월 7일	邑內	300	시위			3	
	3월~5월	38回	60,000		31	350	1,385	
영변	3월 6일	球場里	불명	시위				
	3월 8일	邑內	600	만세고창			15	
	3월~5월	8回	19,000		53	85	38	
희천	4월 3일	邑內	불명	시위				일병출동 15
운산	4월 5일	北鎭	300	1. 천도교도 2. 시위 폭행		8	35	
		邑內	200	시위 폭행				
	3월~5월	7回	7,600		40	120	42	
태천	3월10일	邑內	불명	시위				일병출동 11
	3월31일	〃	2,500	시위				
	4월 2일	〃	1,500	시위 폭행		5		
	4월 4일	〃	500	1. 천도교도 2. 시위				
		西面	500	시위				
龜城	3월10일	邑內	불명	시위				일병출동 15
	3월18일	新市	300	1. 기독교도 2. 시위			10	
	3월30일	邑內	900	2회에 걸쳐 시위		△5		1. 발포 2. 일헌병출동 약간
	3월31일	新市	1,000	헌병주재소 습격		△1		발포

군명	일시	장소	인원	운동상황	피해상황			비고
					사망	부상	체포	
龜城	4월 1일	〃	1,500	시위		5	30	1. 발포 2. 일병출동 15
		邑內	3,000	시위		3		1. 발포 2. 일병출동 5
	3월~5월	17回	16,500		20	48	38	
철산	3월 5일	車輦舘	3,000	시위		△2		일병출동 11
	3월 7일	邑內	5,000	시위 폭행	6	40	약간	1. 발포 2. 일병출동 17
	3월 7일	豊川	300	경관주재소 면사무소 습격 폭행			27	일병출동 약간
	3월~5월	17回	40,000		20	55	521	
용천	3월 4일	楊市	600	시위			20	
	3월 5일	〃	500	시위				
	3월 6일	南市	200	시위			6	일병출동 6
	3월11일	〃	300	헌병주재소 습격			15	
	3월25일	龍岩浦	1,000	시위			20	
	3월13일	南市	5,000	헌병주재소 습격		△7		발포
	4월 1일	楊光面	500	시위				
		外下面	800	시위				
	4월 6일	楊光面	500	시위, 폭행	1	5		
	4월 7일	邑東面	300	시위				
	3월~5월	28回	27,600		2	27	554	
삭주	3월 8일	邑內	50	1. 기독교도 2. 만세고창				일병출동 5
	3월17일	大舘	1,600	大舘獨立團이란 기를 세우고 시위			약간	일병출동 13
	3월30일	邑內	수천	헌병주재소 습격		△ 약간		발포
	3월31일	〃	3,000	헌병분견대 습격 파괴	5	약간		1. 발포 2. 일병출동 20
	4월 6일	大舘	8,000	시위 군중내의 200결사대 폭행	6	10	7	1. 발포 2. 일병출동 14
	4월11일	邑內	불명	시위 기독교회당 소실				
	3월~5월	17回	3,500		300	47		
창성	3월 31일	大楡洞	60	시위				일병출동 10
		邑內	1,000	1. 천도교 중심 2. 헌병분대 습격				발포

군명	일시	장소	인원	운동상황	피해상황			비고
					사망	부상	체포	
창성	4월 2일	大楡洞	500	시위		△14	3	1. 발포 2. 일병출동 10
	4월 5일	鶴松洞	300	헌병주재소 습격	6	20		발포
	4월 6일	青龍洞	70	1. 천도교도 2. 시위	7	5		발포
	3월~5월	3回	3,000		100	50		
벽동	3월31일	邑內	200	1. 천도교도 2. 시위				
	4월 1일	〃	800	1. 천도교도 2. 시위		△12		1. 발포 2. 일병출동 약간
	3월~5월	10回	4,600		236	48	32	
초산	3월16일	邑內	300	1. 기독교도 2. 시위				
	3월30일	〃	400	시위				
	3월31일	〃	400	1. 천도교도 2. 시위		1		
	4월 1일	〃	3,600	시위 폭행				발포
	4월 2일	〃	불명	시위				
	3월~5월	4回	2,300		12	42		
위원	3월31일	邑內	30	1. 천도교도 2. 시위			10	
강계	4월 8일	邑內	800	1. 기독교도 및 천도교도 중심 2. 시위	3	10	13	발포
	4월11일	高山鎭	불명	시위				
	3월~5월	12回	53,500		7	59	35	
자성	3월23일	中江洞	100	1. 기독교도 2. 시위 폭행			14	
	4월10일	湖下	40	시위			14	일병출동 약간

함경남도운동일람

군명	일시	장소	인원	운동상황	피해상황			비고
					사망	부상	체포	
원산	3월 1일	府內	2,500	1. 기독교도 중심 2. 시위			30	
	4월 5일	〃		격문배포중 발각 제지됨				
	3월~5월	7回	2,500			21	91	
덕원	3월15일	仲坪場	300	시위			19	일병출동 10
	3월~5월	7回	1,850					
함흥	3월 2일	邑內		도중 계획 탄로			88	일병출동 100
	3월 3일	〃	200	시위		△6	46	
	3월 4일	〃	200	1. 기독교도 및 생도 2. 시위		약간	60	일군2개소대출동
	3월 5일	〃	170	시위				
	3월 6일	〃	100	시위		△6		
		地境里	150	시위				
		五老里	400	시위				
	3월 8일	退湖	300	시위		약간		
	3월 9일	東興里	50	시위				
	3월 10일	邑內	불명	시위				
	3월 11일	〃	불명	시위				
	3월21일	地境里	300	경관주재소 습격				
	4월 8일	德川	50	시위				1. 발포 2. 일병출동 약간
	3월~5월	11回	10,200			52	5,385	
고원	3월13일	邑內	불명	1. 簡易農業學校생도 중심 2. 시위		약간		
	3월19일	〃	100	1. 기독교도중심 2. 만세고창			30	
	3월~5월	4回	15,000		48	150	256	
홍원	3월16일	邑內	700	1. 천도교도중심 2. 시위		△8		
	3월17일	〃	1,000	시위				
	3월22일	平浦	400	경관주재소 습격	△ 약간			발포
	4월 8일	三湖	100	시위				
	3월~5월	6回	1,000					

군명	일시	장소	인원	운동상황	피해상황			비고
					사망	부상	체포	
북청	3월 8일	邑內	250	시위				
	3월11일	〃	360	1. 천도교도 2. 시위			10	
	3월12일	坪山面	100	1. 사립학교생도 중심 2. 시위				
		德城面	150	1. 천도교도 중심 2. 시위				
		新昌面	100	1. 신창 구락부원 및 보교생도 2. 시위			14	
	3월13일	〃	150	1. 천도교도 및 보교생도 2. 시위			10	
	3월14일	楊川面	80	1. 천도교도 2. 시위			5	
		坪山面	100	1. 보교생도 중심 2. 시위			1	
		邑內	300	1. 천도교도 중심 2. 시위			6	
	3월15일	陽化面	80	1. 사립학교생도 중심 2. 시위				
	3월16일	昌星里	150	1. 천도교도 중심 2. 시위			4	
	3월16일	國道邊	100	1. 사립학교생도 중심 2. 시위				
		新昌面	50	1. 보교생도 2. 시위			5	
	3월17일	居山面	300	헌병주재소에 殺到			11	
		上車書面	150	1. 천도교도 중심 2. 시위			12	
	3월19일	〃	60	1. 천도교도 중심 2. 시위			6	
	3월~5월	7回	1,600		36	140		
신흥	3월 9일	邑內	80					
	3월10일	〃	500	1. 보교생도 중심 2. 헌병분견소에 살도 1차 시위	1	7		발포
풍산	3월14일	邑內	1,000	1. 천도교도 중심 2. 시위 헌병분견소에 난입	2	10		발포
	3월~5월	2回	900					

군명	일시	장소	인원	운동상황	피해상황			비고
					사망	부상	체포	
영흥	3월 3일	邑內		선언서 배포				
	3월 7일	東上里	150	시위				
	3월17일	邑內	500	시위			12	
	3월19일	大坪里	불명	1. 천도교도중심 2. 시위			2	
	3월21일	宣興面	200	경관주재소에 살도			44	
정평	3월 7일	邑內	200	1. 기독교도 2. 시위			11	
	3월 8일	春柳面	불명	1. 기독교도 2. 시위				
	3월13일	新上里	300	1. 기독교도 중심 2. 헌병주재소 및 일본철도관사 습격		10		발포
	3월14일	宣德場	500	1. 기독교도 중심 2. 헌병주재소 습격 폭행		6		발포
		邑內	불명	1. 기독교도중심 2. 시위				일병출동 5
	3월15일	〃	불명	1. 기독교도 중심 2. 시위				일병출동 5
	3월16일	高山面	불명	1. 기독교도 중심 2. 시위				
		長原面	불명	1. 기독교도 중심 2. 시위				
	3월17일	高山面	불명	1. 기독교도 중심 2. 시위				
이원	3월10일	邑內	300	시위				
	3월11일	南面	불명	시위				
		東面	200	시위				
		邑內	300	만세고창				
	3월13일	南面	150	시위				
	3월14일	東面	70	1. 東和學校생도 2. 시위				
		邑內	200	시위 2개소에서 운동				
	3월15일	東面	300	1. 천도교도 2. 시위				
	3월16일	南面	120	1. 천도교도 2. 시위				
	3월18일	邑內	70	시위				

군명	일시	장소	인원	운동상황	피해상황			비고
					사망	부상	체포	
이원	3월20일	〃	1,500	헌병분견소 습격	1	8		발포
	3월27일	東面	1,000	시위 2개소에서 운동				
	3월~5월	3回	1,700		5	11		
단천	3월10일	邑內	1,000	1. 천도교도 중심 2. 시위 헌병과 충돌		△14		발포
	3월17일	〃	불명	시위				일병출동 16
	3월22일	北斗日面	300	1. 농민 2. 헌병주재소 습격	8	약간		발포
	3월~5월	5回	4,700		38	136	384	
갑산	3월14일	邑內	1,000	1. 천도교도 중심 2. 헌병분견소에 난입		약간		발포
	3월~5월	4回	500			38	50	
삼수	3월15일	邑筈面	불명	1. 천도교도 중심 2. 시위계획 발각 제지됨			19	일병출동 10
장진	3월14일	古土里	200	헌병출장소 습격		△ 약간		발포
	3월15일	〃	200	시위		△ 약간		발포
	3월19일	德寶里	200	시위				

함경북도운동일람

군명	일시	장소	인원	운동상황	사망	부상	체포	비고
청진	3월 31일	新岩洞	400	1. 기독교도 중심 2. 시위			6	首謀 서당교사
	4월 1일	〃	450	1. 기독교도 중심 2. 시위			17	
		浦項洞	200	시위			10	
	4월 19일	新岩洞	350	시위직전에 제지됨				
	3월~5월	1回	250			15	21	
부녕	4월 1일	道洞	100	1. 천도교도 2. 시위			2	
경흥	4월 8일	邑內	불명	1. 보교생도 2. 시위직전에 제지됨				
병천	3월 15일	花臺	5,000	헌병분견소에 殺到 폭행	3	9(15)		1. 발포 2. 일기병출동 12
	3월 16일	阿間	400	시위				일병출동 4
	3월 17일	寶村洞	200	주재소 습격				
	3월 18일	雲社場	700	경관주재소 습격 폭행	2	6	10	1. 발포 2. 일병출동 5
	3월 19일	寶村洞	150	1. 사립학교생도 중심 2. 시위				
	3월 21일	雲滿臺	불명	시위			4	
	4월 8일	雩東洞	300	1. 雩東학교교사 주동 2. 시위				
	4월 9일	〃	200	시위				
		水南	1,000	시위				
	4월 11일	良化	불명	1. 사립학교생도 주동 2. 시위			7	
	4월 14일	山城洞	300	시위				일병출동 4
		古城洞	200	시위				
	3월~5월	9回	4,350					
회령	3월 22일	〃	불명	1. 기독교도 2. 시위				
	3월 25일	〃	130	1. 기독교도 2. 시위			약간	일병출동 20
	3월 26일	〃	60	시위			약간	
	3월 27일	碧城面	20	시위				
	3월 28일	鳳佛面	불명	시위				일병출동 7

군명	일시	장소	인원	운동상황	피해상황			비고
					사망	부상	체포	
회령	3월29일	南山洞	50	1. 농민 2. 시위			9	일병출동 8
	3월~5월	3回	4,000			32	28	
경성	3월15일	輸城	500	1. 천도교도 중심 2. 2회에 걸쳐 시위			104	일병출동 60
	3월20일	漁大津	700	만세고창				
	4월 9일	〃	1,000	시위				일병출동 5
	3월~5월	11回	5,000					
성진	3월10일	臨溟	300	1. 기독교도 중심 2. 시위				
		邑內	250	1. 기독교도 중심 2. 시위 흑행				일병출동 18
	3월11일	〃	700	1. 기독교도 중심 2. 시위, 경찰과 충돌	1	7	54	1. 발포 2. 일병출동 27
		臨溟	200	1. 보교생도 2. 시위				
		鶴西面	100	1. 천도교도 2. 시위				
	3월12일	鶴城面	250	산정상에서 봉화코 만세고창				
	3월13일	松興	200	시위				
	3월14일	荷川	200	鍾, 큰북을 치며 시위			5	
	3월15일	〃	200	시위				
	3월~5월	3回	2,300					
길주	3월12일	邑內	1,000	시위				일병출동 30
	3월13일	海子浦	300	시위				
		邑內	불명	평야일대의 각 부락민이 고지에 봉화 만세고창				
	3월14일	龍原	1,500	헌병주재소 포위 시위			약간	일병출동 15
	3월15일	邑內	300	산정상에서 횃불을 들고 큰북을 치며 만세고창				주동 간도에서 온 馬河龍
	3월~5월	1回	300					
온성	4월 4일	北蒼坪	150	시위		△2		1. 발포 2. 일병출동 15
		懷德洞	250	1. 서원생도 중심 2. 시위 폭행	2	3	4	발포
	3월~5월	10回	1,200					
무산	4월 1일	延社面	불명	1. 서당생도 2. 만세시위				

저자후기

『증보 3·1운동사』는 필자가 30년 전인 1974년 정음사(正音社)에서 간행한 『3·1운동사(三一運動史)』를 약간 증보하여 간행하는 것이다. 원 『3·1운동사』에 수록된 글들이 거의 1969년 3·1운동 50주년 이전에 작성되었던 것을 모은 것이므로 그동안 보완도 필요하였다. 그 보다도 간행을 맡았던 정음사가 오래전에 최철해 사장의 작고를 이어 폐업하였기 때문에 시중 서점에서 찾아볼 수 없게 되었다. 따라서 언젠가 복간이라도 생각하던 처지에 국학자료원의 정찬용 사장이 『3·1운동사』의 중간 뜻을 밝혀 고맙게 생각하였다. 그러나 필자로선 이제 와서 그대로 중간만 하기에는 너무 소홀한 것 같아 증보판 간행을 시도한 것이다.

그리하여 『3·1운동사』를 처음 간행할 때 지면과 조판 기술상 수록하지 못한 글과 자료를 될수록 보완 수록하여 중간하게 된 것이다. 첫째 본문 마지막 10장을 이어 제11장에 3·1운동 전후 국내외에서 간행된 '독립신문'류를 조사 검토한 「3·1운동의 독립신문류」를 보완 수록하는 것이고, 둘째 전국 각도군의 운동 상황을 발생지별로 정리 작성한 「전국각도 군별 3·1운동 일람」을 부록3을 이어 부록4로 합편하는 것이다. 아울러 3·1

운동관계 당시 사진과 독립선언서 등의 중요자료를 골라 화보나 도표로 제시하면서 『3·1운동사』 간행 후에 건립된 것이기는 하지만 국내외 유적지에 세운 3·1운동 기념비·탑 등의 조형물을 얼마간 첨록하는 것이다.

하지만 곧 3·1운동 85주년 맞이하는 현시점에서 『3·1운동사』를 전면 개고하여 새로운 3·1운동사를 간행할 용기를 못 내고 겨우 약간 증보하여 중간하는데 그친 불실불안을 말끔히 씻을 수는 없다. 독자 제현의 질정을 기다릴 뿐이다. 끝으로 30년 동안이나 『3·1운동사』 초간본과 관련자료를 보관하였다가 돌려주며 중간을 격려하여 준 전 정음사 주간 박대희 선생에게 각별히 사의를 표한다. 또한 이 『증보 3·1운동사』 간행에 여러모로 수고한 국학자료원 여러분에게 감사 드리고 아울러 노다공무한 원고 정리와 교정 타이핑에 힘써 준 신세라·김현진 조교에게 고마운 뜻을 표한다.

2004년 1월
서초서실에서 윤병석

증보 3.1 운동사

인쇄일 초판 1쇄 2004년 01월 09일
         2쇄 2015년 04월 14일
발행일 초판 1쇄 2004년 01월 26일
         2쇄 2015년 04월 27일

지은이 윤 병 석
발행인 정 찬 용
발행처 국학자료원
등록일 1987.12.21, 제17-270호

서울시 강동구 성내동 447-11 현영빌딩 2층
Tel : 442-4623~4 Fax : 442-4625
www.kookhak.co.kr
E-mail : kookhak2001@hanmail.net
ISBN 978-89-541-0164-6 *93900
가 격 22,000원

*저자와의 협의 하에 인지는 생략합니다.